国際コミュニケーションとメディア

―東アジアの諸相―

山本 賢二
小川 浩一
　　[編著]

学文社

は じ め に

　国際コミュニケーションを国家間の情報交流だと定義すれば，情報の媒体は多種多様である。この情報を媒介する媒体がメディアであるから，すべての物質はそれぞれ情報をもつものであるといえるであろう。たとえば，中国に「観音土」というものがある。それは，われわれ日本人にとってはただの「土」にすぎないが，中国人にとっては飢饉の際「食料」にもなり得る物質なのである。また，「知財」には技術としての情報とその技術を生み出した文化的背景や権利としての情報をもつ。ODA をメディアとすれば，とくに日中間のそれは戦後賠償という潜在情報も隠されていた。さらに，国連に代表される国際組織も国際コミュニケーションの場とすればそれはメディアといえる。そして，広義と狭義とにかかわらず文化もそれが情報をもつことで，メディアに含むことができるであろう。すなわち，情報を媒介する媒体としてのメディアとは無限の広がりをもつ概念だといえる。

　そのメディアに「マス」が加わり「マス・メディア」となれば，新聞，ラジオ，テレビ，書籍や定期刊行物を指し，インターネットも不特定多数を受け手としている場合はその範疇に含むことができる。この「マス・メディア」の運用には一定の条件が必要となる。すなわち，それを利用して情報を提供する組織があり，その組織の存在を認める機関とその法的根拠があることなどが基本的要件である。そして，マス・メディアの活動はそれぞれの国において管理され，制度化されているのが常である。

　われわれがマス・メディアを含むメディアに接触する際，まず考えるのはそこから得られる情報は信用に足るか否かである。とくに，マス・メディアについては一定のフレームを通じて流される情報であるため，メディアリテラシーを備える必要がある。それが国際情報になれば，そのリテラシーに当該国などに関係する知識も加わる。ただ，われわれ受け手の中で国際情報を理解できる

幅広い知識をもつ者は多くないので，その知識を持ったプロフェッショナルとしてのジャーナリストの活動に関連情報の提供を委ねることになる。

　昨今の世界情勢をアジアに限定して捉えると，中国が米国と対抗できる国力を有するようにまでなった。朝鮮半島では韓国が急速な経済発展を遂げる一方，北朝鮮では核開発を中心とした軍事力が強化され，アジアにおける半島の重要性はこれまで以上に増している。米国と中国の世界の覇権争奪戦は今後も長く続くであろう。また，朝鮮半島の非核化の実現にはまだ時間がかかるであろうし，日本とロシアとの北方領土返還交渉の先行きも不透明である。さらにインドネシア，タイを含むASEAN諸国と日本との関係も「チャイナプラスワン」の対象だけではなく，長期的な関係構築が求められる。さらに，われわれと共通する価値観をもつオセアニアとの関係も良好に保つ必要がある。

　戦後，日本は第2次世界大戦の反省を基礎にして，平和国家として経済発展に努めてきた。われわれにとって，現在もまた将来においても平和な国際環境無くして生存し続けることはできない。これがあの大戦から得た教訓である。

　国際コミュニケーション研究の究極の目的は，われわれが住む世界において平和な国際環境を維持するために必要な国際コミュニケーションのメカニズムの構築に寄与するところにある。われわれが本書で提供できるものは国際コミュニケーション理解に資する若干の成果であり，これが些かなりともその構築に寄与できればと願っている。

　2019年3月

山本　賢二

目　　次

はじめに…山本賢二… i

第 1 章　国際コミュニケーション研究の枠組み ………… 伊藤 陽一
　　　　　………………………………………………………………… 1

　　1．市場原理，または比較優位論　3／2．メディア帝国主義／文化帝国主義論　10／3．発展段階説　21

第 2 章　ODA の過去・現在・未来
　　　　—日本と欧米の開発援助アプローチの違いを超えて ……… 本多 周爾
　　　　　………………………………………………………………… 47

　　1．ODA の定義，概要と様相　49／2．開発と発展の理論的枠組と基本的な概念の有意性　51／3．ODA をめぐる言説と位相の変容と開発戦略の変移　54／4．日本の ODA の意味とその政策に見る理念と実践　59／5．日本の ODA に対する批判　65

第 3 章　ジャーナリズムの中国モデル
　　　　—習近平時代の言論空間を中心にして ……………… 山本 賢二
　　　　　………………………………………………………………… 75

　　1．習近平の発言と党と政府の動向　77／2．中央弁公庁の「当面のイデオロギー領域における状況に関する通報」(「关于当前意识形态领域情况的通报」)　95／3．「主戦場」としてのインターネット　97／4．「ウイグルオンライン」閉鎖　105／5．党の指導・外交・国際報道　108／6．中国共産党とジャーナリズム教育　115／7．「四権」(知る権利，参与する権利，表現する権利，監督する権利) の消長　121／8．中国共産党の言論規律　131

第 4 章　インドネシアにおけるポピュリズムとメディア ……… 内藤 耕
　　　　　………………………………………………………………… 172

　　1．スハルト後のメディアと政治　173／2．インドネシア政治における寡頭支配の構造　176／3．2014年大統領選挙とメディア　181／4．ネガティブ・キャンペーン　185／5．ジョコウィの辛勝とイスラム保守　190

第5章　日韓関係をめぐる日韓両国民の意識とメディア … 奥野　昌宏
·· 201
　　　1．日韓関係の動向と日本人の対韓意識　201／2．日韓両国民の相互意識の現状　204／3．人的往来とメディアの位置　215／4．日韓関係とメディアの今後　221

第6章　タイテレビ業界における米国および日本メディアの影響
　　　　　　　　　　　　　　　　　　……ウォラワン・オンクルタラクサ
·· 229
　　　1．タイメディアの歴史概要　230／2．タイに進出した米国メディア・日本メディアの進出経緯およびその影響　232／3．タイの児童に対するメディアの影響　233／4．研究方法　237／5．分析結果　240／6．結果からの推論　241

第7章　「文化（the cultural）」の文脈化
　　　──あるいは雑種化と土着化── ··························· 小林　義寛
·· 248
　　　1．オタク発見─「はじめに」に代えて　248／2．日本のポップ・コンテンツの広がり　250／3．コスプレの文脈化　254／4．グローバルな文脈のなかで─「結び」に代えて　257

第8章　オーストラリア国家の成立とメディアが果たした役割
　　　　　　　　　　　　　　　　　　　　　　　　　　鈴木　雄雅
·· 261
　　　1．オーストラリアメディア再考　261／2．オーストラリア国家の成立　262／3．ナショナリズムの高揚　264／4．寡占化の進行と混乱の道，そして崩壊へ　266／5．多文化主義とメディア　270／6．新聞メディアの凋落，サイバースペース上のメディア　271／7．オーストラリア国家とメディア　274

第9章　まとめに代えて ·· 小川　浩一
·· 279
　　　1．各論文の概要と若干のコメント　279／2．国際コミュニケーションを考える際の文化の困難性　297

第 1 章

国際コミュニケーション研究の枠組み

伊藤　陽一

 キーワード

メディア・文化帝国主義と市場・比較優位原理，世界システム論や従属論の終焉，情報・文化の国際競争力と流れのバランスの変化，「文化的近さ」の意味，産業や企業の国際競争力と国の国際競争力の違い，発展段階説と文化相対主義

はじめに

　国際コミュニケーション研究とは国境を越えて情報と文化が流れ，意味が共有され，それによって受け手（個人または社会全体）に影響をおよぼす現象に関する研究である。ただし，個人間の国際コミュニケーションとマス・メディアを通じての国際コミュニケーションとは専門領域として区別されており，前者は「異文化間コミュニケーション」と呼ばれ，「国際コミュニケーション」といえば通常後者を指す（伊藤 1997：18；本多 2017：11-12）。本章においてもこの慣例に従い，マス・メディア（ニュース報道，テレビ番組，映画，書籍等）によって伝えられる情報と文化を中心に論じる。情報の国際流通のほとんどがマス・メディアまたは電気通信を通じてなされるのに対して，文化の国際流通のかなりの部分は人の移動によってなされている。人の移動に伴う文化の移動も扱うと異文化間コミュニケーションと国際コミュニケーションの区別があいまいになる。そのため，本章ではマス・メディアを通じた文化の移動だけに限って論じることにしたい。そこで本章においては，文化とは文化的生産物を，また情報とは狭義ではニュース報道だが広義では文化的生産物も含んでいると理解していただきたい。

　1990年頃から経済や社会の「グローバル化」が注目を集め，一種の流行語と

なって，おびただしい数の本や論文が刊行された。この流行に刺激されて，「グローバル・コミュニケーション」という新しい用語を題名とする研究書が数多く出版されたが，それらの多くはそれまでの「異文化間コミュニケーション」や「国際コミュニケーション」とは内容的に同じで，題名を流行に合わせただけのものであった。ただし，最近の「グローバル・コミュニケーション論」の中に，伝統的な「異文化間コミュニケーション」と「国際コミュニケーション」に含まれていないものがあるとすれば，それはフェイスブック，ツイッター，インスタグラム等のソーシャル・ネットワーク・システム（SNS）を通じての国際あるいは異文化間コミュニケーションである。この意味での「グローバル・コミュニケーション論」は新しいといえるが，まだ新しすぎてその輪郭が明確ではなく，またこの領域独自の理論も育っていないので，本章ではほとんど扱われない。

次に，「国際コミュニケーション研究の枠組み」とは国際コミュニケーションについて研究する際の基本的な考え方や「理論」，すなわち普遍的・一般的適用可能性をもった説明，を意味する。

「理論」には（ⅰ）「カバー領域が広く抽象度が高いパラダイムあるいは大理論（グランド・セオリー），（ⅱ）いわゆる「中範囲の理論（middle-range theory）」（国際宣伝，国際文化交流等），（ⅲ）対象を非常に具体的な現象に絞った「小理論」（戦争報道等）がある。本章ではその趣旨として（ⅰ）の「大理論」を中心として論じることにする。

次に，国際コミュニケーション論が扱うべき問題としては，（ⅰ）国境を越えて流れる情報・文化の流れのバランスがとれているかどうか，（ⅱ）情報・文化が国境を越えて流れる結果として何か不都合な現象が起こっているのか，（ⅲ）国際間で意味の共有が円滑になされているか，として整理できるだろう。そこで以下ではこれら3つの問題に対応する理論的枠組みについて論じていくことにしたい。

1. 市場原理，または比較優位論

　国際コミュニケーションにおいて（ニュース報道等）情報や（映画，テレビ番組等）文化生産物の国際流通が一方向的であることは好ましくない，双方向的であるべきだという主張がある。しかし，この主張には無理がある。なぜなら，情報や文化的生産物が国境を越えて流れる場合，金銭と市場が介在しており，少なくともその点では石油，農産物，自動車，鉄鋼製品等一般商品と同じ「経済財」だからである。「経済財」とは，買い手がいて価格がつく（あるいは市場で交換の対象となる）すべてのものである。金銭と市場が介在している以上，情報・文化的生産物の流れにも広義の「市場原理」が働く。

　そもそも市場で情報や文化的生産物を含む「商品」の価値を決めるものは何なのか。経済学の始祖といわれるアダム・スミス（1723-1790）は，それはその商品への資本と労働の投入量であるとする一方で，「神の見えざる手」など売り手と買い手の間の交渉によって決まるという「市場原理」を示唆するなど，今から考えると矛盾した見方を示した。前者の考え方を継承し理論化したものが，カール・マルクス（1818-1883）の労働価値説であり，後者の考え方を継承して理論化したものが，デイヴィッド・リカード（1772-1823）の市場理論と貿易論である。リカードによれば，商品の価値を決めるものは労働の投下量などではなく市場の評価である。市場は高品質なものを高く評価してそれに高い価格を付け，低品質なものには低い価格（評価）を付ける。一方，人には（そして国にも）得意な分野と苦手な分野がある。得意な人（あるいは国）が作る商品は高品質であり，苦手な人（国）が作る商品は低品質である。人（あるいは国）は自分が得意（比較優位）とする分野に専門化し，それを売って手に入れた金で自分が不得意（比較劣位）とする分野の商品を購入する。これが，人間が大昔から市場で行ってきた物々交換（あるいはその延長としての売買）であり，多くの国々が行ってきた国際貿易である。

　資本主義は西洋に始まったということが定説になっているが，市場や市場での交換，売買は世界中ほぼどこでも古代から存在した。スミスやリカードを嚆

矢として「オーストリア学派」等多くの西欧の経済学者達が理論化した市場原理メカニズムは，こうした古代から存在した市場にもあてはまり，それだけにきわめて強力な理論である。情報や文化生産物を（買い手がいて価格がつくという意味での）経済財であるということを認めながら，それらが市場原理，国際的には比較優位の原理，に従って動いているということを無視したり，否定したりすることにはもともと無理があるのである。

筆者は今から30年近く前の1990年，"The Trade Winds Change：Japan's Shift from an Information Importer to an Information Exporter, 1965-1985（「貿易風は変わる：情報の輸入国から輸出国への日本の移行，1965年から1985年"と題する英文論文を *Communication Yearbook* という権威ある年鑑に発表した（Ito 1990；伊藤 1988））。この論文は，日本のニュースの流入と流出，文化的生産物の輸出と輸入の実績が，1950年，60年代においては「入超」だったが，1970年代，80年代にかけて次第に「出超」へと変化したことを多くの実証データを通じて明らかにした。この論文のタイトルに「貿易風」という用語を入れたのは，ウイルバー・シュラムがその本の中でニュースの国際流通は「西から東へと貿易風と同じように規則的」だと書いていた（Schuramm 1964）からである。この入超／出超のパターンは地域により，品目によりまちまちなのだが，日本が全体としては，「輸入国」から「輸出国」へと変化したことは確実であった。そして，その理由は一般商品の場合と同じで，日本からの情報，日本で生産される文化的生産物の市場価値が上昇した，別の言い方をすれば，それらの「国際競争力が増した」ためである。その後，韓国，中国，インド，ラテン・アメリカ諸国等からの情報や文化生産物の流れが急増したがこの理由も同じく「国際競争力の強化」で説明できる。

1−1　ニュースの国際競争力とは

「国際競争力」の意味は，情報と文化的生産物ではやや異なる。文化的生産物の場合は一般商品の場合とほぼ同じで，価格と品質を基準にして説明できる。ということは，その文化の生産者の創意工夫や輸出努力によって輸出を伸ばす

余地が大いにあるが，情報（ここでは主としてニュース）では事情が異なる。ニュースの輸出を増やしたいと思っている人々にとって，努力によって自分たちが扱うニュースの質，あるいは価値を高めることには限度がある。この問題でも日本の経験はいい判断材料になる。すでに述べたように，日本からのニュースの流出は1965年から85年までの20年間に大幅に増えたが，それは必ずしも日本の通信社やマスコミ企業の努力の成果である訳ではない。1980年代後半といえば，日本の対外援助額はアメリカを抜いて世界一となり，1人当たり所得ではスイスについで世界第2位（1995年）になり，アメリカからは「貿易帝国主義的」として非難された頃である。しかし，1990年代後半になると「バブルの崩壊」とアメリカからの圧力による日本の「貿易帝国主義的政策」の変更により，日本経済の「失われた20年」が始まり，対外援助額では5位（2008年），1人当たり所得では20位（2008年）まで低落した。その結果，日本から外国へのニュースの量は激減することになった（江口 2009）。それに伴って，東京に駐在する外国人特派員も減少し，2002年8月12日付けのニューヨーク・タイムズ紙は「東京が輝きをうしなうにつれて，外国のメディアは立ち去る」と題する記事を載せた（『産経新聞』2002）。筆者は1995年と2008年の2回，ニュースの国際流通に関する国際共同研究に参加したが，これら2つの研究から得られた結果によると，「日本は95年から08年の間に世界の国際ニュース市場における報道量において8位から13位へと大きく順位を落とした」。（伊藤 2013：153）

　1990年代と2000年代の日本に関する報道量が世界のニュース市場で落ち込んだのは，日本の通信社やマスコミ企業の努力が足りなかったためではない。その証拠に2011年の福島原発事故と日本経済の復活によって東京に外国特派員達が戻り，日本に関する報道量は20年振りに増加に転じた。（伊藤 2013：146；高島 2013：108-112）

　以上をまとめて，わかりやすい例をあげるならば，ブータンやコスタリカの通信社や新聞社がいくら自分たちが扱っているニュースを輸出しようと努力しても成果は上がらない。他方，アメリカや中国の通信社や新聞社はあまり努力

しなくても輸出は容易である。こうしたことは古くからあるニュースの国際流通を測定した多くの実証研究の結果に表れている。すなわちニュースは基本的に（軍事的・政治的・経済的）大国から小国に流れている（Ahern 1984；Dupree 1971；Ishii 1996；Mulugetta & Miller 1985；Wu 2000；2003；2007；萩原 2006；吉田 2009；Wilke, Heimprecht, & Ito 2013）。

「北から南へ」，「先進国から開発途上国へ」という言説がかつては有力だったが，それは南や開発途上国に小国が多いからであって，北の先進国の小国（スウェーデン，スイス，デンマーク等）や南の開発途上国である大国（インド，ブラジル，エジプト）等に注目するとこの主張は妥当ではない[1]。中国を開発途上国に含めるならさらに不適切ということになる。ニュースが大国から小国に流れる理由は，スウェーデンやスイスのような小国が何をしているか，しようとしているかよりも，インド，中国，ブラジルのような大国が何をしているか，しようとしているかの方が重要だからである。

> Semmel（1976）の研究では，アメリカのメディアにおいて，スカンジナビア諸国のニュースが極めて少ないことが実証されている。ニュースの流れの不均等の問題は，先進国対発展途上国という二項対立による単純なものではなく，先進諸国の中にも序列が存在し，それがニュースとしてとりあげられるかどうかに影響を与えている。不均等の問題は多重構造的な問題としてとらえられる必要がある。（長谷川 2004：176）

かつて日本新聞協会研究所が行った日本を中心としたニュースの流れを調査したところ，日本の場合，入超になっているのはアメリカ，ロシア，中国の3国，イギリス，フランス，ドイツ等主要ヨーロッパ諸国とは概ね均衡しており，世界のその他の国々に対しては出超になっているというわかりやすい結果になっていた（日本新聞協会研究所　1979, 1981, 1984a, 1984b）。

さらに，言語が国際的に広い地域で使われている「国際語」の場合，国際通信者や国際ニュース・メディアが育ちやすく，ニュースが広い地域で共有される。

そうした「国際ニュース・メディア」としては CNN（アメリカ，テレビ），BBC（イギリス，テレビとラジオ），Fox New Channel (FNC)（アメリカ，テレビ），MSNBC（アメリカ，テレビ），Al Jazeera（カタール，テレビ），ロイター（イギリス，通信社），AP（アメリカ，通信社），AFP（フランス，通信社）等がある（江口 1997；井上 2005：175-185；長谷川 2009；Thussu 2010；Stevenson 1994：139-184；Tunstall 1981, 2010）。また，ある国のニュースが大量に外国に流れるということは必ずしもその国のイメージの向上に貢献しているわけではない。たとえば，アメリカにおける連続銃撃事件，セクハラ問題，人種差別問題，中国における言論弾圧，人権蹂躙に関するニュース事件などは大量に世界に出回っている。これに対して小国におけるセクハラ事件や人権問題に関するニュースは世界に流れないのである。

1-2 地理的・文化的近さ

　次にニュースや文化がどういう国に輸出されるかに注目すると，文化的生産物の場合は文化的に近い国々，ニュースの場合は近隣諸国がまずあげられる。人は近くで起きたニュースにより強い関心を抱くということは国際間に限らない。新聞の地方紙，放送局のローカル局が限られた地域の出来事を全国版あるいは全国ネット以上に詳しく報じているのはこのためである。

　近隣諸国は文化的に近いことが多いから，これら2つの要因は多くの場合重複している。しかし，この傾向はその文化的生産物の内容によって異なる。映画やテレビ・ドラマのように生産国の文化が強く出るものでは，文化的に近い国への輸出が圧倒的に多い。インドの映画，アメリカやラテン・アメリカのテレビ・ドラマがいい例である（Straubhaar 2010；Thussu 2010）。「ダラス」や「ダイナスティー」といったアメリカで大ヒットしたテレビ・ドラマはヨーロッパやオセアニアでは高視聴率を記録した。そこで1981年，テレビ朝日は「ダラス」を輸入して放映することを決定した。同局はばく大な宣伝費を投入してこのシリーズのキャンペーンを行い，放映を開始した。このシリーズには午後9時から10時までという有利な時間帯が割り当てられたが，視聴率は4〜

5パーセント程度と振るわず,放映は6カ月で打ち切られてしまった[2]（杉山 1983：31；伊藤 1988：281-282）。

日本で大ヒットした「おしん」（1983-84年）は40カ国以上に輸出されたが，そのほとんどはアジアを中心とした開発途上国であった。日本全体がまだ貧しかった明治時代に東北の貧しい農村に生まれた女性の成功物語が開発途上国の人々の関心を誘ったのである（NHK インターナショナル国際シンポジウム委員会編 1991；高橋 1994；三上 2007）。

「韓流テレビ・ドラマ」もその主たる輸出先は東アジアである（金 2007a；金山 2005）。他方アメリカのハリウッド映画や日本のアニメには地域的偏りが小さく，世界全体にまんべんなく輸出されている（川井・宮 2004；井上 2007；白石；2007）。その理由として日本のアニメには「無国籍」なものが多いからという指摘があるが，アメリカのハリウッド映画もジェラシック・パーク，スター・ウォーズ等は「無国籍」であるといえるし，日本人からみれば「無国籍」にみえる日本のアニメ作品もヨーロッパ人達は「日本的」とみており，彼等はヨーロッパの子どもたちに及ぼす影響を危惧している。

ジョージ K. ジップは1930年代から40年代にかけて，ハーバート大学の心理学教授をつとめた学者だが，心理学とはあまり関係がないと思われるこの分野の研究で名を残している。彼の基本的発想は，2つの集団間に流れる情報の量はそれら2つの集団の人口の積に比例し，距離に反比例するというもので，これは2つの物体の間の引力はそれらの質量の積に比例し，距離の二乗に反比例するという「万有引力の法則」からヒントを得たものらしい。ジップは情報の流れを支配している力学を次のような式で表した。$V = P_1 \cdot P_2 / D$（実際にはさらに右辺に特定の係数を掛けて調整する）。

ジップはニューヨーク・タイムズ紙に掲載された30の都市の死亡記事の量（V）をY値，それら30都市の（$P_1 \cdot P_2 / D$）（に特定の係数を掛けて調整したもの）の値をX値として平面に散布してみた。（ただし，XとYの値は共に対数に変換してある）。すると，それらの点は上式の予測線に沿う，つまり，XとYの間の相関は高く，XによってYを予測することが可能であると主張した。

次に彼はこれら30の都市におけるニューヨーク・タイムズ紙の購読者数を Y として散布図を描いてみたが，30の点はやはり上記の予測線に沿う（つまり購読者数は $P_1 \cdot P_2 / D$ によって予測できる）ことを明らかにした。さらに彼は，米国の311組の地点間の電話の通話量（回数）を Y 値とし，$(P_1 \cdot P_2 / D)$（に特定の係数を掛けて調整したもの）を X 値として平面散布図を描き311の点が予測線に沿って分布することを実証した（Zipf 1946）。これらの散布図はかなり見事なものであり，そのため，地点間の情報の流れの量を論じる場合，この知見を無視することはできず，後の人々はこれに敬意を表して上式に「ジップの法則（Zip's law）」という名を与えた。

国際政治学者のドイッチは，1961年に発表した論文の中で次のような式を提唱している。

$$I_{ij} = G \frac{M_i M_j}{D_{ij}}$$

この式で I_{ij} は集団 i と集団 j との間の相互作用（Interaction）の量，M_i と M_j はそれぞれ集団 i と集団 j の質量（Mass，それに「大衆」という意味をかけてシャレているつもりらしい），d は距離（distance），G は調整のための定数である。M は人口でもいいし，所得，電話設置台数，その他その集団の「重み」を表す指標なら何でもいいのではないかとドイッチは述べている（Deutsch and Isard 1961 ; Deutsch 1979 : 172）。

彼は，さらにこの式を対数化するなどいろいろ変形しているが，基本的にそれらは「ジップの法則」の焼き直しにすぎない。

この他にも「ジップの法則」の改訂版としては，$Y = B / d$ という式もある。この式において，Y は「二人の個人間あるいは二つ集団間の相互関心の強さ」，d は距離，B は調整のための定数である（Lundberg, Bratfisch & Ekman 1972）。また Rosengren（1976）と Bergsma（1978）も情報・文化の流れの量が距離に反比例することを主張している。

情報や文化の流れと地理的・文化的距離に関する上記のモデルや理論は市場

原理と矛盾するものではない。市場原理が包括的な「大理論」であるのに対して，「ジップの法則」およびその亜流のモデルや理論はより具体的・個別的な下位理論，小理論というべきであろう。

2. メディア帝国主義／文化帝国主義論

前節で論じた市場理論に対抗するアンチ・テーゼとしてとして，この節ではメディア帝国主義論および文化帝国主義論を取り上げる。これらは1970年代と80年代には大いにもてはやされ，一世を風靡した理論である。これらの理論の詳細は後に述べるが，かつてはこれらの理論はすべての開発途上国にあてはまり，そのために「世界コミュニケーション秩序」が再編される必要があるといった議論がなされていた。しかし，その後多くの経験を経て，これらの理論は，たとえ開発途上国であっても以下の2条件を満たす国々には当てはまらないということが明らかになった。

（1）独立した主権国家である。
（2）政権は腐敗しておらず，正常に機能している。

これら2条件にさらに人口が多い大国であるという条件も加えればより確実に当てはまらない。

2-1 メディア帝国主義論

「メディア帝国主義 (media imperialism)」とは，ある国のメディア産業が外国政府や外国資本によって実質的に支配され，国民に伝えるマス・コミュニケーションの内容が外国の政府や企業の干渉を受ける状況を指している。旧ソ連時代には，東欧諸国のマス・メディアが「社会主義圏全体の利益のため」という理由で，ソ連政府の干渉を受けることがあった。また1989年のソ連圏崩壊後の東欧諸国においては逆に極端な自由化政策が採用された結果，主要マス・メディア企業が西側資本に次々に買収されてしまうという事態が起こっている (Jakubowicz 1994：Sparks and Reading 1994：Splichal 1993)。また1950年代にお

いては中南米諸国の新聞や放送局がアメリカ資本の支配を受けているとして問題視されたが，60年代には政府の規制措置により問題は解消された。

独立した主権国家において，この問題の解決策は簡単である。たとえば日本の場合；

放送業者への外国資本の参入は電波法（第5条）と放送法（第52条の8）で20%以上は持てないことになっている。外資が20%以上参入すれば，電波法違反で放送事業者の免許を取り消される（『産経新聞』1996）

アメリカを含む資本主義国のほとんどが主要テレビネットワークに対してはこのような規制策を設けている。開発途上国において，このような規制をかけることに何の遠慮も不要であり，現にほとんどの国で現在ではそうなっている。

その後，広告代理業における外国資本の大きさが指摘され，これが欧米の消費文化を開発途上国に広めていると非難された（Schiller 1973＝1979, 1978；Mattelart 1979＝1991；Beltran and Fox de Cardona 1978）。

広告業における外国資本のシェア大きさは現在でも当てはまる国が多いが，それは，広告はマス・メディアであっても言論機関ではなく，国の政治や安全保障とはあまり関係がないので，規制されていないためである。もっとも，1980年代に筆者がインドネシアを訪問した時，テレビのコマーシャルが規制されていた。現地の専門家にその理由を聞くと，コマーシャルが見せる都会の華やかな消費文化が地方の貧しい人々の不満を高めたり，彼ら（特に若者）が何の当てもなく都会にやってきたりしてスラムを形成し，社会不安を助長するからとのことであった。このように，現地の事情に合った適切な政策によって「メディア帝国主義」の諸問題は解決できるのではないだろうか。

2－2　文化帝国主義論

「文化帝国主義（cultural imperialism）」は，メディア帝国主義や言語帝国主義を含むより広い概念として使用されてきたが，その内容はきわめて曖昧でわ

かりにくい (Lee 1980：41)。このテーマで本を一冊まとめたジョン・トムリンソンによれば,「文化帝国主義」とは「包括的な概念であり,似たようないくつもの現象を幅広く示して」おり,「誤った意味で使われることが,あまりにも多い」(Tomlinson 1991＝1993：14-15)。そもそも何が「正しい意味」で何が「間違った意味」なのかもよくわからないのである。日本におけるマクドナルド店やディズニー・ランドの進出を「アメリカ文化帝国主義」と呼ぶことは,海外におけるカラオケや回転寿司店の普及を「日本文化帝国主義」と呼ぶことと同じ位間違っているのではないだろうか。このような,わかりにくい「文化帝国主義」を,その「正しい」あるいは由緒正しい意味とは何かに留意しつつ,(i) マルクス主義的文化帝国主義論と (ii) 非マルクス主義的文化帝国主義論の2つに分けて整理してみよう。

(i) マルクス主義的文化帝国主義

カール・マルクス (1818-1883) は人間社会とその歴史を強者による弱者の支配と搾取という観点から説明した。この考え方を国際的に広げたのがレーニンの「帝国主義論」である。この理論によれば,国際社会では強国が弱小国を支配し,搾取している。強国はその支配下に治めた弱小国に工業製品を売りつけ,農産物,工業生産のための原材料の供給地として確保する。これが「植民地」である。植民地が多ければ多いほど強国はより大きな利益が得られるから,強国は植民地の獲得を目指して競争し,その結果が強国間の戦争になる。これが「帝国主義戦争」である。18世紀頃から第2次世界大戦に至るまで多くの帝国主義戦争が戦われた。強国である植民地宗主国はその植民地にその支配を通じて自分たちの言語,宗教等を押し付けた。これが最も古典的でわかりやすい文化帝国主義である。ただし,第2次世界大戦以前には帝国主義という用語はあったが,文化帝国主義という用語はなかった。

2つの世界大戦への反省から,国際社会は帝国主義的競争が大国間の戦争の原因なるとしてこれを否定し,禁止した。そのためもあって多くの旧植民地が独立を果たした。帝国主義と植民地主義が国際社会から否定された後も,マルクスの理論を信じる学者達は帝国主義も植民地主義も完全には消滅していない

と主張し,「世界システム論」,「従属論」,「構造論的アプローチ」といった「修正帝国主義論」を創り出した。これらと後に述べる「非マルクス主義的文化帝国主義」が結びついたものがここでいう「マルクス主義的文化帝国主義」である。

　この理論によれば,強国である「中心国」は弱小国である「周辺国」を経済力によって圧倒し,「資本主義的価値観」や「消費文化」を広め,周辺国をますます中心国に従属させる。この先兵となっているのが周辺国に存在する中心国の多国籍企業である。これら多国籍企業は周辺国の労働者を低賃金で雇用し,搾取している。

　しかし,まず「資本主義的価値観」とは具体的に何なのかがわからない。この疑問はマックス・ウェーバーの「資本主義の精神」とは具体的に何なのかよくわからないという古くからある批判につながる。単なる金銭欲や強欲ではなく,合理主義的・計画的利潤追求を意味するらしい。また合理的・計画的時間の使い方も含まれるらしい。しかし,これらが人間なら誰でも昔からもっている普遍的価値である便利,安全,安心,効率,安楽,清潔等とどう違うのかがよくわからない。たとえ違いがあるとしても「資本主義的価値観」が広まることにいかなる不都合があるのかがわからない。何か不都合な場合もあるのかもしれないが,それは国や文化や地域によって大きく異なると考えられる。

　「消費文化」とは何か。この用語もさまざまな意味に使われており,わかりにくい。青木 (2008) は消費文化についてかなり詳しく書いているが,彼の意味する「消費文化」とは日用品を含む消費財に関わる文化であり,ライフ・スタイル,生活様式,「ウェイ・オブ・ライフ」に近い。事実,この本の中では消費文化と「ウェイ・オブ・ライフ」が互換的に使われている。1930年代と40年代,日本は戦時体制下にあったため,兵器等の軍需品の生産が優先され,民生品の近代化には遅れた。そのため,第2次世界大戦後,日本人は紹介されたアメリカン・ウエイ・オブ・ライフ,すなわち,テレビジョン,電気冷蔵庫,電気洗濯機に代表されるアメリカ消費文化の圧倒的影響を受けた。人々はそれらに憧れ,それらを購入した。世界システム論者や従属論者が正しいならば,

日本はそうした消費文化に必要な商品の購入を通じてアメリカの産業を繁栄させ，アメリカへの従属を強めるはずであった。しかし，実際には必ずしもそうはならなかった。これらの商品のアメリカからの輸入はもちろんあったが，それらの多くは大きすぎて日本の家には合わなかった。日本企業は日本の家に合った電気製品を生産して日本市場に供給した。大量生産によって品質が向上すると，やがてそれらはアメリカに大量に輸出されるようになった。

　自動車産業でも同じようなことが起こった。1950年代のアメリカ車は大きすぎて日本の道路や住宅には合わず，日本ではあまり売れなかった。そこで，1971年 GM は日本のいすゞ自動車に，フォードは1979年マツダに資本参加した。しかし，トヨタ，日産，本田 3 社との競争は厳しく，本社の業績悪化のため，GM は2006年，フォードは2015年に全株式を売却して日本市場から撤退してしまった。このようなことを指摘すると，従属論者達は日本には第 2 次世界大戦以前から軍需品の生産等を通じて高い技術をもっていたからだとか，あるいは（第 2 次世界大戦直後の日本が周辺国であったかどうかは別にして）周辺国が国際競争を通じて半周辺国や中心国に「出世」する可能性があることを従属論は否定していないなどと反論する[3]。

　では，他の東アジアの国々の場合はどうだろうか。シンガポールと香港がわかりやすいので取り上げよう。シンガポールや香港の市場規模は小さいので，これらに進出する多国籍企業は最初から輸出を目的に工場を建てた。アメリカ，ヨーロッパ，日本の多国籍企業の技術は世界最先端のものであるから，それが現地の安い労賃と結びつくことによって，高品質で安価な製品が生産され，それらはアメリカを含む世界市場に輸出された。シンガポールや香港での成功を見て，マレーシア，タイ，さらには中国やインドのような大国までもが「シンガポール・モデル」[4]を模倣した。これら大国は進出してくる多国籍企業に一定割合の輸出比率を義務付けた。その結果，河崎（2018）によれば，「中国からの米国向け輸出の60％は，日米欧などの多国籍企業」が中国で生産したものである。中国商務省によれば，最近のトランプ政権による中国からの輸入製品に対する高関税の課税によって影響を受ける中国国内の企業の約半数は外資系

企業である。そのため，中国政府はこれら多国籍企業が中国から撤退することを恐れ，「(トランプ政権による)追加関税で経営が悪化する外資系企業の支援を中国政府が検討している」(『日本経済新聞』2018) とのことである。

中心国の多国籍企業が周辺国に進出して，現地の労働者を低賃金で雇用して「搾取する」，そしてその利益は本国に送金され，中心国の資本家達に巨額の利益をもたらすという世界システム論や従属論の指摘は完全な間違いではない。しかし，彼等は次のような点に気が付かなかった。従属国あるいは，従属国ではないかもしれないが，中国のような産業発展が遅れた国々に進出した多国籍企業が生産した工業製品が中心国に大量に輸出されることにより，中心国の労働者達が路頭に迷うことになり，貧富の差は拡大する．彼等失業労働者たちは競争相手となる移民や外国人労働者へ敵意を抱き，彼らの排斥を主張する右翼政党に投票するといった現象である。

さらに，最近のニュースによれば，日本の首相とメキシコの大統領が会談し，アメリカに対して自由貿易を守るよう要求することで一致したとのことである。トルコもアメリカに対して自由貿易の遵守を要求している (『産経新聞』2018)。メキシコやトルコがアメリカに自由貿易の遵守を要求するとか，アメリカが工業製品の輸入を規制し，農産物の輸出に期待することなど，世界システム論や従属論が想定していた事態とは正反対である。アメリカ企業の国際競争力が強いということと，国としてのアメリカの国際競争力が強いということとは同じではないのである。こうした事態は世界システム論や従属論だけでなく，これらよりもっと古いドイツ「歴史学派」などでもまったく想定されていなかった。これらの諸理論はすべてまとめて「時代遅れ」になってしまっている可能性が高い。

田中明彦は世界システム論を徹底して研究して『世界システム』という本を著したが，その終章に「近代世界システムの今後——持続，変質，終焉？」という副題をつけている (田中 1989：180-181)。世界システム論や従属論が終焉を迎えそうだというのであれば，マルクス主義的文化帝国主義論も運命を共にするのではないだろうか。

ただし，世界システム論や従属論との関連は不明だが，楊（2018）は中国政府が中国国内のモンゴル，チベット，新疆ウイグル地区において「植民地支配」を続けているだけでなく，今やアフリカや南アジア諸国を「借金漬け」にして「中国流新植民地主義」を実行しようとしていると警鐘を鳴らしているが，こうした状況の中で中国が言語を含む文化を押し付けるようなことがあるならば，それは古典的文化帝国主義といえるだろう。ロシアにも同様な現象が存在するようであり，皮肉なことにマルクス主義的文化帝国主義は資本主義諸国より，旧社会主義国で生き残るのかもしれないのである。

（ii）非マルクス主義的文化帝国主義論

「非マルクス主義的文化帝国主議論」とはある国（通常はアメリカあるいは西欧）の文化的生産物のマーケット・シェア（市場占拠率）が異常に大きいという現象を強調する。そしてそれは（非欧米）諸国に伝統文化の消滅，断絶といった「被害」をもたらしており，それが問題だと主張する。フィンランドのタピオ・ヴァリスがユネスコの委託研究として行った世界の主要テレビ局の番組編成に占める外国製テレビ番組比率の調査（Varis 1973）や，イギリスのジェレミー・タンストールによる映画も含めた大衆文化全体に占めるアメリカ製品の圧倒的シェアを強調した本，*The Media are American*（Tunstall 1977）が非マルクス主義的文化帝国主義論の嚆矢となった。『文化帝国主義』を書いたジョン・トムリンソンによれば，

　「文化帝国主義」という用語には，特に長い歴史があるというわけではない。1960年代に，他の多くの急進的批評の用語とともに生まれてきて，今や20世紀後半の代表的な知的流行語のひとつにまでなったのである（Tomlinson 1991＝1993：14）。

この用語はなぜ1960年代に現れたのだろうか。第2次世界大戦でアメリカも甚大な被害を受けたのではあるが，ヨーロッパの主要国や日本に比べればはるかに軽微で済み（たとえば，アメリカ人の戦死者数は第2次世界大戦より南北戦争

の方が多い)，第2次世界大戦はいわばアメリカの「一人勝ち」のようなものであった。そのことは終戦後一定期間ヨーロッパ諸国と日本がアメリカから食料援助を受けていたことからもわかる。1950年代，アメリカだけが「一人元気」であった。アメリカの流行歌が町に流れ，人々はアメリカの西部劇やディズニー・アニメに癒しを求め，テレビ娯楽番組のほとんどはアメリカ製であった。そういう文化面でも明らかだったアメリカの「一人勝ち」の状況を誰かが揶揄と自虐を込めて「アメリカ文化帝国主義」と呼んだ。ただし，この「帝国主義」にはアメリカが力によってその文化を押し付けているという意味はなく，ただ単にアメリカ大衆文化のマーケット・シェア（市場占拠率）は異常に大きいということを意味していたにすぎない。この点が，1970年代になって出現した「マルクス主義的文化帝国主義論」とは異なる。なぜシェアがそれほど大きくなったかについての理論的説明はほとんどなかったのだが，わずかにあったとすれば，アメリカは当時ソ連とあらゆる面で激烈な競争をしており，文化面でも民主主義，自由主義といったアメリカ的価値を世界に広げて，共産主義の脅威に対抗しようとしていた。そこに「帝国主義的意図」を読み取ることは可能であった。しかし，それを言うなら当時のソ連も同様な政策を実施していたし，冷戦後日本も含めて，世界の主要国のほとんどは言語を含む自国の文化を外国に紹介するあるいは広める政策を遂行しているから，対外情報文化政策はすべて文化帝国主義ということになってしまう。

　本章第1節において，筆者が今から30年近く前の1990年に発表した「貿易風は変わる：情報の輸入国から輸出国への日本の移行，1965年から1985年」と題する英文論文を紹介したが，この論文の文化的含意は次のようなものであった。日本は，敗戦後しばらくは，大衆文化の再建にまで手が回らず，アメリカから大量の大衆文化を輸入していたが，1970年頃を境に，経済が再建されて余裕が出てくるとすぐれた大衆文化作品が制作されるようになった。その結果，アメリカの大衆文化のシェアが急速に縮小しただけでなく，アニメ作品を中心に日本の大衆文化作品が海外に輸出されるようになったということを強調したものであった。当時のラテン・アメリカ諸国を例に似たような議論を展開していた

のがジョセフ・ストラウブハールであった。たとえば彼は,「ブラジルのテレビに見るアメリカの影響の後退」という論文を1984年に発表している (Straubhaar 1984)。さらに,この頃にはすでにメキシコ,ブラジル,ベネズエラ,コロンビア等で制作されたテレビ・ドラマ・シリーズ(「テレノベラ」)が大量に北米やヨーロッパに輸出されていた (Straubhaar 2007)。文化帝国主義については,以上のような「逆流」現象の他に,以下のような質的面からも疑問が呈されるようになった。

(1) アメリカの大衆文化が消費されても,そのことは必ずしもアメリカ文化に対する肯定的評価につながるものではない。たとえば,イスラエルの研究者達の実証研究によれば,イスラエルでも「ダラス」は放映されたが,人々はこの映画の中心となっていたアメリカの富豪達の生活に不道徳や堕落を見ており,決してアメリカへの憧れといった肯定的な効果をもたらしてはいなかった (Liebes & Katz 1990)。また,東京ディズニーランドにしても実際に経営しているのはオリエンタル・ランドという日本の会社で,「強きアメリカ」を表現しているようなアトラクションは「全部そぎ落として」あり,「無色透明の平和な世界」になっている。(高成田・天野 2013;135)

(2) インターネットの発達と,それによる「グローバル化」によって,国境を越えて流れる情報・文化に対する政府のコントロールはきかなくなり,米ソ冷戦時代におけるように自国に有利な情報・文化を戦略的に流すなどということはできなくなった。したがって,現在では世界中に流れている情報・文化に大国の「帝国主義的意図」が反映されているなどとはいえない (Morris 2008)。

(3) 外国文化によって自国文化が破壊されるとか,伝統文化に断絶ができるというようなことはめったになく,ほとんどの場合,外国文化は自国文化と混ざり合って「雑種化」する (Morris 2008)。 したがって,外国文化の影響は文化帝国主義論者達が心配(?)あるいは期待(?)するほど大きなものではない。

欧米で文化の雑種化ということがいわれるようになったのは1990年代からだが，日本では加藤周一が日本文化は「雑種文化」であるということを1955年から言い，そのことについて日本では大いに議論されていたことを我々日本人は忘れるべきではないだろう（加藤 1955a, 1955b, 1974；矢野 2005）。加藤があの議論を日本文化論としてだけではなく，すべての文化に応用できる普遍的理論として，しかも英文で発表していたら，今頃彼は国際的に非常に有名になっていただろうと思うと残念である。

　非マルクス主義的文化帝国主義の起源のひとつがジェレミー・タンストールの *The Media are American*（Tunstall 1977）にあるとすでに指摘したが，それからちょうど30年後の2007年に彼は *The Media were American*（Tunstall 2007）と題する本を刊行した。この本の中で彼は多くの実例をあげながら，量的にも質的にもアメリカが世界の国々のメディアや大衆文化に圧倒的影響を及ぼしていた時代は終わったと論じた。このことに言及しつつ，デニス・マクェールは「ということは，世界の国々はもはや自国のメディアや大衆文化の失敗や不都合をアメリカのせいにはできないということだ」と述べている（McQuail 2008：174）。

　このような変化にもかかわらず，非マルクス主義的帝国主義系統の本や論文は依然として数多く出版されている。その理由は色々考えられるが，岩渕功一が指摘しているように，情報や文化の輸出は「国への愛着」を刺激するからであろう。彼はそれを「ブランド・ナショナリズム」と呼んでいる（岩渕 2007）。また井上泰浩は大衆文化の輸出力はジョセフ・ナイのいう「ソフト・パワー」であると述べている（井上 2007：138）。ナイによれば，「ソフト・パワー」は文化的影響力であり，それは軍事力，経済力と並んで大国の要件として重要なのである（Nye 2004＝2004）。2006年，中国政府はアニメ放送を5時から8時までの間禁止したが，これは「アニメのもつ対日意識への影響を脅威」と考えたからであろう（井上 2008：280）。「文化力」が強いということは，その国民あるいは民族に創造性，独創性があるという証左である。そういう意味でも文化力の伸長はその国民・民族の自我の拡張である。文化的影響力が大きくなる

ということには領土が広がることと同様な効果を国民心理に与える。広告やマーケティングが専門の青木貞茂は，「文化の力」に関する歴史と理論を紹介するだけでなく，さらに日本文化を海外に輸出するための具体的戦略を論じている（青木 2008）。

浜野保樹の『模倣される日本：映画，アニメから料理，ファッションまで』（浜野 2005）は近年の欧米人がしている「日本の模倣」を多くの実例をあげて実証した本である。映画だけに焦点をあてたものとしては『ハリウッドではみんな日本人のマネをしている』（桐島 2009）がある。かつての欧米には「ジャポニズム」といった一時的日本ブーム（児玉 1995；Benfey 2003＝2007等参照）があったことは認めつつも，概して日本人は模倣ばかりしている民族というイメージがあったが，これらの本はそれに対する強力な反論となっている。その他日本語で刊行された類書として以下のようなものがある。『日本アニメーションの力』（津堅 2004），『クール・ジャパン：世界が買いたがる日本』（杉山：2006），『日本のポップパワー』（中村・小野 2006），『世界カワイイ革命』（櫻井 2009），『グローバル化した日本のマンガとアニメ』（白石 2013），『日本のアニメは何がすごいのか：世界が惹かれた理由』（津堅 2014）。似たような内容の雑誌や新聞の記事，テレビ番組はその数百倍はあるだろう[5]。

韓国も日本に次いで大衆文化の輸出に成功した国であり，多くの韓国人がそのことをアピールしている（金 2007a；2013；クォン 2010；Jin 2012；Jang 2012；Lee 2018）。韓国の大衆文化は東アジアのみならず，北米にも上陸しておりニューヨーカーが「悲鳴をあげている」という報告もある（Yi 2011）。

以上のような日本人や韓国人が書いた本や論文が英文に翻訳されて欧米に紹介されたら，欧米人は「うぬぼれている」，「自画自賛している」あるいは「自慢している」と反発するのではないだろうか。しかし，実はこのような印象こそ筆者が長年，欧米人が書いた非マルクス主義的文化帝国主義論に対して感じてきたことなのである。そこで筆者は2003年に *Globalization and Western Narcissism*（「グローバル化と欧米のナルシシズム」）という英文論文をインドで刊行した（Ito 2003）。この論文は欧米人が書く非マルクス主義的文化帝国主義

論の多く（すべてではない）は自画自賛，自己陶酔，ナルシシズムに満ちており，欧米人達の愛国心や文化的ナショナリズムの現れであると論じたのだが，インドや東南アジアの専門家達から多くの賛同を得た。

3. 発展段階説

　コミュニケーションとは「意味の共有」であり，国際間で意味の共有が円滑にできているかどうかは国際コミュニケーション論の主要なテーマのひとつである。まずは我々の周りの知人，友人について考えてみよう。ある人とはコミュニケーションがいつも円滑に進むのに，別のある人の場合はすぐに話がこじれてしまう。その理由としては色々考えられるが，国籍，人種，性，性格，世界観，価値観，これまでの生き方や体験等のどれだろうか。国籍，人種，性などはわかりやすいにもかかわらず，理由としてそれほど重要ではない，それよりわかりにくく，地味ではあるが，世界観，価値観，これまでの生き方や体験の方が重要だということに気付くであろう。個人間ですらそうなのだが，これがマクロ・レベル，すなわち政治指導者，マスコミ，世論レベルになるとこの区別はさらに重要であると考えられる。

　国際間におけるコミュニケーションの容易性，有効性の程度を客観的に測定することは難しいが，国境を越えて流れる情報の量の測定はできる。そこで，情報の流通量が多い国同士では少ない国同士よりも意味の共有が円滑に進んでいるのだろうと想定されてきた。情報の流通量は地理的あるいは文化的距離が近ければ多く，遠ければ少なくなるということが多くの実証研究から明らかになっている（Deutsch & Isard 1961；Ito 1998；伊藤 1988, 1990a, 1997, 2000, 2003, 2005a；2007a；2007b；金・伊藤 2005）。

　そこで，国際政治学者のカール・ドイッチは，情報の流通量が多く，国際コミュニケーションが円滑に進めば，諸国民間の世界観，価値観，文化が似通ったものになり，国際的連帯や地域統合の機運が生まれると考え，これによって西ヨーロッパの統合を説明しようとした（Deutsch 1964, 1966a, 1966b, 1979；花

井 1974：142-147, 206-220；石川 1994：9-28)。鴨武彦の解説によると，まず，A，B二国間で，コミュニケーションの量と範囲が増大し，レベルとその頻度が高まると両国間のコミュニケーションが相互に補充しあい，そのことによって政治や文化の価値観などが共有されるようになる。それによって，両国民にとってのアイデンティティが似通ったものになり，「その結果として政治統合が進展する」(鴨 1985：81)。

この理論，あるいは仮説，はヨーロッパにおけるEUや東南アジアにおけるASEANのような国際地域統合を説明できると考えられた。また「情報化」や「グローバル化」もこうした国際地域統合を推進するものと思われた（NHKエンタープライズ1989；128-168；伊藤 1990b 73-78；1997：20-21)。増田米二の場合は社会科学的というよりユートピア論的だが「(情報化は)必然的に脱国家主義の思想をもたらし，国家をのり越えた地球的規模の人類社会形成の可能性を展開させることになる」と述べている（増田 1985：96)

しかし，最近の国際情勢の展開はその逆である。イギリスはEUから離れ，ドイツ，フランス等EUの中核国内でも反EUの動きは活発である。日本と北東アジアの隣国間の関係は1980年代よりも悪化しているようにみえる。もちろんこれらの現象の原因はさまざまで，さらに複雑に絡み合っており，原因はコミュニケーションだけではない。しかし，以下，この国際的連帯や地域統合の問題にあえて国際コミュニケーションの観点からアプローチしてみたい。

これまでにすでに何度か触れたが，文化的親近性と地理的近さとの間には関係がある。地理的に近い国々の間で交流が数百年も続けば，お互いに文化的にも似てくるのである。地理的に近い国々の「伝統文化」は似ているというのはこのためである。しかし，国際コミュニケーションでは，「伝統文化」よりもむしろ「現在の文化」の方が重要であることの方が多いということがしばしば見過ごされている。すなわち，重要なのは19世紀以前の文化ではなく21世紀の文化である。たとえば，タイ，ベトナム，ミャンマー，スリランカ等は仏教国であり，日本の伝統文化はこれらの国々の文化に近いのであるが，現代の日本人はこれらの国々を自分達に「文化的に近い」と感じていない。

第1章 国際コミュニケーション研究の枠組み

　筆者は1983年から翌84年にかけて日本，アメリカ，カナダ，オーストラリア，香港，台湾，韓国，インドの6カ国と1地域の大学生を対象に，コミュニケーション・ギャップに関する調査を実施した。この調査の中で，質問紙に載せた7カ国（被調査者の負担を軽くするためにリストが異なる3種類の質問紙を使ったため，合計21カ国）について文化的に近いと思うか遠いと思うかを評価してもらった。日本の学生達の場合，彼らが文化的にもっとも近いと感じていた国は中国と韓国であった。これは伝統文化の影響の強さを表しているといえる。しかし，注目すべきは，中国，韓国に次いだ国家グループは，北米，オーストラリア，西ヨーロッパ諸国だったことである。日本人の学生達は，これらの国々を東南アジア，南アジアを含むすべての外国より，文化的に自分達に近いと感じていたのである。さらに興味深いのは，アメリカ，カナダ，オーストアリアの学生達の場合，彼らがもっとも文化的に近いと評価した国々は予想通り西ヨーロッパ諸国だったが，意外に思われたのは，日本はそれに次いでおり，彼等はロシアを含む東欧，ポルトガルやギリシャ等の南欧，さらに中南米諸国よりも日本の方が文化的に自分達に近いと感じていたのである。これらの結果からいえることは，人々が実感として感じる「文化的近さ」という意識を作っているものは宗教，言語，歴史といった伝統文化だけではなく，現在の生活様式，世界観，価値観でもあるということである（伊藤 1999 ; Ito 1998）。

　金美林は上記の調査データを借りて，韓国の大学生の分析を行った。その結果予想通り上位2カ国は中国（1位）と日本（2位）であった。3位以下については日本では，下位だったロシア（17位）が上位（7位）になっているなど，日本との違いはあるものの，その他の順位は概ね日本と似ており，「単純に人種や言語だけで〈文化的近さ〉が判断されている訳ではないことが分かった」（金 2007b : 193）。

　岩渕功一も「文化的近さ」について最近次のように書いている。

　　"文化的近さ"の認識とは所与の静的属性ではないことに注意したい。東アジアの視聴者が日本のドラマに感じる心地よい距離感や親近感は消費文化

の蔓延や生活様式のあり方が似通ってきたことからくる同時代性の共有感に基づいている。(中略) ある程度の経済発展を果たした資本主義社会での共通な体験が，豊かさを土台にした"いまここ"の同時代感をもたらしており，日本のメディア文化のアジア地域での好意的受容を支えている。(中略) つまり，"近似"(being proximate) だけでなく，"近時"(becoming proximate) も，空間軸のみならず時間軸も考慮に入れる必要がある。(岩渕 2007：137)

　現代日本人がなぜ南アジアや東南アジアの仏教国よりも北米や西ヨーロッパを文化的に近いと感じるかの理由について，それは北米や西ヨーロッパの先進性に対する日本人の憧れや劣等感だといった解説を加える人がいる。しかしこの説では，ではなぜ北米とオーストラリアの学生達が東欧，南欧，中南米より日本の方が自分達に文化的に近いと思うかの説明にはならない。その理由の一端を Napier（2007）や Benfey（2003＝2007）は過去150年位に欧米と日本が経験したお互いの関与の深さと幅広さに求める。そこには19世紀の「ジャポニズム」や最近の「アニメ・ブーム」のような肯定的なものもあれば，戦争のような否定的なものもある。しかし，関与の深さと幅広さはお互いに同時代に生きているという感覚を強める。

　過去150年位において日本と「同時代を共有してきた」と思わせる欧米の国のひとつがドイツである。思想史が専門の仲正昌樹によれば，思想史の観点から見ると，日本とドイツは非常に似ている（仲正 2006）。日本は1868年の明治維新，ドイツは1871年のドイツ統一（第2帝政）によって，似たような時期に地方分権の封建制から脱却し，中央集権的近代国家を建設した。日本は「西洋」から学んで近代化を押し進めようとし，日本人からみればドイツは西洋の一部だったのだが，この当時のドイツ人は自分達を「西洋」の一部とは考えていなかった。ナショナリズム研究家として有名なハンス・コーン（1891-1971）によれば，ドイツ人のナショナリズムは，フランス革命やナポレオンに対する反感のため，19世紀初めから強まった（Kohn 1957＝1960：41-42）。1871年ドイツ統一がプロシャという中世的軍国主義国によってなされたことはこの傾向を

さらに強めた。やがてそれは文学，哲学，思想に反映され，ロマン主義，神秘主義，人種主義，（経済学の）歴史主義，ヘーゲルやニーチェの哲学等がないまぜになった広義の「ニヒリズム」が主流になると「ドイツ人は，完全に西欧文明から離れ，血とか過去の歴史とかの，また土地とか教条主義的信仰とか」にとらわれていったのである」(Kohn 1957＝1960：48-49)。

自分たちを西欧の一部とは考えていなかったという点では当時のドイツは現在のロシアに似ていた。彼らにとって「西欧」とは，より早く近代化し，自分たちを「遅れている」と見下していると感じていた（この点でも当時のドイツ人は現在のロシア人に似ている）イギリス，フランス，北アメリカを意味していたのである。この頃のドイツは「たえず東方へかたむき西欧的基準や西欧的政治概念を拒否していたのであった」(Kohn 1957＝1960：101-102)。

日本の場合，19世紀後半の「開国」と明治維新によって，いったんは西洋を見倣った近代化を推進した。しかし，昭和初期，経済不況，失業者の増大，貧富の格差の拡大，政治家達の優柔不断，汚職，腐敗等を原因として「反西洋感情」と「伝統精神」への回帰が起こった。ドイツの場合それはすでに指摘したように，ロマン主義や広義のニヒリズムへ，日本の場合は神道系統の国学をその支柱とする「日本浪漫派」（1935年結成）や超国家主義へと向かった（大嶋 1989：75-88；2010：124-131；源 1972：133-141；吉野 1997：62-65；Doak 1994＝1999）。「日本浪漫派と密接な関係をもっていた評論家浅野晃」(Doak 1994＝1999：87)（第2次世界大戦後，立正大学教授，安田興重郎と共に三島由紀夫に強い影響を及ぼした）は『米英思想批判』と題する本の中で近代主義の代表と目された福澤諭吉をやり玉にあげて激しく批判している（浅野 1943）。こうした「反西洋感情」は「反民主主義」，「反合理主義」，「反個人主義」を強め，ドイツでも日本でも理想化された全体主義的伝統精神への回帰が起こった。

しかし，第2次世界大戦後，ドイツも日本も一転して，かつては否定していた「西洋」の正式メンバー（full-fledged member）なったことを全国民をあげて確認した。たとえば1989年から毎年1回，4年にわたって実施された連続シンポジウムの成果として日本語で刊行された『歴史とアイデンティティ：日本

とドイツにとっての1945年』と題する本の中で，ドイツの2人の現代史学者は，彼らの講演を以下のように結んでいる。

　ドイツ人の帰属する場所はどこか。第二次大戦後40年以上たった今日ようやく，西側の一員であることで安全と繁栄を享受できるという考えは共通の認識となった。（今日でもなお少数の異端者はいるものの）西側の一員という観念にとって替わって過半数の支持を得られるものはない（コルテ　1993：349）。
　外交や価値観・政治的規範における，議論の余地のないこの西側志向は，いかなる欠陥にも，そしてまた新旧の極右主義という不快な現象にもかかわらず，これまで，そして望むらくは将来においても，1990年に統一されたドイツの基礎を形成するのである（クレスマン　1993：380）

　日本側参加者からはこれらのような確固として決意表明はなされなかったが，コルテの「西側の一員」を「日米同盟」で置き換えれば，コルテがドイツについていっていることはそのまま日本にも当てはまるだろう。時事通信社の世論調査によれば，国際社会における日本の立場について，第2次世界大戦直後は「中立」という回答がもっとも多かったが，「自由陣営」という回答が次第に増えて1970年代初めに「中立」を抜いて1位になっている。「共産陣営」という回答は終戦直後からずっと5パーセント未満である（衛藤　1980：21）。1930-40年代には福沢諭吉を「西洋かぶれ」などと批判，嘲笑していたことが反省され，彼を最高額紙幣の顔とすることによって，明治の欧化，近代化政策が少なくとも政治・経済体制としては[6]間違っていなかったことが全国民規模で確認されたのではないだろうか。（第2次世界大戦後の日本とドイツの比較については仲正（2005）や粟屋他（1994）を参照）。
　以上，日本とドイツの両国は，言語，宗教などでは多くの相違点があるにもかかわらず，過去約150年間，似たような歴史を体験し，似た政治・経済体制にたどり着いたといえる。このことから，政治・経済的には日本とドイツは似たような発展段階にあるといえるのではないだろうか。そして岩渕（2007：

137）が指摘した文化の「動的な近似性」すなわち"近時"（becoming proximate）とは日本とドイツの近代史のような例にこそもっともよく当てはまるのではないだろうか。マクロ・レベルの国際コミュニケーションは発展段階が似ている，つまり「近時」の国同士では容易なはずである。

　近代における日本とドイツの思想史の比較は，夏目漱石（1867-1883）が講演で語った「西洋の開化は内発的だが，日本の開化は外発的だ」という有名な言説（夏目：1911-2014）にひとつの解答を与えてくれる。すでに述べたように，現在では西欧の中核的国家のひとつであるドイツですら，少なくとも政治的近代化に関する限り，内発的というより外発的である。ドイツ民族も日本民族と同様「西側」への反感や抵抗の歴史を通じて政治的近代化を果たしたのである。漱石時代には西洋と考えられていたロシアや東欧諸国の人々は彼らの現在を「内発的発展の結果」などとは思っていないだろう。そもそも政治的近代化ができているかどうかも怪しいのだ。なるほどイギリス，フランス，北アメリカの近代化はより内発的であるかもしれないが，イギリス，フランスは過去においてはローマ帝国に武力征服されることによって「文明開化」したのである。要するに，開化，文明的発展，あるいは近代化が外発的か内発的かということは程度と時期の問題なのである。しかし，「西洋の発展は内発的なのに日本のそれは外発的だ」というかなり粗雑な言説は1930年代の「反西洋の空気」の中で愛国主義的知識人達の心を刺激し，反近代，反合理主義，反個人主義，反民主主義といった中世的世界への退行現象をもたらしたのである[7]。

　ここで再び一般論に戻り，「発展段階説」について考えてみたい。発展段階説は歴史的にも古く，種類も多い。学説としてもっとも古いのはフリードリッヒ・リスト（1789-1846）を始祖とする「ドイツ歴史学派」で，彼等はイギリスに比べてドイツの（経済的）発展段階は「遅れている」とし，イギリスの経済学者達が推奨する「自由貿易」を否定し，「保護貿易」を正当化したのであった。その後，発展段階説的考え方は経済学分野を超えてほぼあらゆる分野に広がった。マルクスの「史的唯物論」もその一種に他ならない。史的唯物論に対抗して作られた経済学的発展段階説がウォルト・ロストウの『経済成長の諸段

階：一つの非共産主義宣言』（Rostow 1960＝1961）である。経済や技術に的を絞った発展段階説はわかりやすいが，国際コミュニケーションとの関係は弱い。これに対して，政治，社会，文化の発展段階について論じることはより難しいが，国際コミュニケーションとの関係は強い。そこで，以下政治，社会，文化に焦点を当てた発展段階説について論じたい。

　幕末から明治にかけての日本人は発展段階説的な考え方を今から考えれば驚くほど「素直に」あるいは「素朴に」受け入れていた。たとえば，福澤諭吉は世界の国々を文明国，半開国，未開国に分類し，日本は中国，韓国と同様「半開国」であり，欧米並みの「文明国」になれるよう努力しなければいけないとした（松村 1983：73；福沢 1875＝2017：36-37）。また庶民レベルでは世界の国々の「番付表」が相撲の番付表を模して作られ，日本の番付を上げる必要性がわかりやすい形で示された。

　しかし，ある国が「進んでいる」とか「遅れている」という考え方は，ある国民や民族が「優れている」とか「劣っている」という考え方と結びつきやすい。事実，不幸なことに発展段階説的考え方は19世紀のヨーロッパに生まれた人種主義，優生思想，社会進化論等と結びつき，ナチズムのような危険思想あるいは似非科学的迷信を生んでしまった。そのため，ナチズムのような似非科学的迷信だけでなく，その起源のひとつであった発展段階説そのものを拒絶，否定する動きが生まれた。その旗手となったのは，ナチスを嫌ってドイツからアメリカに亡命したユダヤ人文化人類学者フランツ・ボアズ（1858-1942）であった。ボアズはアメリカに渡ると，当時のアメリカにもあった似非科学的人種主義と徹底的に戦った。ヒトラーが「私の聖書」をいう賛辞を送った本（『偉大な人種の消滅』）を書き，日系移民排斥で重要な役割を果たした人種主義的文化人類学者マディソン・グラント（1865-1937）との熾烈な戦いはよく知られている。

　一方でボアズはルース・ベネディクト（1858-1942）やマーガレット・ミード（1901-1978）のような優れた女性文化人類学者を育てた。この学派が主張し，広めたのが「文化相対主義」である。文化相対主義とは，（特に文化面での）発

展段階説のほぼ全面的否定であり，この説によれば，世界の文化は多様であるが，それらの間に「発展段階」の違いや優劣はないというものである。たしかに，言語，食文化，服飾文化に優劣や発展段階の違いがあるとは思えない。

しかし他方，経済や技術の分野では「進んでいる」，「遅れている」の区別はつけやすい。特に技術の場合は明らかで，たとえば他国を旅行した時，道路に自動車は走っておらず，走っているのは馬や水牛に引かれた車ばかりという光景を見てその国を「遅れている」と人が思うのは当然であろう。各家庭に水道，電気，ガスが届いていない状況も同じである。また，この「文化は平等だ」という考えを徹底させると，多くの開発途上国に残る明らかに有害な迷信や人権蹂躙の悪習に対する批判ができない。さらに，ナチズムも1930年代のドイツの政治文化だといえば，批判は難しくなる。そのため，現在では発展段階説にも文化相対主義にも一定の説得力はあるものの，いずれも完璧な理論ではないということが定説になっている。

加藤周一は1974年に以下のように書いている。「西欧諸国は日本に比べてある意味で先進国であるにちがいないが，西欧諸国のなかのどの国のどの部分かということ，またたとえば民主主義がそこで，より発展しているとして，どの程度にかということがはっきりしない」（加藤 1974：194）。加藤がこの文章を書いた1970年代においては，この指摘は当然である。しかし，70年代以後，各国の統計データが国連，ユネスコ，あるいは国際NGO等に集まるようになり，さまざまなテーマで国際ランキングが作成され発表されている。「国境なき記者団」が毎年1回発表している「世界報道自由度ランキング」などは，民主主義の発展段階を表す一つの指標として使える。こうした数量的指標だけでなく，理論面からの「判断基準の進歩」も無視できない。

たとえば，『歴史の終わり』と題する本を書いたフランシス・フクヤマによれば，ヘーゲルは「（人間社会は）原始的な社会構造からより複雑で高度に発達した構造へと時代とともに進化していく」と考えた。そして人間の歴史とは「根本的には弁証法のプロセスをたどること，つまり，先行する政治組織や社会組織は内部に＜諸矛盾＞をかかえており，時が絶つにつれ，その矛盾が表面

化して崩壊と組織交代の道をたどる」(Fukuyama 1992＝2005：124) と主張した。ヘーゲルがこのように考えた時，彼の頭の中には日本の歴史などなかったはずだが，これは日本の歴史にも当てはまる。その意味で普遍的な洞察である。マルクスはこの「ヘーゲル理論」から学んで，共産主義社会を人類の歴史的発展の最終段階としたのだが，旧ソ連の崩壊や最近における中国の「大変化」にもこの「ヘーゲル理論」が当てはまりそうなのは皮肉なことである。それは何故なのかについてフクヤマは次のような解答を出した。

　人間は「優越願望」と「対等願望」の両方をもっており，これら両方をバランスよく満たすことができる社会体制が完成した時が，ヘーゲルのいう「歴史の終わり」であり，その到達点を目指して政治組織や社会組織は発展する。共産主義，あるいはマルクス主義的社会主義の失敗が明らかになった現在，この「歴史の終わり」にもっとも近いところにいるのが西欧に生まれた自由・民主主義だというのがフクヤマの主張である (Fukuyama 1992＝2005：225-231)。このフクヤマ説には多くの反論が出ているが，以下に述べるような理由から，筆者には説得力があるように思える。

　ここ20～30年の間に世界中に大きな影響を及ぼしたアメリカの哲学者ジョン・ロールズ (1921-2002) は，フクヤマとは別の分野で似たようなことを言っている。ロールズは非常に多くのことを言っているので，ここでその全体像を明らかにすることはできないが，フクヤマと重複するところだけ取り上げれば以下の通りである。ロールズによれば，人間とは本質的に矛盾する感情や考え方を併せもった存在である。たとえば，人間は完全に利己的にはなれないし，完全に利他的にもなれない。人間誰でも利己心をもっており，個人としての人間は，自分の利益を最大にしようと行動する。しかし，他方において人間はボランティア活動に参加したり，社会福祉事業に寄付をしたり，命がけで他人を救助しようとしたりする。しかも，これらの正反対にみえる行動や動機は同じ個人の中に共存している。

　貧富の差や個人間の社会的格差が極端に大きくなった時，それを当然のこととしてさらに利己心の満足を追及し続けることができる人は少ない。貧富の差

や個人間の社会的格差が極端に大きくなった時，そうした状況を改めなければならないと考える人は増える。個人間に能力や意欲の違いがある以上，社会にある程度の不平等，格差ができることをロールズは是認する。しかし，その格差はどの程度まで，そしてなぜ許容される，あるいは許容されるべき，なのかを彼は徹底的に考える。その観点に立って，ロールズは欧米の伝統的な経済・社会思想をすべて精査し，人間の利己心と利他心をバランスよく満たす政治・経済体制，さらに具体的政策はどのようなものであるべきかを注意深く，順序よく論じた (Rawls 1971＝1979；仲正 2013)。フクヤマの理論とロールズの理論を比較すると，前者はかなり大雑把なマクロ理論，後者は非常に緻密なミクロ理論ということができる。山口 (1989：90-91) によれば，ロールズの影響で，最近のヨーロッパの社会民主主義政党の綱領ではこれまでの「平等」に代わって，「公正」という表現が使われることが多くなっている。「公正」とは何かについては，ロールズによる緻密な説明を読んでもらいたいが，大雑把に，わかりやすくいうと，万人が納得できる程度の，あるいは理由に基づく「不平等」は認めるということである。

　『ワールドアトラス』等年鑑類を見ると，現在，世界のほとんどの国々は「資本主義国」とされ「社会主義国」と定義されている国は数ヵ国しかない。しかも，中国などは，本当はどちらなのかよくわからない。しかし，「進んでいる資本主義国」と「遅れた資本主義国」を一人当たり国民所得，生活水準といったこれまでの基準ではなく，別の基準から見直すことができる。たとえば，メディア帝国主義論や文化帝国主義論の節で論じたが，外国資本による自国のメディア産業の支配を規制せず，放置しているような国は「遅れた資本主義国」である。極端な貧富の差を是正することができず，テロや内戦の原因を作っているような国は「遅れた資本主義国」である。欧米諸国もそうだが，日本もかつては「遅れた資本主義国」であった。欧米諸国も日本も（国によって異なるが）20世紀始め頃までは生活保護制度も，年金制度も，国民健康保険制度もなかった。貧富の差は非常に大きく，社会不安の原因となっていた。しかし，それが古典的資本主義であり，今では「遅れた資本主義」ということにな

る。

　皮肉なことだが，社会主義的政策を部分的に取り入れた資本主義が「進んだ資本主義」ということになる。そのため，「進んだ資本主義」を創ったのは社会主義思想や労働運動だと思われるかもしれない。それは間違いではないが必ずしもそれだけではない。アメリカでは民主主義の力が大きかった。具体的には19世紀後半から20世紀始めにかけて，農民，中小企業，商店主達の票を集めた議員達によって一連の反トラスト法（独占禁止法）が次々と立法化された。セオドア・ルーズベルト大統領（1858-1919）はそれらの法律を果敢に実行し，アメリカの資本家階級や特権富裕層の収益源をそぎ落とした。ちなみにアメリカでパブリック・リレーションズ（PR）という概念が生まれたのはこの頃である。企業経営者や資本家達は，民主主義の下では，政治はいつも資本家階級に奉仕するというマルクスの理論は正しくないこと，そしてパブリック（公衆）との関係（リレーションズ）がいかに重要か，を身をもって学んだのである。現在のトランプ大統領は資本家だが，彼は貧困白人労働者層によって選ばれ，彼の現在の政策はこれら貧困白人労働者層の利益擁護を第一にしている。アメリカの多国籍企業が外国で生産した工業製品に高関税をかけるということは，アメリカの労働者階級の利益にはなるが，資本家階級の利益にはならない。

　ドイツにおいて国民健康保険制度や労働者年金制度を作ったのはナチス政権である。日本においてこれらの制度が整備されたのは1930年代後半だが，その理由については戦時体制だったからとか，ナチス・ドイツの影響といった説もあるが，筒井清忠は5.15事件（1932年）や2.26事件（1936年）が貢献したと主張している。具体的には2.26事件直後に「小作人の地位向上，自作農創設，厚生省設置（保健所・妊産婦手帳等創設），国民健康保険制度，労働者年金，（厚生年金）保険制度，食料管理制度，配当制限制などの…弱者保護の諸改革」が実施された（筒井 2014：227）。「左翼史観」によれば，5.15や2.26の事件はテロであり「反革命」なのだが，筒井はこうした「ステレオタイプ的」見方を切り捨てている。彼は，これらの事件を引き起こした青年将校たちの日記，手紙等を綿密に分析し，彼らの行動の動機を研究した。その結果，権力奪取まで本

第1章　国際コミュニケーション研究の枠組み　　33

気で考えていたのは2.26事件の2名にすぎず，他の大部分の実行者達の動機は，当時の日本の体制に対する絶望と怒りであったとしている。すなわち，第1次世界大戦によって出現した多くの成金や新興資本家階級の人々が贅沢な暮らしを楽しんでいる一方で，東北では寒冷飢饉のため，真面目に働いていた農民が娘を女衒に売らざるを得ないといった事態が生じており，そうした状況を放置する社会体制が許せなかったのである[8]。筒井（1996：2018）によれば，ここには右翼も左翼もないのである。すでに紹介したフクヤマやロールズの理論と併せて考えると筒井の主張には説得力がある。すなわち，人間には右も左も関係なく「平等願望」あるいは「利他心」があり，それらが極端に満たされない体制は否定され，克服されることになるのである。国によってプロセスはさまざま[9]だが，こうした経験を通じて資本主義は「より進んだ」段階へと移って行くのである。

　以上をまとめると，加藤周一が指摘した，発展段階の程度をどのようにして知るのか，つまりどのようにして測定するのかについてはまだ問題が残っているが，この難問も次第に解決されるようになるだろうと筆者は信じている。そして，発展段階がほぼ同じ国々の間ではコミュニケーションが円滑に進むだろうが，発展段階に大きな違いがある場合には，コミュニケーションが難しい，最悪の場合はまったく成り立たない。我々はそのような最悪の場合にも対処できるようにしておくべきであろう。

おわりに

　冒頭でも述べたが，本章の目的は国際コミュニケーションという現象を研究する上での「大きな枠組み」を紹介することであった。そのため，本章では（ⅰ）市場原理あるいは比較優位論，（ⅱ）メディア・文化帝国主義論，（ⅲ）発展段階説の3つの「大理論」を柱にしてまとめた。「3つ」と書いたが，実はそれぞれにヴァリエーション（たとえば「マルクス主義的文化帝国主義論」と「非マルクス主義的文化帝国主義論」のように）がある。また現実の姿は理論だけで決まっているわけではなく，EUにおける輸入テレビ番組に対するきめ細か

い量的規制（飯塚 2005）や韓国におけるような政府による大衆文化育成政策（金 2007；2013）も重要な役割を担っている。

　本章の随所で指摘したように，発展途上国にとって一番必要なのはそうしたきめ細かい，実現可能な具体的政策であり，時代遅れの抽象的理論ではない。しかし，多くの開発途上国（特に中南米諸国）はそうした地道な政策立案・実行努力を怠り，失敗を重ねてきた。

　こうした理論のヴァリエーションや政策については，複雑化を避けるために，本章では論じなかった。また，「英語支配」の問題（津田 1990；津田他 1993），学術・芸術等「高級文化」の国際流通（伊藤 2007c），国際報道の内容の歪みの問題，たとえば「先進国バイアス」（井上 2005），「文化的・道徳的優位性の強調」や「エキゾティシズム」（ジパング 1998；大竹 1999；伊藤 2005b：xiv-xix）についても触れることができなかった。これら本章からはみ出てしまった諸理論，諸政策，諸問題に関心のある方々におかれては『ニュースの国際流通と市民意識』（伊藤 2005b）および『文化の国際流通と市民意識』（伊藤 2007a），特にこれらの序章をお読みいただければ幸いである。

　最後に，本章が国際コミュニケーションについて論じた他の本や論文と大きく異なる点は，国際コミュニケーションと発展段階説を結びつけたことであろう。この点は独特と言えるはずなのだが，それだけに，書きながら時々不安を感じた。しかし，つい最近以下のような新聞記事を読んで，この問題提起は間違っていないと確信した。その記事は中国政府が中国の外務大臣と日本の外務事務次官の会談の取材を『産経新聞』だけには認めなかったことに関するものである。菅官房長官がこの点について，中国外務省に抗議したところ，中国外務省の報道官は「こうした理不尽な抗議は受け入れられない」と反発しただけでなく日本政府に対し，「日本メディアを教育する必要がある」と主張したというのである。さらに，この報道官は次のように述べた。

　　（日本政府は）メディアが駐在国の法律を守り，その政府と協力を進め，駐在国の状況について客観的かつ公正に報道するよう教育しなければならない

…これは基本的な常識だ（『産経新聞』2018）

　日本にも過去にはこういう考え方をする人はいた。しかし，それは1930年代か40年代のことである。現在の日本の政治的・知的指導層の中で，こうした主張に納得できる人はまずいない。それは決して第2次世界大戦後の「アメリカ化」のためではなく，本章で述べたような日本人の歴史体験の結果そうなったのである。このコミュニケーション・ギャップはやはり発展段階の違いがなせるわざと言わざるを得ない。

注

1）アメリカのマスコミのスウェーデン報道についての調査したスウェーデン出身の研究者は，アメリカのマスコミによるスウェーデンの扱いは，アフリカ諸国とほぼ同じだと述べている（Fridriksson 1993）。
2）「ダラス」はいったんキャンセルされた後，深夜番組として復活し，約2年間続いた。
3）1990年代初め，国際学会のレセプションで，マルクス主義的文化帝国主義論の一種である「構造論的アプローチ」で有名なヨハン・ガルトゥングが私のところにやって来て次のように言った。「*Communication Yearbook* に載った最近の君の論文は読んだが，従属論については誤解がある。君は日本を例に挙げて従属論を批判したつもりでいるようだが，従属論は特定の国が競争等を通じてその地位，カテゴリーを変える可能性を排除してはいない」。その後，よく調べてみると，ハーバート・シラーは国ではなく個人に関してだが，確かにかなりはっきりと以下のように述べている。

　合衆国が階級社会だからといって，「持てる者」と「持たざる者」とを固定的で移行不能な二つの集団への社会の分裂…（中略）…というふうに考えてはならない。（中略）私的所有に基礎をおく市場機構の正常な機能は，中産階級の拡大をもたらすのみならず，上流階級の新規の要員をも生み出す。こうして，新たな統制者の補給は尽きることがない。統治者と被統治者の役割交換は，両者の革命的交代といった劇的な形態をとらずとも，徐々に起こりうるし，現に起こっている（Schiller 1973 ＝1979：5）。

　貧しい下層階級の子として生まれた人間が奮励刻苦努力して総理大臣になったとか，大企業の社長に上り詰めたからといって，それだけでマルクス主義の体系が全

否定されることにはならないということはわかる。しかし，そういう「例外的出来事」が頻繁に起こるとしたら，もはやそれらは例外ではなく，マルクス主義と（メリトクラシーを含む）自由競争・市場主義との区別がつかなくなる。シラーは前掲書の「日本語版への序文」の中で，「私的所有と市場原理」について「この制度は，かつてはうまく機能した」（Schiller 1973＝1979：v）と述べているが，この点は筆者の理解するマルクスの唯物史観とは明らかに異なる。もしシラーの言う通りなら，昔の自由資本主義に戻せば，社会主義革命は必要ではなくなるのではないだろうか。この辺の疑問を解きほぐしてくれる解説がほしい。

4）東アジア4カ国（香港，韓国，シンガポール，台湾）の輸出指向経済政策については，まとめて「韓国モデル」とする経済学者もいる（絵所 1991）。しかし，韓国の場合は市場規模が大きいこともあって外資，あるいは多国籍企業が果たした役割はあまりはっきりしない。それに対して，シンガポールのリー・クアンユー首相（在任期間 1959-1990）は1961年に経済開発庁を設立し，外資の活用を前提とした輸出指向経済政策を採用している。シンガポールの国内市場が小さかったためとはいえ，当時の常識では外資に依存することは「植民地にされる」ことを意味するものと解釈され，リー首相を「売国奴」と非難する人もいた。

5）日本人以外が書いた類書としては以下のようなものがある。『菊とポケモン』Allison（2006＝2010），『現代日本のアニメ』（Napier 2000＝2002），『オタク・イン・USA』（マシアス 2006），*From Impressionism to Anime*：*Japan as Fantasy and Fan Cult in the Mind of the West*（Napier 2007），*The Globalization of Japanese Popular Media*（Cooper-Chen 2010）。

6）ここで「少なくとも政治・経済的には」という限定を設けたのは，夏目漱石や三島由紀夫のような文学者，本文で触れた浅野晃や安田興重郎のような文芸評論家達の間では，明治維新を伝統の断絶，喪失と捉える見方が強いからである。こういう見方に対して源（1972），山本（2015），Bellah（1957＝1996）等は，江戸時代の日本にも強力な合理主義的思惟はあったと主張している。しかし，江戸と明治の間には特に生活文化の面で明確な伝統の断絶があると主張する渡辺京二の『逝きし世の面影』（渡辺 2005）は，平成17年に出版されて以来，36刷，16万部というロングセラーになっているそうだが，この現象はこの問題が現在の多くの日本国民の間ではまだ完全に決着してはいないことを示唆しているのかもしれない。

7）夏目漱石が講演で述べたこの言葉は戦前，教科書教材として使われたそうだが，漱石研究家の石原千秋によれば，漱石自身は日本の発展を内発的なものに変えければいけないなどという主張はしてない。石原は「いまやおそらくすべての国や地域が…テクノロジーによって〈外発的〉な〈開化〉を強いられている」と述べている（石原 2014：377）。

8）2.26事件後にできた広田内閣の内務省社会局長官は「この社会不安を取り除くため強力な社会政策を打ち出すべきことを痛感した」と語っている。（筒井 2014：

227)
9)『国の競争優位』という大著を書いたアメリカの経済学者マイケル・ポーターによれば，国の発展段階は結局「国の競争力」によって決まる。ただし，産業や企業の国際競争力について比較したり論じたりすることは比較的容易だが，国全体の国際競争力について論じることは難しい。産業や企業の国際競争力は時と共に大きく変化する。しかし，国の政治指導者や国民全体が関心をもっているのは個別企業や個々の産業よりもむしろ国全体の競争力である。なぜならそれが国の発展段階を決定付けるからである。企業や産業の盛衰が激しい中で，どのようにしたら国全体の競争優位を保つことができるのか，彼の分析，議論，提案は詳細を極めるが，それらは経済理論，経済政策，企業経営論に集中しており，マルクスもヘーゲルも，フクヤマも，ロールズも出てこない。しかし，このような経済や企業経営に的を絞った議論もやがては社会や文化の問題と結びつく。なぜなら「国家指導者は隣国との競争に勝つという責任を負わされて」おり，経済であれ，技術であれ，自国のパフォーマンスが隣国（あるいは外国）よりも劣っているという認識をもてば，対抗策を講じる。最初は経済・産業政策や技術政策であるとしても，やがてはそれによってその国の社会や文化が変わることになる。(Chirot 1994：121) 明治期の日本などはいい例である。

■【引用・参考文献】

Ahern, Thomas J. Jr. (1984) "Determinants of foreign coverage in U.S. newspapers." In Robert L. Stevenson & Donald L. Shaw (eds.), *Foreign News and the New World Information Order* (pp. 217-236). Ames, Iowa：The Iowa State University Press.

Allison, Anne (2006＝2010) *Millennial Monsters：Japanese Toys and the Global Imagination.* University of California Press.（実川元子訳『菊とポケモン』新潮社）

青木貞茂（2008）『文化の力：カルチュラル・マーケティングの方法』NTT出版

浅野晃（1943）『米英思想批判』旺文社

粟屋憲太郎・田中宏・三島憲一・広渡清吾・望田幸男・山口定（1994）『戦争責任・戦後責任：日本とドイツはどう違うか』朝日新聞（選書）

Bellah, Robert N. (1957＝1996) *Tokugawa Religion：The Cultural Roots of Modern Japan.* New York：The Free Press.（池田昭訳『徳川時代の宗教』岩波書店（文庫）

Beltran, S. Luis R. & Fox de Cardona, Elizabeth (1978) "Latin America and the U.S.：Flaws in the free flow of information." In Jim Richstad (ed.) *New Perspectives in International Communication* (pp. 85-127). Honolulu, HI：East-West Center.

Benfey, Christopher (2003＝2007) *The Great Wave.* Random House.（大橋悦子訳『グレイト・ウエイヴ』小学館）

Bergsma (1978) "News values in foreign affiars on Dutch television," *Gazette*, 24: 207-222.
Chirot, Daniel (1994) *How Societies Change*. Thousand Oaks, CA: Pine Forge.
Cooper-Chen, Anne (2010) *The Globalization of Japanese Popular Media*.
Deutsch, Karl W. (1964) "Communication theory and political integration." In Philip E. Jacob and James W. Toscano (eds.) *The Integration of Political Communities* (Chap. 2). Philadelphia, PA: Lippincott.
Deutsch, Karl W. (1966a) *Nationalism and Social Communication*. Cambridge, MA: The MIT Press.
Deutsch, Karl W. (1966b) "Integration and arms control in the European environment," *American Political Science Review*, LX(2): 354-365.
Deutsch, Karl W. (1979) *Tides Among Nations*. New York: The Free Press.
Deutsch, Karl W. & Isard, Walter (1961) "A note on a generalized concept of effective distance," *Behavioral Science*, 6: 308-311.
Doak, Kevin M. (1994=1999) Dreams of Difference: The Japan Romantic School and the Crisis of Modernity. Berkeley and Los Angeles: CA, U.S.A.: University of California Press. (小林宜子訳『日本浪漫派とナショナリズム』柏書房)
Dupree, John, D. (1971) "International communication: view from a window of the world," *Gazette*, 17(4), 224-235.
江口浩（1997）『報道戦争』晩聲社
江口浩（2009）「全体のまとめ」有山輝雄・江口浩・長谷川倫子・日吉昭彦・吉田文彦『日本発国際ニュースに関する研究』新聞通信調査会　219-237
絵所秀紀（1991）『開発経済学：形成と展開』法政大学出版局
衛藤瀋吉（1980）「文化摩擦とは？」衛藤瀋吉編『日本をめぐる文化摩擦』弘文堂
Fridriksson, Lianne (1993) "Coverage of Scandinavia in U.S. news media." Paper presented to the International Communication Division of the Association for Education in Journalism and Mass Communication (AEJMC), Kansas City, Missouri, U.S.A.
Fukuyama, Francis (1992=2005) *The End of History and the Last Man*. (渡部昇一訳『歴史の終わり』三笠書房)
福沢諭吉（1875=2017）『文明論之概略』先崎彰容　現代語訳・解説　角川学芸出版〈角川ソフィア文庫〉
萩原滋（2006）「日本のテレビにおける外国関連報道の動向」『メディア・コミュニケーション』56：39-57
長谷川倫子（2004）「ニュース情報の国際的な流れをめぐる諸問題」東京経済大学大学院コミュニケーション学研究科編『日本の国際情報発信』芙蓉書房出版
長谷川倫子（2009）「日本からの国際ニュース調査」有山輝雄・江口浩・日吉昭彦・

吉田文彦『日本発国際ニュースに関する研究』新聞通信調査会, 25-75
花井等（1974）『現代国際関係論』ミネルヴァ書房
浜野保樹（2005）『模倣される日本：映画, アニメ, 料理, ファッションまで』祥伝社
本多周爾（2017）『国際コミュニケーションの政治学』春風社
Ishii, Kenichi (1996) "Is the U.S. over-reported in the Japanese press? : Factors accounting for international news in the Asahi," *Gazette*, 57 : 135-144.
Ito, Youichi (1990) "The trade winds change : Japan's shift from an information importer to an information exporter, 1965-1985." In James A. Anderson (ed.), *Communication Yearbook/13*. (pp. 430-465). Newbury Park, CA : Sage.
Ito, Youichi (1998) "Information flows to and among Asian and Pacific countries." In Anura Goonasekera & Duncan Holaday (eds.) *Asian Communication Handbook 1998* (pp. 209-229). Singapore : Asian Media Information and Communication Centre (AMIC) & School of Communication Studies, Nanyang Technological University.
Ito, Youichi (2003). "Globalization and Western Narcissism." In Naren Chitty (ed.), *Faces of Globalisation* (pp. 131-180). Varanasi, India : Ganga Kaveri Publishing House.
飯塚浩一（2005）「ヨーロッパにおける越境テレビ放送と〈ヨーロッパ人意識〉の成立」伊藤陽一編『ニュースの国際流通と市民意識』慶應義塾大学出版会
石川一雄（1994）『エスノナショナリズムと政治統合』有信堂
石原千秋（2014）「解説：社会の中の〈私〉」夏目漱石『社会と自分』筑摩書房（ちくま学芸文庫）
伊藤陽一（1988）「近年における日本を中心とした情報交流の変化：ニュース報道と大衆文化」『（慶応義塾大学）法学研究』61巻1号：263-293
伊藤陽一（1990a）「国際間のニュース報道の流れの規定要因」『放送学研究』40：69-94
伊藤陽一（1990b）「情報社会論」有吉広介編『コミュニケーションと社会』芦書房, 10-97
伊藤陽一（1997）「国際コミュニケーション過程の理論と実証」『マス・コミュニケーション研究』51号：18-33
伊藤陽一（1999）「アジア・太平洋地域における情報交流のパターンと規定要因」『メディア・コミュニケーション』No.48：67-90
伊藤陽一（2000）「ニュース報道の国際流通に関する理論と実証」『メディア・コミュニケーション』No. 50：45-63
伊藤陽一（2003）「ニュースの国際流通と国際政治」岡部光明編『総合政策学の最先端Ⅰ：市場・リスク・持続可能性』慶應義塾大学出版会, 344-366

伊藤陽一（2005a）「ニュースの国際流通のパターンと規定要因」伊藤陽一編『ニュースの国際流通と市民意識』慶應義塾大学出版会，141-170
伊藤陽一（2005b）「序」 伊藤陽一編『ニュースの国際流通と市民意識』慶應義塾大学出版会
伊藤陽一（2007a）「グローバル時代の情報交流」『情報通信学会誌』83号25(1)：1-12
伊藤陽一（2007b）「映画の国際流通のパターンと規定要因」伊藤陽一編『文化の国際流通と市民意識』慶應義塾大学出版会
伊藤陽一（2007c）「〈高級文化〉の国際流通のパターンと規定要因：翻訳図書と留学生」伊藤陽一編『文化の国際流通と市民意識』慶應義塾大学出版会
伊藤陽一（2013）「海外メディアによる日本報道の量：日本の順位は8位から13位へ」有山輝雄・伊藤陽一・桂敬一・向後英紀・明石和康・我孫子和夫・高島肇久『日本からの情報発信：現状と課題』新聞通信調査会，145-169
井上泰浩（2005）「グローバル・メディアとニュース映像の国際流通：米英通信社による寡占構造の問題点」伊藤陽一編『ニュースの国際流通と市民意識』慶應義塾大学出版会
井上泰浩（2007）「日本アニメの世界流通と受容・市民意識：国際コミュニケーションにおける存在と影響」伊藤陽一編『文化の国際流通と市民意識』慶應義塾大学出版会
井上泰浩（2008）「パブリック・ディプロマシー，対外国意識，国際世論と外交政策」伊藤陽一・河野武司共編『ニュース報道と市民の対外国意識』慶應義塾大学出版会
岩渕功一（2007）『文化の対話力：ソフト・パワーとブランド・ナショナリズムを越えて』日本経済新聞出版社
Jakubowicz, Karol (1994) "Equality for the downtrodden, freedom for the free：changing perspectives on social communication in central and Eastern Europe," *Media Culture & Society*, 271-292.
Jang, G. & Park, W. K. (2012) "Korean Wave as tool for Korea's new cultural diplomacy. *Advances in Applied Sociology*, 2(3)：196-202.
Jin, D. Y. (2012). Hallyu 2.0：The new Korean Wave in the creative industry, University of Michigan II Journal, 2(1)：3-7.
Kohn, Hans (1957＝1960) *Is the Liberal West in Decline?* Pall Mall Press. (国嶋一則訳『西欧は没落するか』勁草書房)
加藤周一（1955a）「日本文化の雑種性」『思想』6月号
加藤周一（1955b）「雑種的日本文化の希望」『中央公論』7月号
加藤周一（1974）『雑種文化：日本の小さな希望』講談社（文庫）
金山勉（2005）「東アジアの主要拠点が発信する映像コンテンツの概要とその比較検討」菅谷実編『東アジアのメディア・コンテンツ流通』慶應義塾大学出版会
鴨武彦（1985）『国際統合理論の研究』早稲田大学出版部

川井良介・宮麗頴(2004)「日本アニメ・マンガの中国進出」東京経済大学大学院コミュニケーション学研究科編『日本の国際情報発信』芙蓉書房出版

河崎真澄(2018)「日曜経済講座：輸入拡大へ中国の思惑」『産経新聞』6月3日　6面

桐島マックス(2009)『ハリウッドではみんな日本人のマネをしている』講談社

金美林(2007a)「韓流コンテンツの流通とその意義」伊藤陽一編『文化の国際流通と市民意識』慶應義塾大学出版会

金美林(2007b)「大衆文化の国際流通パターンと規定要因に関する日韓比較研究」伊藤陽一編『文化の国際流通と市民意識』慶應義塾大学出版会

金美林(2013)『韓国映像コンテンツ産業の成長と国際流通―擬制から支援政策へ』慶應義塾大学出版会

金美林・伊藤陽一(2005)「日本と韓国におけるニュースの国際流通のパターンと規定要因」伊藤陽一編『ニュースの国際流通と市民意識』慶應義塾大学出版会

クォン・ヨンソク(2010)『〈韓流〉と〈日流〉：文化から読み解く日韓新時代』NHK出版

クレスマン，クリストフ(1993)「1945年以後のドイツ人の歴史的経験と政治的立場」山口定・R.ルブレヒト編『歴史とアイデンティティ：日本とドイツにとっての1945年』思文閣

児玉実英(1995)『アメリカのジャポニズム：美術・工芸を超えた日本志向』中央公論(中公新書)

コルテ，カール＝ルドルフ(1993)「東と西の間のアイデンティティ：ナチ政権成立前のドイツの自己認識」山口定・R.ルブレヒト編『歴史とアイデンティティ：日本とドイツにとっての1945年』思文閣

Lee, Chin-Chuan (1980) *Media Imperialism Reconsidered*：*The Homogenizing of Television Culture*. Beverley Hills, CA/London：Sage.

Lee, Hyunji (2018) A 'real' fantasy：hybridity, Korean drama, and pop cosmopolitans, *Media Culture & Society*, 40(3)：365-380.

Liebes, Tamar. & Katz, Elihu. (1990) *The Export of Meaning*：*Cross-Cultural Readings of Dallas*. New York：Oxford University Press.

Lundberg, U., Bratfisch O. & Ekman G. (1972) Emotional Involvement and Subjective Distance：A Summary of Investigations, *Journal of Social Psychology*, 87：169-177.

Mattelart, Armand (1979＝1991) *Multinational Corporations and the Control of Culture*. Harvest(阿波弓夫訳『多国籍企業としての文化』日本エディタースクール出版部)

Maslow Abraham H. (1954＝1971) *Motivation and Personality*. New York：Harper(小口忠彦監訳『人間性の心理学』産業能率大学出版部)

McQuail, Denis (2008) "Americanization of the Media." In Wolfgang Donsbach (ed.). *The International Encyclopedia of Communication* (pp. 170-175). London, U.K.：Blackwell.

Morris, Nancy (2008) "Cultural Imperialism Theories." In Wolfgang Donsbach (ed.), *The International Encyclopedia of Communication* (pp. 1101-1103). London, U.K.：Blackwell.

マシアス，パトリック（2006）町山智浩訳『オタク・イン・USA』太田出版（原文日本語）

増田米二（1985）『原典情報社会』TBSブリタニカ

松村健一（1983）「福沢諭吉の〈アジア観〉とその展開」木村時夫編『日本の近代化とアジア』早稲田大学社会科学研究所

三上俊治（2007）「メディア・グローバリゼーションと文化変容」伊藤陽一編『文化の国際流通と市民意識』慶應義塾大学出版会

源了圓（1972）『徳川合理思想の系譜』中央公論社

Mulugetta, Yuko M. & Miller, Mark (1985) "Government control of the press and factors influencing international news flow：Comparative study of the Indian, Japanese and Korean Press," *Keio Communication Review*, 6：69-84.

Napier, Susan J. (2000＝2002) *Anime：From Akira to Princess Mononoke*. New York：Palgrave.（神山京子訳『現代日本のアニメ』中央公論［中公叢書］）

Napier, Susan J. (2007) *From Impressionism to Anime：Japan as Fantasy and Fan Cult in the Mind of the West*. New York：Palgrave MacMillan.

NHKエンタープライズ編（1989）『情報世紀への選択』日本放送出版協会

NHKインターナショナル国際シンポジウム委員会編（1991）『世界は〈おしん〉をどうみたか：日本のテレビ番組の国際性』NHKインターナショナル

Nye, Joseph S. (2004＝2004). *Soft Power：The Means to Success in World Politics*.（山岡洋一訳『ソフト・パワー』日本経済新聞出版社）

仲正昌樹（2006）『日本とドイツ：二つの全体主義』光文社（新書）

仲正昌樹（2005）『日本とドイツ二つの戦後思想』光文社

仲正昌樹（2013）『いまこそロールズに学べ』春秋社

夏目漱石（1911＝2014）『社会と自分』石原千秋編集・解説 筑摩書房（ちくま学芸文庫）

中村伊知哉・小野打恵（2006）『日本のポップパワー』日本経済新聞社

『日本経済新聞』（2018）「米制裁関税影響50％は外資系に：中国商務省」9月21日9面

日本新聞協会研究所（1979）「外国関係記事に関する紙面調査」『新聞研究』340号：9-91

日本新聞協会研究所（1981）『国際情報の報道状況調査総合報告書』

日本新聞協会研究所(1984a)『日・米・アセアン相互報道調査中間報告』
日本新聞協会研究所(1984b)「『国際ニュース』の報道状況」『日本新聞協会研究所年報』6号:1-47
大嶋仁(1989)『日本思想を解く:神話的思惟の展開』北樹出版
大嶋仁(2010)『日本人の世界観』中央公論(中公叢書)
大竹秀子(1999)「ちょっと変だぞ,NYタイムズ」『文藝春秋』7月号:148-155
Porter, Michael E. (1990=1992) *The Competitive Advantage of Nations*. New York, U.S.A.:Free Press (土岐坤・中辻萬治・小野寺武夫・戸成富美子訳『国の競争優位』(上)(下)ダイヤモンド社)
Rawls, John B. (1971=1979) *A Theory of Justice*. Cambridge, MA, U.S.A.:Harvard University Press (矢島鈞次監訳『正義論』紀伊國屋書店)
Rosengren, Karl E. (1976) "International news:time and type of report." In Heinz-Dietrich Fischer & John C. Merril (eds.), *International and Intercultural Communication* (Second Edition) (pp. 251-256). New York:Hastings House.
Rostow, Walt W. (1960=1961) *The Stages of Economic Growth:A Non-Communist Manifesto*. Cambridge, U.K.:Cambridge University Press. (木村健康・久保まち子・村上泰亮訳『経済成長の諸段階:一つの非共産主義宣言』ダイヤモンド社)
Schiller, Herbert I. (1973=1979) The Mind Managers. Boston, U.S.A.:Beacon. (斎藤文男訳『世論操作』青木書店)
Schiller, Herbert I. (1978) "Transnational Media and National Development," In Jim Richstad (ed.), *New Perspectives in International Communication*. Honolulu, HI:East-West Center.
Schramm, Wilbur (1964) *Mass Media and National Development*. Stanford, CA:Stanford University Press.
Semmel, Andrew K. (1976) Foreign News in Four U.S. Elite Dailies:Some Comparisons", *Journalism Quarterley*, 53(4):14-19.
Sparks Colin & Reading Anna (1994) "Understanding media change in East Central Europe," *Media Culture & Society*, 243-270.
Splilchal, Slavko (1993) "Post-socialism and the media:What kind of transition?" In Slavko Splichal & I. Kovats (Eds.), *Media in Transition:An East-West Dialogue*. Budapest:Research Group for Communication Studies, Hungarian Academy of Sciences and Eoetvoes Lorand University
Stevenson, Robert L. (1994) *Global Communication in the Twenty-first Century*. New York & London:Longman.
Straubhaar, Joseph D. (1984) "The decline of American influence on Brazilian television." *Communication Research*, 11(2), 221-240.
Straubhaar, Joseph D. (2007) *World Television:From Global to Local*. Thousand

Oaks, CA. U.S.A.
Straubhaar, Joseph D. (2010) "Beyond Media Imperialism：A Symmetrical Interdependence and Cultural Proximity." In THUSSU Daya K. (ed.) *International Communication：A Reader*. London：Routledge：261-278.
櫻井孝昌（2009）『世界カワイイ革命』PHP研究所
『産経新聞』（1996）「マードック氏，テレ朝株取得：衛星放送の利権狙う？」6月21日
『産経新聞』（2002）「〈日本崩壊〉の虚実：海外プレスは東京を去ったのか」8月27日　3面
『産経新聞』（2018）「政府，中国に抗議：本紙記者の代表取材拒否」8月31日　2面
白石さや（2007）「ポピュラーカルチャーと東アジア」西川潤・平野健一郎編『国際移動と社会変容』岩波書店
白石さや（2013）『グローバル化した日本のマンガとアニメ』学術出版会
杉山知之（2006）『クール・ジャパン　世界が買いたがる日本』祥伝社
杉山明子（1983）「テレビ輸入番組」川竹和夫編『テレビのなかの外国文化』日本放送出版協会
高島肇久（2013）「テレビによる日本の対外情報発信：東日本ダリ震災と日本のテレビ国際放送」有山輝雄・伊藤陽一・桂敬一・向後英紀・明石和康・我孫子和夫・高島筆久『日本からの情報発信：現状と課題』新聞通信調査会，108-128
高橋一男（1994）「世界の『おしん』現象」『国際交流』64号：62-69
高成田亨・天野祐吉（2013）「(対談) アメリカ式マーケティングに抗えない僕たち」『中央公論』5月号
田中明彦（1989）『世界システム』東京大学出版会
津堅信之（2004）『日本アニメーションの力』NTT出版
津堅信之（2014）『日本のアニメは何がすごいのか』祥伝社
津田幸男（1990）『英語支配の構造』第三書館
津田幸男・大石俊一・水野義明・伊藤陽一・中島義道・楠瀬佳子（1993）『英語支配への異論』第三書館
筒井清忠（1996）『昭和期日本の構造：二・二六事件とその時代』講談社（学術文庫）
筒井清忠（2014）『二・二六事件と青年将校』吉川弘文館
筒井清忠（2018）『戦前日本のポピュリズム：日米戦争への道』中公新書
Thussu, Daya K. (2010) "Mapping Global Media Flow and Contra-flow." In Daya K. Thussu (ed.), *International Communication：A Reader*. London：Routledge：221-238.
Tomlinson, John (1991＝1993) *Cultural Imperialism*. London：Pinter.（片岡信訳『文化帝国主義』青土社）
Tunstall, Jeremy (1977) *The Media Are American*. New York, NY：Columbia

University Press.
Tunstall Jeremy (1981) "Worldwide news agencies : Private wholesalers of public information" (pp. 258-267). In Jim Richstad and M. Anderson (eds.), *Crisis in International News : Policies and Prospects*. New York : Columbia University Press.
Tunstall, Jeremy (2007) *The Media Were American : US Mass Media in Decline*. Oxford, U.K. : Oxford University Press.
Tunstall, Jeremy (2010) "Anglo-American, global, and Euro-American media versus media nationalism." In Daya K. Thussu (ed.), *International Communication : A Reader* (pp. 221-238). London : Routledge.
Varis, Tapio (1973) *International Inventory of Television Programme Structure and the Flow of TV Programmes between Nations*. Tampere, Finland : University of Tampere, Institute of Journalism and Mass Communication.
Wilke, Jeurgen, Christine Heimprecht, & Youichi Ito (2013) In Cohen, Akiba (ed.) *Foreign News on Television : Where in the World is the Global Village?* (pp. 63-86). New York : Peter Lang
Wu Haoming D. (2000) "Systemic determinants of international news coverage : A Comparison of 38 countries," *Journal of Communication*, 50(2) : 110-130.
Wu Haoming D. (2003) "Homogeneity around the world? : Comparing the systemic determinants of international news flows between developed and developing countries," *Gazette*, 65(1) : 9 -24.
Wu Haoming D. (2007) "A brave new world for international news? : Exploring the determinants of the coverage of foreign nations on US websites," *The International Communication Gazette*, 69(6) : 539-551.
Yi, D. (2011) "The Korean invasion : New Yorkers are screaming for the new wave of pop stars," *Daily News*. Available at : www.nydailynews.com/entertainment/music-arts/korean-invasion-new-yorkers-screaming-new-wave-pop-stars-article-1.965706 (accessed March 10, 2014).
矢野昌邦 (2005)『加藤周一の思想・序説 : 雑種文化論, 科学と文学』かもがわ出版
山口定 (1989)『政治体制』東京大学出版会
山本七平 (2015)『日本資本主義の精神』ビジネス社
楊海英 (2018)「出現した中国の〈新植民地主義〉」『産経新聞』8月7日 7面
吉野耕作 (1997)『文化ナショナリズムの社会学』名古屋大学出版会
吉田文彦 (2009)「英紙ガーディアンによる2007年の世界報道と日本関連記事」有山輝雄・江口浩・長谷川倫子・日吉昭彦・吉田文彦『日本発国際ニュースに関する研究』新聞通信調査会, 189-218。
渡辺京二 (2005)『逝きし世の面影』平凡社

ジパング編(1998)『笑われる日本人:「ニューヨーク・タイムズ」が描く不可思議な日本』ZIPANGU(www.tiac.net/users/zipangu)

Zipf, George K. (1946) "Some determinants of the circulation of information," *American Journal of Psychology*, 56 : 401-421.

第2章
ODAの過去・現在・未来
―日本と欧米の開発援助アプローチの違いを超えて

本多　周爾

 キーワード

BHN（ベーシック・ヒューマン・ニーズ），CDF（包括的開発フレームワーク），DAC（開発援助委員会），MDGs（ミレニアム開発目標），PPPP（パブリック・プライベート・パートナーシップ），PRSP（貧困削減戦略ペーパー），SDGs（持続可能な開発目標），オーナーシップ，構造調整プログラム，人間の安全保障，紐付き援助，要請主義

問題の所在

　日本が国際的に果たし得る貢献には，たとえば，紛争地域でのPKO（平和維持活動）がある。また，アニメーションやその他のサブ・カルチャーの存在もあげられよう。しかし，日本の国際的な役割といえば，やはり経済支援，技術協力が大きな部分を占めると思われる。今日の日本経済は，長引くデフレ不況から脱却できず，また少子高齢化によって市場規模は縮小傾向にあり，さらに中国の台頭によりGDPで世界第3位になった。技術面では，韓国や台湾が台頭し，さらには中国が肉薄してきている。しかしながら，日本は，依然として経済大国であることに変わりはなく，その技術的な底力と水準の高さは類をみない。日本が国際的に貢献でき，発展途上諸国が期待しているのは，経済支援であり，その特技を活かした技術協力であろう。

　その日本も，第2次世界大戦後の経済の立て直しには多くの資金，資源，労力と時間を必要とし，復旧も困難を伴うものであった。日本が経済復興を果たし，奇跡的に経済成長を遂げることができたのには，ひとつにはアメリカによる経済支援があったからである。そして，その後日本が高度経済成長を果たし

得たのは，一部には世界銀行からの借款があったからでもある[1]。やがて日本は，先進国となり，援助する側に回ることになった。今日の日本が，貧困と飢餓に苦しむ発展途上諸国を経済援助し，技術協力することは，それまで受けてきた恩に報いるという点でも，当然のことだといえるであろう。まさにそこに日本が，開発援助を行う意味があると思う。

さて，そもそも開発援助は，戦後の東西冷戦と南北問題が深く関わってきた。それは，発展途上国，新興独立国家の経済的自立を支援する目的で始まるが，他方で政治的，イデオロギー的に対立するアメリカとソ連が，これらの国家を自らの陣営へ取り込むために用いてきた政策であった。その後，経済復興を遂げ，経済成長期を迎えた西ヨーロッパ諸国，日本が，開発援助に関与することになった。

この分野における学術的な支柱として，開発と発展について理論的に考察し，実際の開発援助，経済支援の計画，プロジェクトのあり様，アプローチに関する方法論を研究する開発論，発展論が登場した。その理論の体系的な枠組は，開発を取り巻く状況の変化に伴って，経済発展を目指すパラダイムから社会的公平性を指向するパラダイムへと大きく転換した時期があった。開発論，発展論は，その後も社会的平等と経済成長を視野に入れながら，現実の開発援助についての考え方，あり方，取り組み方にも影響を与えてきた。一方，実務的な開発と経済支援の場では，成長戦略が頓挫し，国際機関，開発援助機関によって新しい戦略が次々と打ち出された。そこでは社会的公平性を標榜し，人道的な面を考慮したアプローチ，あるいはコスト・パフォーマンス，実効性を重視したプログラム等が試行されてきた。

話を戻せば，日本にとって政府開発援助は，軍事力ではなく，経済外交によって自らの立場を世界に誇示し，影響力を発揮するための手段としての役割を担っている。日本の開発援助は，戦後の発展と開発の歴史に基づき，独自の路線，政策を展開してきた。そこでは，成果と自負から生まれた哲学，思想，基本方針が貫かれている。しかし，それは欧米からの批判に晒され，時には不当とも思われる要求を突きつけられてきた。それに対して，日本は今日に至る

まで自らの立ち位置を大きく変えることなく,部分的な修正を加え,微妙に世界標準に歩調を合わせながら,援助外交を繰り広げてきている。

さて,本研究の問題関心は,上記で触れたように,日本の国際貢献とそれを果たす手段としての開発援助にある。本論ではこのことを前提に,日本と欧米,国際機関による経済援助と開発支援,それを実施するための施策である政府開発援助について論ずる。そこで,まず,政府開発援助の定義,経緯と概要に言及する。次に,開発と発展をめぐる理論の流れ,その体系的枠組の転換がもたらした意味を分析,検討する。次に,欧米諸国と国際機関による経済援助に対する考え方とアプローチ,これまでの政府開発援助の政策,あり様と動向,さらに未来に向けた方向づけについて検討する。次に,日本の政府開発援助が背負ってきた歴史,そこに貫かれてきた理念と考え,その意義を論じ,さらに日本の開発援助に向けられた批判について検討する。最後に,欧米と日本,国際機関を含めた開発援助に残された課題に考察を加える。

1. ODA の定義,概要と様相

政府開発援助(Official Development Assistance:ODA,以下ODA)とは,先進諸国の政府,あるいは政府機関が発展途上諸国に対して行う援助や出資を指す。ODAという用語は,開発援助委員会(Development Assistance Committee:DAC,以下DAC)[2]の定義に基づき1961年から使われるようになった。DACの定義によると,ODAとは,①政府,あるいは政府機関によって供与される資金であり,②発展途上諸国の経済開発,あるいは福祉の向上に資するものであり,③グラント・エレメントが25%以上であること,とされている。それ以外は,その他の公的資金の流れ(Other Official Flows:OOF)といわれる。グラント・エレメントとは,援助の条件の緩やかさを示す指数である。有償援助の場合,金利が低く,融資期間が長いほど,グラント・エレメントは高くなる。その分,被援助国にとって負担は少なくなる。無償援助,つまり贈与の場合,グラント・エレメントは100%となる。

第2次世界大戦後の世界にとって，疲弊した経済を再建し，発展させることが緊急の課題であった。そのための経済復興計画がアメリカによって立てられ，実行された。西ヨーロッパ諸国向けには，マーシャル・プランが実施された。アメリカにとって，当該地域への経済援助は，心情的な支援でありつつも，忍び寄るソ連の陰に対処する防波堤の意味合いがあった。日本に対してはショー・ウインドウ的な意味も含めて，ガリオア（占領地救済政府基金）・エロア（占領地経済復興基金）による支援が行われた。その他のアジア諸国に対しては，ポイント・フォアによる援助を行い，復興にあたった。1950年代になると，西ヨーロッパ諸国と日本の経済は着実に復調していった。しかし，世界の大半の国々は，復旧がままならず，依然として貧困に喘いでおり，経済援助を必要としていた。特に1960年代には，アフリカで続々と植民地支配から独立した新興国家が登場し，その開発が大きな課題となりつつあった。

　それに先立つ1959年には，イギリスのロイド銀行会長であったオリバー・フランクスが，南北問題は東西対立とならんで，世界が取り組まなければならない重大な課題であると指摘し，1961年にケネディ元大統領が「国連開発の10年」という演説を行ったことで，発展途上諸国の開発に多くの注目が集まることになった。第16回国連総会において，「国連開発の10年」が決議され，それを契機に，開発支援が本格化し，ODAに結実することになった。

　発展途上諸国への経済支援は，東西冷戦と深く関わっていた。戦後のこの時期，アメリカは資本主義・自由主義，ソ連は共産主義というイデオロギーを掲げ，両国は政治的，経済的，軍事的に対立していた。アメリカとソ連はそれぞれ，発展途上諸国，新興諸国への影響力を拡大すべく，しのぎを削っていた。特に，アメリカにとって，発展途上諸国への経済援助は，当然人道的支援という要素もあったが，親米政権の樹立，あるいは確保という要素が強かったのである。

　これに対して，西欧諸国による発展途上諸国への経済支援は，かつての植民地支配の補償という意味合いがあった。発展途上諸国では，植民地時代にモノカルチャーの生産体制に組み込まれた状態が，独立を果たした後も続いている。

第2章 ODAの過去・現在・未来—日本と欧米の開発援助アプローチの違いを超えて 51

一次産品は，変動の激しい世界市況，景気に左右され易い。また，気候の変化によっても生産，輸出が影響を受け，それが発展途上諸国の経済に直接跳ね返ってくる。独立後も続くこのような—新植民地主義といわれるような—経済構造[3]におかれた発展途上諸国は，自立し，発展する道が閉ざされている。西欧諸国のODAは，それを埋め合わせるという意味での経済支援だといえる。

2. 開発と発展の理論的枠組と基本的な概念の有意性

1960年代に，開発，発展を研究する理論として，開発論，発展論が登場してきた。それは決して不変ではなく，時代の要請に応じて推移してきた[4]。そして，その時々の開発と発展の理念，理論と概念が，実際のODAの考え方，様態，アプローチ，方法，実践，取り組み方等に影響を及ぼしてきた。

初期の1960年代の開発論は，ドミナント・パラダイム，外発的開発論と位置づけられる。それは西洋における近代化の歴史と経験から導き出された理論的な枠組であり，それらに基づいて発展途上国の開発を進めようとするものであった[5]。その趣旨は，概ね次のような考えに根ざしていた[6]。発展途上国の発展を阻害しているのはその伝統性であり，発展を促進させるためには伝統性を排しなければならない。そして，近代的な様式，思考，習慣を取り入れなければならない。人々は近代的な方法，実践，技術を身につけなければならない。人々には，教育，農業，衛生等に関する近代的な知識と情報が提供される必要がある。そのためには，西洋の近代化モデルが有効で，それを発展途上国に導入すれば，発展は生じてくるはずである。そこには，「トリックル・ダウン」論[7]，すなわち西洋の経済発展の成果が，発展途上国に浸透してゆくことで発展が促されるという，まさに外発的発展論的な発想があった。

ドミナント・パラダイムにおける開発論とモデルは，近代合理性への信仰，進化論的発想を前提としており，それに沿って開発を進めれば発展途上国は発展し，やがては先進国のようになることができるという，素朴で楽観的な考えに立つものであった[8]。しかし，やがてそれは幻想であり，期待された効果を

上げられなかったばかりか，むしろ貧富の差，都市と農村の格差を拡大させたことが明らかになった[9]。

1970年代になると，ドミナント・パラダイムの開発論は，批判を受けるようになる[10]。1960年代の開発論を推奨し，牽引した研究者の一人であったウイルバー・シュラム自身，過去10年の結果を踏まえ，外発的開発論は期待外れであり，発展途上諸国のおかれた状況を悪化させてしまったことを自省し，自ら理論的な不完全さを批判している[11]。一方，実務分野では，世界銀行総裁であったロバート・マクナマラが，「発展における新たな方向」と題する演説で，1960年代の開発戦略は発展途上諸国に望ましい発展をもたらさず，むしろ事態を悪くしたとし，新たな戦略の必要性を説いている[12]。

かくして，開発と発展の概念を新たに捉え直そうとする試みがなされるようになった[13]。それには，いくつかの理由があげられる。ひとつは，西洋由来の近代化モデルは，文化，歴史，伝統等が異なる発展途上諸国では有効ではなかったことが明らかになったことである。もうひとつが，資源の有限性という観点から，幾何級数的な経済成長は望めなくなりつつあると警鐘を鳴らした，1972年のローマ・クラブの報告書『成長の限界』[14]の提言がある。そして，第４次中東戦争，OPEC（石油輸出国機構）による原油減産の動きに端を発した，1973年のオイル・ショックである。これらによって，西洋近代化モデルに象徴される，物質的豊かさを追求してきた姿勢からの転換，すなわち「量」の信仰から「質」の重視へと舵を切ることが求められることになった[15]。

そして，開発論，発展論は，オルタナティブ・パラダイムへと大きくシフトする[16]。それには，いくつかの新しい理論と視点が含まれている。まずは，内発的開発論である。これは，それぞれの国家・社会，文化に適した内側からの開発を標榜するものである。例としては，ハマーショルド財団の報告『なにをなすべきか』で提示された「内発的開発」論がある[17]。次に，小規模開発論である。これは，自らの社会が本当に必要とするものを無理なく開発しようというものである。"Small is beautiful" という言葉に象徴されるように，等身大の技術の導入による開発を提唱したE. F. シュマッハーの「小規模開発論」が

第2章　ODAの過去・現在・未来―日本と欧米の開発援助アプローチの違いを超えて　53

その例である[18]。

　これらの他に，理論というよりも理念として，富の再配分，社会的公平を重視する立場が現れてきた。そのサークルでは，改めて発展の概念を問い直し，「人々の福利と生活の質を向上させること」と再定義している[19]。そのために「まず成長有りき。利益の公平な分配はその後」という考えを放棄することを謳っている。そして，開発は，食糧，居住，衣類，健康，教育といった人間にとって必要かつ最低限の基本的なニーズを満たすことを目的に実施すべきだと主張している[20]。

　こうしたオルタナティヴ・パラダイムの考えは，その後も開発と発展の理論，概念に引き継がれた。たとえば，ユネスコの「マクブライド委員会」報告では，発展を生活の質の向上に結びついた人間的側面の開発，意思決定過程への国民参加の促進と拡大，国民所得の公平な分配と捉えている[21]。また，ハマーショルド財団の『もう一つの発展，アプローチと戦略』では，発展を人間の生活に必要な基本的なニーズの充実をはかること，自らの社会の中で自立的な開発を行うことの必要性，適正な開発による環境・生態系との調和，人々が意思決定の過程に参加できる経済的，社会的構造を整えることと再確認している[22]。

　その中でも，引き続き重視されているのが，生活の基盤となる衣食住，教育，衛生等の充足を開発の主眼におく，ベーシック・ヒューマン・ニーズ（Basic Human Needs：BHN）の確保という考えである[23]。これは，後の開発援助の「人間の安全保障」という考えに影響を与えている。次に，人間の発展という概念である[24]。人々が学習する能力を身につけて，無知，貧困，搾取という状況から抜け出し，自分のおかれた現実，問題を認識し，対話と参加を行うようになることが人間の発展であり，それが開発，発展の基本となるという考えである。これは，その後エンパワーメントという概念に深化する[25]。エンパワーメントは，個人，さらに集団やコミュニティが，開発について理解し，それについて自ら決定したり，時には構造的な変革を行い得る能力である。参加型の開発と発展に必要な人間力である[26]。エンパワーメントは，さらに転化して「オーナーシップ（主体性）」として，後の開発援助の目標に取り上げられるこ

とになる。

　そして，環境との調和を重視する開発というコンセプトである[27]。これは，1972年の国連人間環境会議，1984年の環境と開発に関する世界委員会，1987年のブルントラント・レポート『われらの共通の未来』，1992年の国連開発環境会議における「環境と開発に関するリオ宣言」等の採択，2002年の「持続可能な開発に関するヨハネスブルグ宣言」の採択を経て，重要なテーマとなった。今日では，「持続可能な開発」として広く共有されている。持続可能な開発は「次世代のニーズを損なうことなく，現在のニーズに見合った開発を進めること」[28]と定義される。乱獲や伐採による環境破壊を防ぎ，地球にやさしく，次世代に十分な資源と食糧を残し，現在の人々の基本的な生活が保障される程度の開発を進めるというものである。

　今日では，経済的な豊かさもさることながら，社会的公平性という観点から，人間として必要最低限の生活基盤の確保，そしてそれを保障する環境保全を重視する開発と発展が指向されるようになっている。

3．ODAをめぐる言説と位相の変容と開発戦略の変移

　1960年代は，世界的に経済成長期にあったこともあり，ODAはきわめて楽観的な雰囲気に包まれていた。しかし，経済援助は思った程の成果をあげられず，南北問題も依然として解消されぬままであったことから，1970年代以降，開発援助をめぐるアプローチは揺れ動くことになる。

　そこでは，ODAは2つの面が顔を出すようになる。ひとつ目の顔は，社会的平等性，富の再分配，生活の質の向上等に重点をおく，いわば人道主義的な側面である。2つ目の顔は，経済的合理性に重点をおき，コストに見合った成果を期待し，実効性には自己責任を課す，市場主義的，あるいは新自由主義的な側面である。しかし，これら2つの顔は別個のものではなく，開発援助というコインの表裏を成している。

　まず，1番目の人道主義的な面として，貧困削減モデルをあげることができ

る[29]。確かに、これは一見人道的であるが、市場の改革と経済の自由化を前提にしたものであることは留意しておくべきである。貧困削減の一環として、オルタナティヴ・パラダイムの開発概念でも取り上げられた、ベーシック・ヒューマン・ニーズの充足という考えが打ち出された。これは従来の開発戦略が貧困層への所得配分を配慮してこなかったことへの反省から、ILO（国際労働機関）によって提起された戦略である[30]。基本的なニーズには、衣食住、水、衛生、教育、公共輸送手段等が含まれている。その後、ベーシック・ヒューマン・ニーズの戦略は世界銀行、DACの開発政策に引き継がれ、人間の発展とそのための教育を重視したものになった。そして、これが、ODAの中心的な概念のひとつとなってゆく[31]。それは、さらに「人間の安全保障」「オーナーシップ」、また「参加型開発」という概念に繋がることになる。

貧困削減モデルは、1990年代後期に、「ジュビリー2000」という形でも登場してくる。これは、重債務貧困国（Heavily Indebted Poor Countries：HIPC）[32]の債務を2000年までに、すべて帳消しにしようというNGOによる国際キャンペーンである。その背景には、重債務貧困国はIMF（国際通貨基金）や世界銀行が要求した構造改革と開発に頓挫したことで、財政の大半を債務返済に当てざるを得ない状況に陥り、貧困から抜け出せないという現実があった。1999年のケルン・サミット、および2000年の九州・沖縄サミットで、重債務貧困国に対するODA等のすべての債務を帳消しすることを決定した。その際に、被援助国は貧困削減政策をまとめ、世界銀行、IMFに提示する義務が課せられた。それが後述する貧困削減戦略ペーパー（Poverty Reduction Strategy Paper：PRSP）導入の先駆けとなる。これは、開発援助の際の第一義的な課題となっていた「良い統治」を前提としており、資金は軍事費ではなく、教育、保健、衛生等に投資されるべきだ、という考えに基づいている[33]。

次に、2番目の市場主義的な顔である。1970年代の2度に渡るオイル・ショックの影響で、多くの発展途上諸国は債務超過に陥った。それを契機に、1980年代になると構造調整プログラムが始動する。これは、ワシントン・コンセンサスとして知られる、新自由主義的な援助アプローチである[34]。発展途上

諸国に対して低金利での融資を行い，その代りに緊縮財政，賃金の抑制等のプログラムを課すもので，1986年にIMFが始め，その後世界銀行やDACも重視するようになる。プログラム内容として，国有・国営企業のリストラや民営化，金融制度改革，税制制度改革，公務員制度改革，政府の制度改革等が含まれる[35]。要は，国際機関や銀行の融資，ODAの供与などを通じて，発展途上諸国の経済の民主化，規制緩和，市場経済化，開放体制化，貿易と財政の自由化を求める仕組みであり，それまで政府主導のもとに保護主義，輸入代替工業化政策をとってきた発展途上諸国を，先進諸国の主導する新しい国際分業体制の中に引き込むための手段であった[36]。

　NHKのある特集番組で，構造調整プログラムの問題点として，アフリカの，タンザニアにおけるカシューナッツ・プロジェクトの例を取り上げている[37]。それによると，タンザニアは，一時期カシューナッツ生産の一大拠点となっていたが，後続の他のアフリカ諸国の追い上げにより，倒産が相次ぎ多額の負債を抱え込むことになった。そこで，タンザニア政府はIMFに救済を申請し，その管轄下に置かれることになった。その結果，財政状況が厳しい中，IMFからは通貨の切り下げ，公務員の削減，教育と医療等の経費削減が課せられ，将来にわたって債務返済に追われることを余儀なくされた。このようにIMF，世界銀行は重債務貧困国に対して低金利融資を行うのと引き換えに，さまざまなコンディショナリティを課したが[38]，それがさらに債務の累積的膨張を招くことになるという悪循環をもたらした[39]。強引な構造調整プログラムが引き起こした悲劇である。

　新自由主義の風潮の中，民営化，民営企業の活用が推奨されるようになった[40]。インフラ開発にあたっては，財政負担を軽くするためにパブリック・プライベート・パートナーシップ（Public Private Partnership：PPP），いわゆる官民連携という形式を取り入れ，民間部門への委託を進め，政府による投資と運営は極力押さえる方がよいと考えられるようになっていた。開発資金調達のために，民間企業とパートナーを組むケースが多くなり，公的プログラムの商業化が進んでいる。資本主義的，消費主義的な価値が重視され，費用対効果の

戦略が正当化される傾向が指摘されている。その結果，開発において，長期的な利益よりも短期的な目標に焦点が当てられ，人間は人権よりも消費能力の点から価値づけられ，政策策定者は経済的関心を優先するため行政官への賄賂が横行するといった事態が起きていることが危惧されている[41]。

1997年に起こったアジア通貨危機は，アジア地域に甚大な経済的被害をもたらしたが，さらにそれは他の発展途上諸国へと波及していった。それによって重債務貧困国が厳しい経済状況におかれる中，構造調整プログラムは，コンディショナリティのあり方を含め，厳しい批判に晒され―ジュビリー2000の影響もあり―取り止めになった。それに代わる新たな援助政策として，1998年に世界銀行が打ち出したのが，包括的開発フレームワーク（Comprehensive Development Framework：CDF）である。これは，発展途上諸国の開発にあたって，インフラ建設，社会開発，貧困削減，ガバナンス支援等をひとつの枠組にまとめ，国際機関や援助国が密接に協力，支援してゆこうというものである[42]。

世界銀行が，そこで強調しているのは，①被援助国はオーナーシップをもって開発計画を策定し，世界銀行等はそれを戦略的に支援する，②被援助国の政府，市民社会，NGO，民間セクターと援助国等のパートナーシップを重視する，③経済成長のみならず，教育，医療等を重視する長期的で，包括的なアプローチをとるべきであるというものである[43]。被援助国は，この政策を受け入れるにあたっては，先に触れた「貧困削減戦略ペーパー」と呼ばれる，貧困削減のための経済・社会開発3か年計画を策定し，世界銀行に提出することが義務づけられている。この新基軸が打ち出された背景には，1990年代になると先進諸国において「援助疲れ」[44]が蔓延し，後発発展途上国（Least Less Developed Countries：LLDC，以下LLDC）や重債務貧困国へのODAの援助総額が減少したという事情もあった。なお，この一連の動きには，新自由主義的な政策から，社会政策的なアプローチへの転換が垣間見え，人道主義的な面が再び顔を出したといえなくもない。

一方，1989年の冷戦終結は，開発戦略に大きな影響を及ぼした。東西対立が

国際的争点ではなくなったことで、ODA本来の目的が揺らぐことになったからである。しかし、南北問題、グローバル化、環境、貧困、人間の発展、人口、ジェンダー、テロリズム等の問題が、依然として地球的な規模で解決されるべき課題として残されたままであった。そのことが、ODAを改めて再考する切っかけを与えることになった。かくして、ODAの新たな目的、目標を模索するべく、1990年代に開催された一連のサミットや国際会議、OECD、IMF、世界銀行が策定した諸目標、DACの新開発戦略等を基に、2000年の「国連ミレニアム宣言」においてミレニアム開発目標（Millennium Development Goals：MDGs、以下MDGs）が提示された[45]。

このMDGsは、1990年をベースにして2015年までに達成すべき発展途上諸国の貧困削減目標を提示している。それらは、貧困の削減、初等教育の普及、ジェンダーの平等、乳幼児死亡率の削減、妊産婦の死亡率の削減、感染症の防止、持続可能な環境整備、グローバルな開発協力という8つの目標である。MDGsパラダイムは、受けの良い目標満載で、網羅的であると思われる。目標達成には幾多の疑問が残されたが[46]、2015年にMDGsの使命は終了した。

それに代わるものとして、新たに提示されたのが、持続可能な開発目標（Sustainable Development Goals：SDGs、以下SDGs）である[47]。これは2030年までに、達成すべきとされる開発目標である。2015年に、国連において国連持続可能な開発サミットが開催され、「我々の世界を変革する：持続可能な開発のための2030アジェンダ」が採択された[48]。アジェンダは、SDGsの行動計画として17の目標を掲げた。具体的には、貧困の撲滅、飢餓の撲滅と食糧安全保障の実現、健康と福祉の促進、公正で良質な教育の確保、ジェンダーの平等、衛生の管理・確保、持続可能なエネルギーへのアクセス、気候変動への緊急的な対応、海洋資源の保全、生態系の保護・回復と生物多様性の保全、包摂社会の構築、グローバル・パートナーシップの活性化等である。最終的に、どこまで達成されるのであろうか。

これまでODAは、経済発展か社会的公平か、効率主義か人道主義か、新自由主義か社会政策かという対立軸をめぐって展開されてきた。その政策、戦略、

アプローチは，世界的な趨勢，言説の影響を受けながら，どちらに重点を置くかによって，大きく揺れ動いてきた。DAC，世界銀行やIMF等の国際機関が主導するODAは，対立軸のどちらかの視点に傾斜するもので，日本的な折衷的政策は採られてこなかった。それが世界の主流でもあった。

4. 日本のODAの意味とその政策に見る理念と実践

日本にとってのODAの意義として，外務省は次の点をあげている[49]。まず，日本の外交を推進し，国際貢献を果たす上でもっとも重要な外交手段のひとつである。次に，発展途上諸国の安定と発展，地球規模の課題の解決に貢献することで，日本の国益にかなう。そして，発展途上諸国の貧困の削減，平和の構築と持続的な経済成長に寄与することで，日本の存在感を示し，日本の知恵とシステムが普及，浸透し，新経済成長戦略の推進に貢献する。そこで，以下，これらの諸点に照らしつつ，日本のODAについてみてゆくことにする。

日本の経済援助は，戦後賠償から始まった。1954年にビルマ（現ミャンマー）と結んだ「日本・ビルマ平和条約及び賠償・経済協力協定」での賠償供与を皮切りに，その後フィリピン，インドネシア，旧南ベトナムへと経済協力が行われてゆく。それが今日のようなODAになるのは，1960年代になってからである。日本はDACに参加し，OECDにも加盟する。ODAの実施機関として，1962年にOECF（海外経済協力基金），74年にはJICA（国際協力事業団）が設立される。この時期には高度成長と呼応する形で，ODAの供与額が飛躍的に増大していった。やがて1989年，そして翌々年の1991年から2000年まで，日本のODA実績は世界第1位となり，経済援助大国の地位にあった。しかし，昨今の厳しい財政状況により，ODAのあり方の見直しの要求があり，援助供与額も縮減している。

日本のODAは，大きく多国間援助と二国間援助に分けられる。多国間援助とは，国際機関を経由して，贈与，出資，貸し付けによって，発展途上諸国に資金や技術を移転することを指す。その場合の国際機関は，国際金融機関と国

連関連援助機関に分けられる。前者は，経済開発ための資金を融資する国際機関で，世界銀行の IBRD（国際復興開発銀行），ADB（アジア開発銀行）等がこれに当たる。これに対して，後者は技術協力に関係する国連援助機関で，UNDP（国連開発計画），FAO（国連食糧農業機関），WHO（世界保健機関）等が含まれる。

一方の二国間援助は，文字通り，対象国への ODA であり，それには無償援助，有償援助[50]，および技術協力の3つがある。無償援助とは，相手国からの返済義務のない贈与を指す[51]。有償援助は，前述したようにグラント・エレメントが25％以上の貸し出しによる援助で，低金利で長期間ながら返済義務が発生する。プロジェクト向けであるケースが多い。そして，技術協力は，人材育成，あるいは技術移転を目的としており，相手国への青年海外協力隊の専門家派遣，また開発調査，機材の供与，そして研修生の受け入れという援助である。ODA の財源は，無償援助は税金で，有償援助については，郵便貯金，簡易保険，厚生年金，国民年金等の財政投融資で賄われている。

ODA には，多くの省庁，機関が関わっている。以前は，外務省が相手国から要請を受けて，外務省，大蔵省（現財務省），通商産業省（現経済産業省），経済企画庁（現内閣府）の四省庁による協議を経て，閣議決定されるという手順が踏まれていた。2006年に，大幅な省庁再編があり，ODA についても新体制が始動した。内閣に海外経済協力会議が設置され，総理大臣を議長に，官房長官，外務大臣，財務大臣，経済産業大臣の閣僚会議での協議を経て，外務省が中心となって関係省庁と連携を図りながら政策を立案することになった。また，2008年には，JICA と JBIC（国際協力銀行）が一元化を経て，新生 JICA となった。この JICA は，JBIC が担っていた円借款による「海外経済協力業務」と，外務省が行っていた「無償資金協力」を継承し，さらに「技術協力」を含めて一元的に行うことになった。

日本は DAC 創設当時からのメンバーでありながら，他の西欧諸国とは一線を画す―アメリカも孤高の存在と目されていたが―異色な援助国であった。文字通り非西洋諸国であり，当初は被援助国でもあったということ以外に，イ

ンフラ開発を重視するなど,他の先進諸国とは異なる独自の開発援助の戦略を展開してきたからである。こうしたことを背景に,日本のODAは,自らの経験,信念から発する内的要求とDACメンバーのアメリカ,西欧諸国,国際機関からの外的圧力に晒されながら,時には国益を重視し,また時には妥協点を探りつつ,微妙なバランスをとって遂行されてきた。

1960年代初期の段階では,日本のODAのほとんどが賠償の支払いに充てられていた。しかし,60年代中頃になると有償援助の量が増大し,賠償の割合はほぼ半分になり,日本は実質的に援助国になった。開発援助の供与先は,アジアが中心となっていた。それにはいくつかの理由と背景が関わっている。まず,先にもみたように,日本のODAが,アジア地域への戦後賠償から始まったことが大きく関係している。次に,アジア地域は,日本の経済発展にとって石油,原材料等の資源基地として不可欠な地域であったからである。それは,第2次世界大戦以前から変わらない構図でもある。

次に,アジア地域が日本の製品,サービスを受け入れる市場として発展することが,日本経済の一層の発展にとって必須の条件であったからである[52]。そもそも日本は,ODAを通して輸出市場を創出するという戦略をもっていた。ODAに輸出促進の「誘い水」効果を期待していた面がある[53]。日本のODAの大部分が,アジア地域に,そしてそのインフラ開発と整備に向けられていることがその証であるともいえる。

次に,軍事力を保持しない日本が,ODAによる支援を通して,アジア地域で政治的,経済的に影響力をもつためという,外交的な意味があった。そして最後に,アメリカからの圧力があったからである。ケネディ政権は,共産主義の脅威に対抗する上で,日本にアジアにおいて応分の負担を分担させるべく,開発援助計画を拡大するよう強く求めた[54]。日本は,アメリカからのこうした圧力によって,特にアジア地域において積極的にODAに関わる必要性に迫られたのである。

日本のODAにおける基本的な考え方の特徴として,しばしば指摘されるのが「自助努力」である。これは,キャッチ・アップ戦略,つまり欧米に追いつ

くために努力を重ね,経済成長を果たしてきた自らの経験と教訓に由来するものである。日本としては,戦後,アメリカの援助と国際機関からの借款によって開発を進める一方で,自らの努力で経済資本,人的資本・人材を育成することで経済発展を成し遂げてきたという自負がある。この「成功物語」をアジア地域で再現しようとした。その意味で,日本は,無償援助ではなく,あくまで有償援助にこだわってきた。それは,日本のODAが融資による援助に特化してきたことに現れている。

しかし,1970年代の2つのオイル・ショックは,日本のこうしたODA方針の軌道修正を促した。資源獲得のために近隣のアジア地域重視から,全方位外交へとシフトする一方,日本のODAの特徴である,要請主義に基づいて自助努力を援助するという慣行を凍結した。このケースでは,日本は例外的に,中東諸国向けの援助パッケージを用意し,石油輸出の再開を要望した。かくして資源獲得のためのODAの重要性は増し,アジアは無論のこと,中東諸国,アフリカ地域,ラテン・アメリカ諸国へのODAの量は拡大していった。

日本が輸出促進を重視していた初期の段階では,ODAのあり様についてDACメンバーから批判を受けることはほとんどなかった。しかし,オイル・ショックを乗り越え,経済が再び発展に転じ,西洋に追いつき,追い越した頃から,日本のODAへの風当たりも強くなり始めた[55]。DACは,日本に対して,その都度負担の分担,環境,調和化,アラインメント[56],ジェンダーの平等,貧困の削減,良い統治,平和の構築等の援助アジェンダを提示し,ODAに盛り込み,実施するように要求してきた。

日本は,これまで開発援助において被援助国の内情に踏み込まない,内政干渉という姿勢を貫いてきた。そのため,日本のODAは,コンディショナリティを援助国に課すということは行わなかった。しかし,そのことに不満を抱くDACメンバーの日本に対する要求と批判もより具体的なものになっていった。アジア以外の地域へのODA負担をさらに増加することを要求する一方,批判の矛先は紐付き援助,さらにインフラ重視の考え方にまで及ぶようになった。そこで,日本の開発援助政策は,これらの批判をかわすべく,少しずつ修

正が加えられていった。しかし，それは，DACの経済援助モデルが効果的だと考え，実施されたものではなく，DACメンバーをなだめるためという意味合いが強かった[57]。

ODAでは，すでに述べたように貧困削減への関心の高まりから，ベーシック・ヒューマン・ニーズ，被援助国のオーナーシップが，援助の言説になっていた。DACメンバーはこれらを重視する方向に向かう中，日本は相変わらずインフラ開発に軸足をおいていた。こうした日本の方針に対しても，欧米は方向転換を要求してきた。しかしながら，そもそもそこには，貧困の削減に対する考え方に相違があった。欧米は貧困の削減には，まずは社会の底辺にいる貧困層に必要最低限の基本的なニーズを提供すべきであるという考えに立っていた。一方の日本は，まずは経済発展が必要であり，そのためには基盤整備，インフラ開発が不可欠であり，それが最終的に貧困の削減につながると考えていた。このように両者の考え方は大きく隔たっていたが，日本は部分修正を図りながら，渋々西洋モデルに近づいていった[58]。それは，次に述べるODA大綱に反映されることになった。

日本のODAについてより一層の理解を得るため，1992年の閣議決定に基づいて，ODA大綱が策定された[59]。そこでは，基本理念として，人道的な支援，相互依存関係の認識，環境保全のための援助，自助努力の支援が掲げられ，重点的な項目としては，①地球的規模の問題への取り組み，②基礎生活分野（BHN）への支援，③人造り及び研究協力等技術の向上・普及をもたらす協力，④インフラ整備，⑤構造調整が示されている。92年大綱では，発展途上諸国の離陸に向けての自助努力を支援することを基本とする人材育成と制度の構築，インフラと基礎的な生活基盤の整備，資源配分の公平性と良い統治，持続的な開発のための経済援助を行うことに主眼がおかれている。なお，ベーシック・ヒューマン・ニーズ，構造調整等，日本に向けられたいくつかの要求も盛り込まれた。

その後，日本を取り巻く国際情勢の変化等に鑑み，ODAの戦略性，機動性，透明性，効率性を高めるために，2003年に新たにODA大綱が改訂された[60]。

基本方針として，発展途上諸国の自助努力の支援に加えて，新たに①人間の安全保障という視点，②公平性の確保，③日本の経験と知見の活用，④国際社会における協調と連携が付け加えられている。ここでは，西洋の要求に配慮して，人間の安全保障，また重点事項として，貧困の削減，持続的成長が掲げられている。

2015年には，さらに従来の ODA 大綱の第3次改訂を行い，「開発協力大綱」を閣議決定した[61]。新 ODA 大綱は，「開発協力」となっている。「開発協力」とは，発展途上諸国の開発を主たる目的とする政府および政府関連機関による国際協力活動を指すもので，「開発」は平和構築やガバナンス，基本的人権の推進，人道支援等も含めて，広く捉えられている。基本方針として，①非軍事的協力による平和と繁栄への貢献，②人間の安全保障の推進，③自助努力支援と日本の経験と知見を踏まえた対話・協働による自立的発展に向けた協力が掲げられ，重点課題としては，①質の高い成長とそれを通じた貧困撲滅，②普遍的価値の共有，平和で安全な社会の実現，③地球規模課題への取り組みを通じた持続可能で強靱な国際社会の構築があげられている。ここでもDAC 等の要求する貧困の撲滅，人間の安全保障，持続可能性が，盛り込まれた形になっている。

日本の ODA について研究しているエドワード・フィーセルによると，日本は「中道的アプローチ」を採ることで，西洋のスタンスに歩み寄ってきたという[62]。ODA 大綱と援助の実施において，たとえば，無償援助を重視するという，DAC の慣例を取り入れているところに，日本が DAC 規範の方向に向かっていることが見て取れると述べている。この指摘を踏まえるなら，日本のODA は，発展途上国と LLDC，重債務貧困国を差別化し，それぞれの事情に応じて，前者に対しては有償援助を中心とする政策，後者に対しては無償援助を重視するアプローチというように使い分けてゆくのが，最適な戦略ではないかと考える。

5. 日本のODAに対する批判

　日本のODAには3つの神話があるといわれる[63]。ひとつはODAを増やすことはいいことだという神話，2つ目にODAは発展途上諸国の経済・社会開発に役立っているという神話，そして3つ目にODAは地球環境保護に役立っているという神話である。しかし，日本のODAに対しては，こうした自画自賛的な神話とは裏腹に，内外から多くの批判が寄せられている。

　まず，有償援助の割合が多く，無償援助の比率が低いという批判である。これについては，すでにみてきたように，日本は無償援助の割合を随時増やす形で，対処してきている。確かに，LLDCや重債務貧困国等に対しては無償援助は行われてしかるべきであろう。しかし，自助努力という考えからすれば，必ずしも無償援助が良いとはいえない。黙っていても資金が入り，頼るのが当たり前になり，自立が損なわれることにもなりかねないからである。それぞれの国家のおかれた状況によって援助のあり様を変えるアプローチが求められている。

　次に，援助対象国としてアジア諸国が多いという批判である。これについては，すでにその理由や背景に言及した。しかし，今後の支援のあり方を考えるにあたっては，LLDCは，近年豊かになってきたアジア地域よりも，アフリカに多いという現状をみることも必要であろう。外交等の政治的理由，輸出市場の創設，資源の確保等の経済的理由を考えるなら，日本にとってアフリカ地域はますます重要になってくる。日本政府は，アフリカ諸国への援助について，2012年のキャンプデービッドでのサミットで1,000億円の円借款を供与するとした約束を改め，新たに2,000億円に増額することを決めた[64]。アフリカの中でもサハラ以南の重債務最貧国へのODAをこれまで以上に手厚くすることが期待されている。

　さらに，日本のODAは，プロジェクト中心で，インフラ重視に偏っているという批判である。低金利による融資で，鉄道，道路，橋，港湾，施設，建物，あるいは発電所等のインフラを整備するプロジェクトへの援助が多いというも

のである。これについては，すでに日本のODAの理念に基づいて実施されているということを見てきた。しかしながら，こうした日本的ODAは，一方で以下に述べるように，要請主義，紐付き援助，汚職という3つの問題に対する批判に繋がる。

まず，要請主義である。日本では，相手国から援助要請を受け，それによってODAへ向けた一連の過程が始動するという構造になっている。援助の開始が決まると，ODAの発掘，調査，設計，施工，メンテナンスに至るまでコンサルタント会社が関与することになる。コンサルタント会社は，相手国に代わって，実際にODAの候補になりやすいところを探す。コンサルタント会社も私企業である以上，利益の上がりやすいもの，採択率の高そうなものを選択する。その結果，被援助国の意向とは別次元で，日本の援助政策に組み込まれやすいプロジェクトが，ODAの対象として選ばれるということになる。

2つ目が，紐付き援助である。これは，ODAのプロジェクトでインフラ整備等を行う際に，資材，機材の調達，工事の請負やサービス提供等を援助国の企業に限定するというものである。日本のODAでは，日本企業が受注するケースが多い—もっともこれは日本のODAに限ったことではない—ことが批判されてきた。受注において，仮に現地の企業が請け負うことになったとしても，プロジェクトに関わる種々の事項，事柄が，日本企業に有利なように事細かく定められていて，結局は日本の資材や部品を購入しなければならないような仕組みになっている。

3つ目が汚職の問題である。ODAにおけるインフラの整備は，利権の温床となる場合が多い。それは，かつてのインドネシアのスハルト・ファミリーやフィリピンのマルコス一族，近年ではベトナムのプロジェクト・マネージメント・ユニット18，ホーチミン市の高速道路プロジェクトにおける汚職スキャンダルにみられるように[65]，被援助国の政治家，政府高官の私腹を肥やしていた。インフラ整備は，日本の企業と経済を潤わせることにもなっていた。また，ゼネコンの日本国内の工事が頭打ちになり，海外での受注獲得の必要性という事情も働いていた。被援助国側の思惑と日本側の持ちつ持たれつの関係がそこに

はある。これらは，ODA プロジェクトにおいて，レント・シーキング，つまり高コストで，低利益と低生産性，非効率でありながら，何故資金が供与されるのかという疑問のひとつの答であるといえる。

ODA には援助，人道的な支援という表の顔があるが，上記のように，負の面も常に付きまとう。それらを必要悪だと片付けてしまうべきではないのも当然のことである。日本の ODA は，それらを超えて，被援助国の立場に立ち，弱者に寄り添うものであって欲しいものである。

最後に，日本の ODA は，環境を破壊し，資源を収奪し，住民を混乱におとしめていると批判されてきた点に触れておきたい。フィリピンではサン・ロク・ダム建設で移転を余儀なくされながら補償されなかった事例，マレーシアのサラワクにおける伐採搬出用道路の建設が大量の伐採と環境汚染を招いた事例[66]，その他ブラジルの大カラジャス計画，インドのナルマダ渓谷ダム計画，インドネシアのクドゥン・オンポ・ダムのケースがある[67]。資源を得るために，森林を伐採し，鉱物を発掘し，それらを運ぶための道路等のインフラを整備する。それらが生態系を崩し，環境を破壊する。ダムを建設するために，そこに居住していた農民や住民を強制的に移住させ，十分な補償をせず，生活を困窮させる。こうしたことが ODA の名の下に平然と行われてきたのだとしたら，残念なことである。ODA 大綱では持続可能な開発，環境との調和，さらに人間の安全保障が重点項目として掲げられていることからも，真剣な取り組みが望まれるところである。

結　語

ODA は，これまでほぼ10年単位で起こってきた事象を軸に，大きく推移してきた。1950年代は，経済復興，経済成長を旗印に，アメリカにより西欧諸国，日本への支援が行われた。1960年代になると先進諸国は経済成長期に入るが，一方で南北問題がクローズアップされ，取り残された発展途上諸国の貧困が深刻で，その解消のために正式に ODA が始まった。1970年代には，それまでの ODA が期待された成果を上げられず，政策，計画の見直しが課題となり，成

長重視から富の再分配を求める公平性が重視されることになった。また，2つのオイル・ショックは，南南問題を顕在化させ，発展途上諸国の中でも重債務貧困国の財政破綻を生み，構造調整が求められた。1980年代には，新自由主義が台頭し，規制緩和の名のもとでの民営化，市場主義的な考えが潮流となり，ODAにも反映される形になった。

　1990年代には，冷戦の終結を受けて，ODAの思想，あり様が問われるようになる。東西対立から南北問題，地球的課題，全人類的なテーマへと関心の重点が移ることになった。特に，グローバル化は，国家間，ならびに国内における貧富の格差の拡大，民族問題，宗教対立，テロの蔓延等々，人間にとって脅威となる事象を顕在化させてきたが，まさにそれらに全地球的に取り組むことが求められるようになった。ODAの新たな取り組みとして，これらを解決すべきミレニアム開発目標が提示された。21世紀に入り，時代は一大転換の節目を迎えようとしていた。しかし，世紀を跨いで，1997年にアジア通貨危機，2008年にリーマン・ショックが生じ，甚大な損益を被った発展途上諸国とそこに居住する人々を救済することが緊急の課題となった。一方，人類にとって脅威となりつつある環境，人口，衛生等の問題に対処することが求められている。こうした諸課題の解消に向けて，持続可能性という概念を中心に据えた新世紀の開発目標が打ち出された。

　以上のように，ODAをめぐる約60年にわたる歴史を概略的に振り返ると，まず理論面では，開発と発展をめぐる理論，概念，考え方，方法論等を含むパラダイムがあり，それは基本的な概念を提示し，開発援助に影響を与えてきた。一方の実務面では，特に援助する側には，その時々の政治，経済，財政等の動きに伴う事情があり，思惑があった。これら理論と実践が絡み合いながら，ODAは実践されてきた。その戦略とアプローチは，時には，人道的，あるいは人道主義的であり，時に効率的，合理的，商業主義的であった。その都度提示された内容は，重点的というよりも網羅的であり，達成可能性よりも虚飾性を優先させてきた感がないでもない。そして，目標が達成されないとなると，その検証も未消化のまま，次の政策，戦略が用意されてきた。ODAの歴史は

こうしたことの繰り返しで，発展途上諸国は先進諸国の都合に振り回され，翻弄されてきた。当然のことだが，これからのODAには，援助される側のことを第一義的に考え，思いやる精神と実践が求められているともいえる。

　一方，日本のODAを振り返るなら，そこにはある種の一貫した理念，哲学，基本方針があった。戦後の復興期において海外から融資を受けつつも，西洋に追いつくために自らも努力し，資本の調達，人材の育成を通して開発事業を興し，経済を発展させてきた。日本のODAは，こうした経験に基づいて行われてきた。公共事業により鉄道，道路，港湾，建物等のインフラを建設し，それによって経済を活性化させ，成長を遂げるという政策である。日本のODAは，こうした開発・発展の日本モデルの輸出である。それが，東アジア諸国において採用され，一定の効果と経済発展をもたらしてきている。他の発展途上諸国にも，この日本モデルを踏襲し，開発に活かして欲しいという願いが日本のODAに込められている。

　しかし，こうしたインフラ開発偏重のODAが，他のDACメンバーから批判されてきた。そこには，考え方の違いがあった。というのも，西洋諸国は，ベーシック・ヒューマン・ニーズを満たすことによってはじめて，貧困は削減されると考えていた。これに対して，日本は，インフラ開発と工業化による経済発展が，最終的に貧困を削減すると考えていたからであった。この点について，最近の開発論から考えてみると，日本的なODAの利点がみえてくると思われる。いま開発論は，ドミナント・パラダイムへと回帰してきている[68]。「パイを焼き続けなければパーティはお開きだ」[69]という言葉がある。実際に，経済発展がなければ，開発成果の平等な分配，基本的な生活の確保，貧困の削減も，単なる机上の空論でしかないという主張である。このように，まずは，インフラ開発であれ，経済発展を優先すべきだという主張は，日本のODAの考え方を再認識するにあたって，説得力のあるものである。

　しかしながら，一方でいままで述べてきたことと矛盾するようであるが，日本のODAはインフラ整備に特化した支援だけでなく，他の種類の援助をも行う時期にきていると思う。たとえば，災害の支援があげられよう[70]。日本は，

これまで幾多の災害を経験し，それらを克服し，復興を果たしてきた。その意味で，日本は，防災，災害対策，その後の復旧，復興等についてさまざまなノウハウを有している。今日，気候変動の影響で，地球各地で未曾有の災害が続発している。その被害は，発展途上諸国—無論日本国内も例外ではない—にとって大きな重荷となって降りかかっている。今後の日本のODAは，被災した国々に，これまでの体験を活かした災害支援を行ってゆくことを考えても良いのではないだろうか。

最後に，日本のODAは，実態の不透明さ，情報公開の不備等が指摘されてきた。今後は，果たしてこれらの諸点が解消されているのかも見てみゆく必要があると思われる。

■注■

1) 浜野隆 (2002)『国際協力論入門』角川書店，19。
2) 先進国が発展途上国に援助を行う際に連絡調整することを目的に，OECD（経済協力開発機構）の下部機関として1960年にパリに設立された。加盟国間の情報交換，政策の調整を行い，必要に応じて勧告を行ったり，援助審査，開発援助のガイドラインを設定したりする。
3) こうした状況は，「中心・周辺」論，「従属論」でも指摘されている。本多周爾 (2013)「文化帝国主義という言説」慶應義塾大学法学研究会編『法学研究』第86巻第7号，287-309
4) 開発，発展の概念と理論の推移について，次のものを参照されたい。本多周爾 (2006)『発展と開発のコミュニケーション政策』武蔵野大学出版会。
5) Jayaweera, Neville (1987) "Rethinking Development Communication: a holistic view", in Neville Jayaweera and Sarath Amunugawa (eds.), *Rethinking Development Communication*, Singapore: The Asian Mass Communication Research and Information Center, 77-78.
6) Lerner, Daniel and Wilbur Schramm (eds.) (1967) *Communication and Change in the Developing Countries*, Honolulu: East-West Center Press.
7) 渡辺利夫・佐々木郷里編 (2004)『開発経済事典』378
8) Eisenstadt, S. N. (1976) "The Changing Vision of Modernization and Development", in Daniel Lerner and Wilbur Schramm (eds.), *Communication and Change: The Last Ten Years-and the Next*, Honollulu: East-West Center Press, 37.

9) The Cocoyoc Declaration (1974) UN Patterns of Resources Use, Environment, and Development Strategies, *Development Dialogue*, 91.
10) Rogers, Everett M. (1978) "The Rise and Fall of the Dominant Pradigm", *Journal of Communiciaton*, Winter : 66-69.
11) Schramm, Wilbur (1976) "An Overview of the Past Decade", in Lerner and Schramm (eds.), op. cit., 4.
12) McNamara, Robert S. (1973) *Address to the Board of Governors of World Bank*, Nairobi, Kenya: International Monetary Fund, 24-28, September.
13) 発展概念を捉え直そうとしたものには, たとえば, 次のものがある。Inayatullah, (1976) "Toward a Non-Western Model of Economics", in Lerner and Schramm (eds.), op. cit., 101.
14) Meadows, Dennis H. et al. (1972=1972) *The Limits to Growth: A report for The Club of Rome's project on the predicament of mankind*, New York: Universe Books, (大来佐武郎監訳『成長の限界ローマクラブ「人類の危機」レポート』ダイヤモンド社。)
15) Rogers, Everett M. (1976) "Communication and Development: The Passing of the Dominant Paradigm", in Everett M. Rogers (ed.), *Communication and Development: Critical Perspective*, Beverly Hills: Sage Publications, 121-148.
16) Daniel Lerner and Wilbur Schramm (eds.), op. cit., (1976) 37.
17) 文字通り, 社会に根ざした開発である。西川潤 (1989)「内発的発展論の起源と今日的意義」鶴見和子・川田侃編『内発的発展論』東京大学出版会, 1。
18) Schumacher, E. F. (1973=1976) *Small Is Beautiful: Economics As If People Mattered*, New York: Harper & Row. (斎藤志郎訳『人間復興の経済』佑学社。)
19) Report of Working Committee I (1975) Development Support Communication, *Intermadia*, No.2, : 5.
20) The Cocoyoc Declaration, op. cit., 91.
21) MacBride, Sean (1980=1980) *Many Voices, One World*. (永井道雄監訳『多くの声, 一つの世界』日本放送出版協会。)
22) Nerfin, M. (ed.)(1977) *Another Development, Approaches and Strategies*, Uppsala: Dag Hammarskjold Foundation, 10-11.
23) Graff, Robert D. (ed.)(1983) *Communications for National Development: Lessons from Experience*, Cambridge: Oelgeschlager, Gunn & Hain, Publishers, Inc.
24) 人間の発展という概念は, すでに70年代に主張されていた。Freire, Paulo (1972) *Pedagogy of the Oppressed*, Harmondsworth: Penguin.
25) スリニバス・メルコートは, エンパワーメントを「個人, 組織, コミュニティが社会的, 経済的条件, さらにコミュニティにおける民主的な参加に対して, また個

人のストーリーについて，それらをコントロールし，精通する過程」と定義している。Melkote, Srinivas R. and H, Leslie Steeves, (2002) *Communication for Development in the Third World: theory and practice for empowerment*, Thousand Oaks: Sage Publications inc., 37.
26) Melkote, Srinivas R. (1991) *Communiction for Development in the Third World: Theory and Pracitice*, New Delhi: Sage Publications, 270.
27) 環境問題は，すでに1970年代から提唱されていた。The Cocoyoc Declaration, op. cit., 91.
28) Brundtland, Gro Harlem (1989) "Susuteinabale Development: An Overview", *Development*, 2 (3)：13-14.
29) Feasel, Edward M. (2015) *Japan's Aid: Lessons for economic growth, development and political economy*, London and New York: Routledge, 100.
30) 前掲『開発経済学事典』467-468
31) 大平剛 (2012)「第14章 国連の役割―MDGsの達成と機構改革」勝間靖編著『国際開発論―貧困をなくすミレニアム開発目標へのアプローチ』ミネルヴァ書房, 277
32) その基準は，1996年の時点で，1人当たりのGDPが695ドル以下で，貿易額の2.2倍以上またはGNPの60%以上の債務を抱える国とされた。川田侃・大畠英樹編 (2003)『改訂版 国際政治経済辞典』東京書籍, 367
33) 稲田十一「第10章 援助機関と被援助国―パートナーシップとオーナーシップ」前掲『国際開発論―貧困をなくすミレニアム開発目標へのアプローチ』254。
34) 浅沼信爾・小浜裕久 (2017)『ODAの終焉 機能主義的開発援助の勧め』勁草書房, 88
35) Feasel, op.cit., 99-100.
36) 前掲『国際政治経済辞典』209-210
37) NHK・ETV特集「途上国債務は帳消しできるか〜戦後開発援助の収支決算〜」1999年12月2日放送
38) コンディショナリティとは，IMF，世界銀行が，融資プログラムで被援助国に対して，実施すべき事項として付帯する条件のことである。
39) 鷲見一夫 (1989)『ODA援助の現実』岩波書店, 11
40) 浅沼・小浜，前掲書, 154
41) Wilking, K. G. and B. Mody (2001), "Reshaping Development Communicaiton: Developing Communication and Communicating Development", *Communication Thoery*, 11: 385-396.
42) 稲田，前掲書, 254
43) 前掲『開発経済学事典』561-562
44) 稲田，前掲書, 255

45) 大平剛 第14章 国連の役割—MDGs の達成と機構改革」前掲『国際開発論—貧困をなくすミレニアム開発目標へのアプローチ』273
46) 2004年の段階で、実際には貧困削減は2147年までかかると試算されていた。前掲『開発経済学事典』185-186
47) Browne, Stephen（2017）*Sustainable Development Goals and UN Goal-Setting*, London and New York: Routledge, 94-95.
48) 国連の広報センター。www.unic.or.jp/activities/economic_social_development/sustainable_development/2030agenda/（最終閲覧日：2018年9月1日）
49) https://www.mofa.go.jp/mofaj/gaiko/oda/about/oda/oda.html（最終閲覧日：2018年9月1日）
50) 有償援助は、円建てで行われるので円借款ともいわれる。
51) その使途により①一般プロジェクト無償、②水産無償、③食糧援助、④債務救済無償、⑤草の根無償、⑥文化無償、⑦緊急無償などに分類される。前掲『開発経済学事典』506-507。
52) 浅沼・小浜、前掲書、107
53) Feasel, op.cit., 51.
54) Feasel, op.cit., 98.
55) Feasel, op.cit., 99.
56) 「調和化」とは、各援助国がそれぞれの得意分野に特化して重複を避けながら役割分担をすることであり、「アラインメント」とは、援助の内容や実施方法を被援助国の国内制度に沿ったものにしてゆくことを指す。稲田、前掲書、252
57) Feasel, op.cit., 97.
58) Feasel, op.cit., 101.
59) https://www.mofa.go.jp/mofaj/gaiko/oda/shiryo/hakusyo/04_hakusho/ODA2004/html/honpen/hp203020000.htm（最終閲覧日：2018年9月1日）
60) 前掲、外務省ホームページ。
61) https://www.mofa.go.jp/mofaj/gaiko/oda/seisaku/taikou_201502.html（最終閲覧日：2018年9月1日）
62) Feasel, op.cit., 186.
63) 鷲見、前掲書、11
64) 『日本経済新聞』2013年12月29日。
65) Feasel, op.cit., 79.
66) Feasel, op.cit., 87.
67) 鷲見、前掲書、61-108
68) 本多周爾（2017）『国際コミュニケーションの政治学』春風社、134-135
69) Jayaweera, Neville "Rethinking Development Communication: a holistic view," in Jayaweera and Amunugawa（eds.）, op. cit., 79.

70) 本多周爾 (2014)「ODA から見た日本の国際貢献」『武蔵野学院大学日本総合研究所研究紀要』第11輯，3月，309-315

第3章
ジャーナリズムの中国モデル
―習近平時代の言論空間を中心にして―

山本　賢二

キーワード

中国共産党，党がメディアを管理する，党の指導，民主集中制，党性原則，党性，人民性，習近平，四権，共同建設，党国体制，統合

はじめに

　中国共産党第19回全国代表大会は2017年10月18日に開幕し，「小康社会の全面的達成の決戦に勝利し，新時代の中国の特色ある社会主義の偉大な勝利を勝ち取ろう」(「决胜全面建成小康社会夺取新时代中国特色社会主义伟大胜利」) と題する習近平総書記の活動報告[1]，党規約[2]を修正採択などして10月24日に閉幕した。

　習報告の中にあった「すべての活動に対する党の指導を堅持する。党政軍民学，東西南北中，党がすべてを指導するものである」という表現は，同大会で一部修正され，採択された中国共産党規約（19全大会規約）に「中国共産党の指導は中国の特色ある社会主義の最も本質的な特徴であり，中国の特色ある社会主義制度の最大の優位性である。党政軍民学，東西南北中，党がすべてを指導するものである」と明記された。

　また，「中国共産党はマルクスレーニン主義，毛沢東思想，鄧小平理論，『三つの代表』の重要思想，科学的発展観，習近平新時代の中国の特色ある社会主義思想を自己の行動指針とする」も記載され，中国共産党の「行動指針」に「科学的発展観」とともに，「習近平新時代の中国の特色ある社会主義思想」が加えられた。

習報告では「習近平」は無く「新時代の中国の特色ある社会主義思想」という表現になっており，それは「中国の特色ある社会主義の最も本質的な特徴が中国共産党の指導であり，中国の特色ある社会主義制度の最大の優位性が中国共産党の指導であり，党が最高の政治指導勢力であることを明確にし，新時代の党の建設の総体的要求を提起し，党の建設の中における政治建設の重要な地位を際立たせている」などとし，「マルクスレーニン主義，毛沢東思想，鄧小平理論，『三つの代表』の重要思想，科学的発展観に対する継承と発展であり，マルクス主義中国化の最新の成果であり，全党全国人民が中華民族の偉大な復興を実現するため奮闘するうえでの行動指針であり，長期にわたって堅持するとともに絶えず発展させなければならない」と位置づけている。党規約はこれに「習近平」を加えていることで，「新時代の中国の特色ある社会主義思想」とは「習近平」の「思想」そのものであることを示している。

　すなわち，中国共産党員は今後の活動に当たって，すべて「習近平新時代の中国の特色ある社会主義思想」を「行動指針」とすることが党規約の中に組み込まれたのである。

　これは中国共産党のもつ組織原則である民主集中制[3]からみると，「習近平」という名前を冠した表現は革命第一世代の毛沢東，鄧小平以外に無く，党規約で禁止されている「個人崇拝」に陥る可能性を残すものではあるが，習がその頂点にある総書記であることから当然のことではある。

　この19全大会を受けて，翌2018年3月5日から20日まで開催された第13期全国人民代表大会第1回会議で憲法が改正され，国家主席の任期制の撤廃と汚職腐敗に対応する国家監察委員会の設置が明記されるとともに，「科学的発展観，習近平新時代の中国の特色ある社会主義思想」も書き加えられ，「中華民族の偉大な復興実現」が掲げられた。

　こうした19全大会による党規約の改正，13期全人代第1回会議による憲法改正は，中国共産党が19全大会からの5年間，20全大会までは「習近平新時代の中国の特色ある社会主義思想」によって活動し，その国家機器である中華人民共和国を通じて，党の路線，方針，政策を実現することを宣言したといえる。

第3章　ジャーナリズムの中国モデル　　　　　77

　習近平時代，総書記としての一期目に当たる18全大会から19全大会までの5年間を基盤づくりの期間だとすると，二期目の19全大会以降20全大会までの今後の5年間はその基盤の上に「中華民族の偉大な復興実現」を目指す期間に当たり，総書記としての習の軽重が問われることになる。

　本章は，習近平時代の基盤づくりの期間に当たる習執政5年間におけるジャーナリズム，メディア，イデオロギー，宣伝などに関係する出来事の中から，1．習近平の発言と党と政府の動向，2．中央弁公庁の「当面のイデオロギー領域における状況に関する通報」，3．「主戦場」としてのインターネット，4．「ウイグルオンライン」閉鎖，5．党の指導・外交・国際報道，6．中国共産党とジャーナリズム教育，7．「四権」（知る権利，参与する権利，表現する権利，監督する権利）の消長，という七つのトピックを通じて，当面の中国の言論空間を描き出すと同時に，8．中国共産党の言論規律，からジャーナリズムの中国モデルを考えるものである。

1．習近平の発言と党と政府の動向

　19全大会より先，習近平は2012年11月15日に中国共産党第18回全国代表大会に続く18期1中全会において中国共産党中央委員会総書記，中国共産党中央軍事委員会主席に就任し，その治政が始まった。さらに，翌2013年3月14日には中華人民共和国国家主席と中華人民共和国軍事委員会主席に就任，この時点で党政軍の三権を掌握した。

　そして，2016年10月27日に採択された「中国共産党第18期中央委員会第6回全体会議コミュニケ」（中国共产党第十八届中央委员会第六次全体会议公报）の最後の部分で「全体会議は呼びかける，全党の同志は習近平同志を核心とする党中央の周りにしっかり団結し，今回の全体会議の精神を全面的に深く掘り下げて貫徹し，政治意識，大局意識，核心意識，模範意識をしっかり打ち立て，党中央の権威と党中央の集中統一指導を断固変わることなく擁護し，引き続き全

面的に厳しく党を治めことを推進し，共に風紀の清新な政治生態を作り出し，党が人民を団結させ率いて中国の特色ある社会主義の新しい局面を絶えず切り拓くことを確保しよう」と呼びかけているように，習は「習近平同志を核心とする党中央」と称されるまでになっていた。

1-1　全国宣伝思想工作会議（2013年8月）―解放軍報社視察（2015年12月）

その習近平は2013年8月19日の全国宣伝思想工作会議で「経済建設は党の中心工作であり，イデオロギー工作は党の極めて重要な工作である。」と強調，「宣伝思想工作こそはイデオロギー領域におけるマルクス主義の指導的地位を打ち固め，全党全国人民の団結奮闘する上での共通の思想的基盤を打ち固めなければならないことである」と述べると同時に，ジャーナリズムをめぐる「党性」と「人民性」について「党性と人民性は従来から一致したものであって，統一されたものである。党性を堅持する，その核心は正しい政治的方向を堅持し，政治的立場にしっかりと立ち，確固として党の理論と路線方針政策を宣伝し，確固として中央の重大な配置を宣伝し，確固として情勢に関する中央の重大な分析判断を宣伝し，断固党中央と高度の一致を保持し，断固中央の権威を擁護することである。…人民性を堅持するには，最も広範な人民の根本的利益をうまく実現し，うまく擁護し，うまく発展させることを出発点と立脚点にしなければならず，民を本とし，人を本とすることを堅持しなければならない」と指摘した。この「8.19講話」は習が三権掌握後に直接「宣伝」に言及した初めてのものである。

11月になると，9日から12日まで中国共産党18期3中全会が開催され，習近平体制の今後における路線，政策，方針が提示された。同全会で採択された「全面的に改革を深化させる若干の重大問題に関する中共中央の決定」（「中共中央关于全面深化改革若干重大问题的决定」）は「十一，文化体制メカニズム創新推進」（十一，推进文化体制机制创新）「(38) 文化管理体制完備」（(38) 完善文化管理体制）の中で，「輿論誘導」について次のように党の意思を明示している。

第3章　ジャーナリズムの中国モデル

「正しい輿論誘導を堅持する体制メカニズムを健全にする。基礎管理，内容管理，業種管理及びネット違法犯罪防止とそれに打撃を与えるなどの聯同メカニズムを健全にし，ネット突発事件処理メカニズムを健全にし，正面の先導と法律に基づく管理を結びつけたネット輿論工作構造を作る。ニュースメディア資源をまとめ，伝統メディアと新興メディアが融合発展することを推進する。ニュース発表の制度化を推進する。新聞工作者の職業資格制度を厳格にし，新しい型のメディア運用，管理を重視し，コミュニケーション秩序を規範化する」。

これは「正しい輿論誘導」をしていくためのジャーナリズム・メディアの制度化の方向を示したものである。この「決定」はその性格上，大きな方向が示されているだけで，今後については関係部門で細部にわたる計画が作られ，実行に移されることになる。

次に，12月30日には，習は18期中央政治局第12回集団学習において対外宣伝に言及し，「国家文化のソフトパワーを向上させ，国際的な発言権向上に努めなければならない」とし，「新興メディアの役割をうまく発揮し」，「中国の物語を上手く語り」，「中国の声を上手く伝えなければならない」と指摘した。

2014年に入ると，2月27日の中央サイバーセキュリティ・情報化指導小組の設立と同時に習はその組長になり，「ネット大国」から「ネット強国」に向かうべく，指導体制一元化のトップに就いた。また，その第1回会議で習は「ネット上での輿論工作は長期の任務であり，ネット上の宣伝を新たなものを創り，改善しなければならず，ネット伝播の法則を運用し，主旋律をうたいあげ，プラスのエネルギーを激発し，社会主義の核心的価値観を大いに培い，実践し，ネット上での輿論先導の時，度，効をしっかり把握し，ネット空間をはっきりさせなければならない」と呼びかけた。

また，8月18日，習は中央全面深化改革指導小組第4回会議において「新旧

メディアの融合」の必要性を語り，10月15日には，文芸工作座談会で「社会主義の核心的価値観」を「興論宣伝」などを通じて人々の「精神的追求」と「自覚行動」に変えなければならないと語った。

そして，翌2015年12月25日には，解放軍報社を視察した際，習は「新たな情勢の下で，解放軍報を立派につくるには，軍報は姓を党と名乗ることを堅持しなければならない。解放軍報は党が指導し，掌握しているものであって，党が指導する人民の軍隊に直接奉仕するものであり，党性原則を守るうえでは最高の基準，最も厳しい要求を堅持しなければならない。いささかも揺らぐことなく軍隊に対する党の絶対的指導を堅持し，始終変わることなく思想面，政治面，行動面で党中央と高度の一致を保持し，高度に自覚して党中央と中央軍事委の権威を擁護し，断固変わることなく党中央と中央軍事委の声を伝播させなければならない。これは解放軍報が固く守らなければならない政治的魂であり，いかなる時も忘れてはならず，捨ててはならない。軍報が姓を党と名乗るには，党を愛し，党を護り，党のために，主流思想興論を打ち固め，強大にするために，党の主張を時代の最も強い声にしなければならない」と呼びかけるとともに，「党がメディアを管理する原則を堅持するには，政治家が新聞を作るという要求を厳格に実行に移し，報道宣伝工作の指導権を終始党に対し忠誠で頼りになる人の掌中に握られるよう確保しなければならない」と呼びかけた。また，12月30日には18期中央政治局第29回集団学習において，「中国の夢の宣伝と解釈は現代の中国の価値観としっかり結び付けなければならない」などとも語っている。

1-2 党の報道輿論工作座談会（2016年2月）―党の報道輿論工作を強化することに関する中共中央の意見，下達（2018年3月）

2016年に入ると，2月19日，習近平は「中共中央总书记，国家主席，中央軍委主席」（中共中央総書記，国家主席，中央軍事委主席）という肩書で午前に人民日報，新華社，CCTVを視察した後，「党の報道輿論工作座談会」に出席し，

第3章　ジャーナリズムの中国モデル

「重要講話」を行った。

　この「重要講話」は上述した一連の流れの延長線上にある自身のジャーナリズム・メディア観を披歴したものであり、いわば習近平執政5年の総括的発言ともいえよう。その中で、習は党とメディアの関係について次のように述べている。

　「党の報道輿論工作について、党性原則を堅持する上での最も根本的なことは報道輿論工作に対する党の指導を堅持することである。党と政府の運営するメディアは党と政府の宣伝の陣地であり、姓を党と名乗らなければならない。党の報道輿論メディアのあらゆる工作はいずれも党の意思を体現し、党の主張を反映させ、党中央の権威を擁護、党の団結を擁護し、党を愛し、党を護り、党のためにを実行に移さなければならない。いずれもひとつを見る意識を強め、思想面政治面行動面で党中央と高度の一致を保持しなければならない。党性と人民性の統一を堅持し、党の理論と路線方針政策を人民大衆の自覚行動に変え、適時に人民大衆の創造した経験と直面する実際状況を反映させ、人民の精神世界を豊かにし、人民の精神的力を強めなければならない。ジャーナリズム観は報道輿論工作の魂である。深く掘り下げてマルクス主義のジャーナリズム観教育を繰り広げ、広範な報道輿論工作者を党の政策主張の伝播者、時代の風雲の記録者、社会進歩の推進者、公平正義のキーパーになるよう導かなければならない」。

　また、「輿論誘導」については次のように指摘している。

　「報道輿論工作の各領域、各部位はいずれも正しい輿論誘導を堅持しなければならない。各級党機関紙党機関誌、ラジオ局テレビ局は誘導を重視、都市型新聞雑誌、ニューメディアも誘導を重視しなければならない。ニュース報道は誘導を重視、副刊、特集番組、広告宣伝もまた誘導を重視しなければならない。時局ニュースは誘導を重視、娯楽類、社会類のニュースも誘導を重視しなければならない。国内のニュース報道は誘導を重視、国際ニュース報道も誘導を重視しなければならない」。

　上掲のように習は「党と政府の運営するメディアは党と政府の宣伝の陣地で

あり，姓を党と名乗らなければならない」などとし，歴代の中国共産党指導者と同様に党の指導の絶対性を強調し，党に従うことを求めている。いわゆる「党がメディアを管理する」は不変であるとはいえ，それに解放軍報社視察時にも語った「姓を党と名乗らなければならない」という表現を加えたことは彼の新機軸といえよう。

　これを前任者である江沢民，胡錦濤の関係「講話」と読み比べるとさらにいくつかの違いを指摘できる。そのひとつは，習が輿論誘導についてより詳細に述べていることである。すなわち，中国のメディアとその内容（「各級党機関紙党機関誌，ラジオ局テレビ局，都市型新聞雑誌，ニューメディア，ニュース報道，副刊，特集番組，広告宣伝，時局ニュース，娯楽類，社会類のニュース，国内のニュース報道，国際ニュース報道」）は全て輿論誘導を重視しなければならないと語っているのである。

　なお，この習の講話内容の全文はいまだに公表されていないが，前述したニュースとして報じられた内容のほか，「党の報道輿論工作の正しい政治方向を堅持する」という表題がつけられ，その一部が「文献」として公表されている。

　それは「正しい政治方向を堅持することが第一位である」としたうえで，「第一は，しっかりと党性原則を堅持すること。党性原則は党の報道輿論工作の根本原則である。党が宣伝を管理し，党がイデオロギーを管理し，党がメディアを管理することは党の指導を堅持する上での重要な分野である」と語り，ニュース記事にあった「姓を党と名乗らなければならない」の後に，「党の手の中に握られなければならず，党と人民の喉舌にならなければならず，『党機関紙党の刊行物は必ず無条件で党の主張を宣伝しなければならない』。時代がいかに発展し，メディアの構造がいかに変化しようが，党がメディアを管理する原則と制度は変えてはならない」と語っていた。また，インターネットに触れて，「私は何度となくインターネットという関門を越えられなければ，長期的な執政というこの関門を越えることができないと語ってきた。党がメディアを管理するということは，ただ単に党が直接掌握しているメディアを管理する

ことだけを言っているのではない。党がメディアを管理するということは各級各種のメディアをすべて党の指導の下に置くことであり，この指導は『隔靴掻痒』式の指導ではなく，方式には区別があってよいが，党がメディアを管理する原則を骨抜きにしてはならない」と語っている。

　こうした講話内容の公開によって，総書記である習のあらゆるメディアを党の指導の下に置き，「党がメディアを管理する」という志向が極めて強いことが明らかにされている。

　中共中央政治局は19全大会の精神の「学習宣伝貫徹」を「研究配置」するため10月27日に会議を開催した。席上，「中共中央政治局の党中央の集中統一指導強化擁護に関する若干の規定」（《中共中央政治局关于加强和维护党中央集中统一领导的若干规定》）と「中央政治局中央の八項目の規定貫徹実行実施細則」（《中共中央政治局贯彻落实中央八项规定实施细则》）を審議，これに同意した。

　新華社電（中共中央政治局召开会议　研究部署学习宣传贯彻党的十九大精神2017年10月27日21：07）によると，「会議は，党中央の集中統一指導は党の指導の最高原則であり，根本的に党と国家の前途命運に関係し，人民の根本利益に関係する。党中央の集中統一指導を強化擁護することは全党共通の政治責任であり，まず先に中央の指導者層の政治責任である。中央政治局は率先して政治意識，大局意識，核心意識，模範意識を打ち立て，党規約と党内の政治生活の準則を厳格に遵守し，党の19全大会の党中央の集中統一指導を強化擁護することに関する諸要求を全面的に実行に移し，自覚して習近平同志を核心とした党中央の集中統一指導の下で，職責を履行し，活動を展開し，習近平総書記の党中央の核心，全党の核心としての地位を断固擁護し，全党の意志を凝集し，全国各民族人民が自信に満ちて『二つの百年』という奮闘目標を実現，社会主義の現代化された強国建設，中華民族の偉大な復興という中国の夢実現の雄大な目標に向かって勇躍前進するよう激発しなければならないと強調した」とある。

　そして，同会議で審議，同意された「若干の規定」（全文未公表）と「実施細則」の2つの文書のうち，前者には「中央政治局同志全員はしっかりと『4つ

の意識』を打ち立て，『4つの自信』を確固とし，主体的に重大な問題を党中央に報告研究を求め，真剣に党中央の決定した政策配置を実行に移すとともに，実行した重要な進展を報告しなければならない。…党に対して忠誠で真面目に，「党規約に違反，党の規律を破壊し，党中央の集中指導と団結統一に危害を与える言行と自覚して闘争し，所管部門，領域あるいは所在地区の全面的に厳しく党を治める責任を履行しなければならない。毎年党中央と総書記に書面で仕事の報告をすることを堅持しなければならない。宣伝報道に関する規定を厳格に遵守しなければならない。…」などと規定している。

　その「宣伝報道に関する規定」は後者の「八項目の規定」の「実施細則」に詳細に示されている。この2012年12月4日に開かれた18期中央政治局会議で承認された「工作の作風を改善し，密接に大衆と結びつくことに関する八項目の規定」(《十八届中央政治局关于改进工作作风，密切联系群众的八项规定》) を修正した同「実施細則」は，2012年の「八項目の規定」には，その「六」に「ニュース報道を改善しなければならず，中央政治局の同志の会議出席や活動は仕事の必要，ニュース価値，社会効果に基づいて報道すべきかを決定し，より一層報道の数量，字数，時間の長さを圧縮すべきである」があるだけなのに対し，30項目の内，(16) から (24) までの8項目を「ニュース報道改善」(改进新闻报道) に充てている。その中で，下記の (16) から (21) までは，報道に当たって「中共中央総書記」と「中央政治局委員」を明確に差別化している。

　(16) 中央政治局委員の会議出席活動のニュース報道を簡素化する。…中共中央総書記を除き，その他の中央政治局委員の会議出席活動については，CCTVが報道する際，音声を付けない。

　(17) 全国的会議活動のニュース報道を要点化する。中央の承認を経て開催された全国的会議活動について，中共中央総書記を除き，中央政治局常務委員の出席したものは，原稿の字数は1,000字を超えない，CCTVのニュースネットの放送時間は2分を超えない。…

　(18) 中央政治局委員の視察調査研究活動のニュース報道を規範化する。…中共中央総書記を除き，中央政治局常務委員が視察調査研究する際，随行す

第3章　ジャーナリズムの中国モデル

る中央のメディアの記者は一般に5人を超えない，…。

(19) 葬儀活動のニュース報道を簡素化する。…中共中央総書記の出席には親族を慰めている写真を配信できるが，その他の中央政治局委員は一般に写真を配信しない。…

(20) 生誕記念活動のニュース報道を簡素化する。かつて中央政治局常務委員の職務についたことのある党と国家の指導者の生誕記念活動に，中央政治局常務委員が出席するとともに挨拶を述べたものは，文字原稿は1,000字を超えない，CCTVのニュースネットの放送時間は2分を超えない，…。中共中央総書記の出席した記念活動は，関係基準を適度に緩めることができる。…

(21) 中央政治局委員の外事活動のニュース報道を優良化する。…中共中央総書記，国務院総理を除き，中央政治局委員の外訪については，人民日報，CCTVのニュースネットはそれぞれの国で総合報道を一度，ニュース消息原稿は1,200字を超えない，テレビニュース時間は3分を超えない。中共中央総書記を除き，その他の政治局委員については，随記，ルポ，総評などのその他の形式報道を配信しない。…

また，(22)は「重大な特殊活動のニュース報道を規範化する」では政治局委員の被災地域での救済活動，(23)の「その他のニュース報道を規範化する」では展覧会参観などについて，それぞれ報道の字数，時間などが規定されている。

そして，下記の(24)は中央宣伝部の役割を明記している。

(24) ニュース報道の統括調整を強化する。ネットなどの新しい手段を運用し，中央の主要な指導同志と大衆の直接的連携を強化することを探る。中央の職能部門の役割を十分発揮する。中央政治局委員のニュース報道工作は中央宣伝部が統括調整と日常の管理の責任を負うとともに，中央のニュースメディアに関係規定を実行に移すよう督促する。中央の重大会議活動のニュース報道工作は，中央宣伝部が中央弁公庁と協議し配置する。指導同志処は報道単位に報道の字数，時間の長さ，紙面，画面などについて直接要求を提起

しない，関係要求は中央の規定に合わせて，中央宣伝部によって報道単位に提起するかあるいは報道単位が実際情況に基づき自ら確定する。…
(「十九届中央政治局首次会议审议实施细则2017-10-28 20：55：58 中央纪委监察部网站」による)

以上のように，中央政治局委員25名に対し，「習近平同志を核心とした党中央の集中統一指導」と「習近平総書記の党中央の核心，全党の核心としての地位を断固擁護」することを求めた「若干の規定」は，習に対する完全な服従忠誠を誓わせるものであり，「実施細則」の中央政治局委員に関する報道規定は明らかに中共中央総書記を際立たせるためのものである。そして，「中央政治局委員のニュース報道工作は中央宣伝部が統括調整と日常の管理の責任を負う」とあるように，中国共産党指導者（中央政治局員）の動向報道については中央宣伝部が「責任を負う」ことが明らかにされた。

その後，2017年の19全大会開催後，2018年3月頃，「党の報道輿論工作を強化改善することに関する中共中央の意見」（中共中央关于加强和改进党的新闻舆论工作的意见）が下達された。「頃」としたのは，この「意見」の存在が明らかになったのは各地，各機関などで「学習」されたとの報道があり，ネットで検索した結果，もっとも早い報道が2018年3月7日に「華声オンライン」（华声在线）の報じた「市委常務委『精神』を伝達学習，掛け値なしに『実行』」（市委常委会议 传达学习"精神"，不折不扣"落实"）であったからである。この「意見」は2018年12月22日現在公開されておらず，当面は各地，各機関での「学習」報道の中からその内容を探ることができるだけである。

「華声オンライン」は湖南省の郴州が3月6日に第4回市委常務委員会を開催したことを伝えたニュースの中で，「党の報道輿論工作を強化改善することに関する中共中央の意見」を学習したことに関連し，会議が「報道輿論工作に対する習近平新時代の中国の特色ある社会主義思想の導きを強化し，習近平総書記の党の報道輿論工作に関する重要講話の精神を深く掘り下げて貫き，実行に移さなければならない。党が報道輿論を管理し，党がメディアを管理し，党

第3章　ジャーナリズムの中国モデル

がイデオロギーを管理することを強化し，報道與論工作に対する党の指導を堅持，強化しなければならない」と指摘したとある。

この報道から分かることは，「意見」が求めていることは習の思想と「習近平総書記の党の報道與論工作に関する重要講話」の具現化と「報道與論工作に対する党の指導」強化である。

また，浙江省新聞出版ラジオテレビ局が3月2日と15日にそれぞれ党組（拡大）会議と全幹部職員労働者大会を開催したというニュースの中では党組会議において「意見」が学ばれ，次のような意見の一致をみたと伝えられている。「イデオロギー管理部門として，われわれは党の報道與論工作の重要性と全体的要求をしっかりと把握し，報道與論工作の党と国家の事業発展の中における重要な役割を深く認識し，報道與論工作を新たな時代の中国の特色ある社会主義を堅持発展させるという偉大な社会革命の中に組み込み推進し，より一層報道與論工作を立派に行う自覚性と堅固性を強め，『意見』の要求を掛け値なしに工作の実践の中に貫き，実行に移さなければならない」。

そして，7月5日には国家ラジオテレビ総局党組理論学習中心組が「意見」と『習近平ジャーナリズム思想講義』を特に学ぶ「2018年第14回集団学習」を開催したと報道された。席上，中央宣伝部副部長でもある聶辰席国家ラジオテレビ総局局長・党組書記が講話を行い，「習近平ジャーナリズム思想は博識に富み，深淵でもあり，習近平新時代の中国の特色ある社会主義思想の重要な構成部分であり，われわれの党が長期にわたって形成してきたジャーナリズム思想と一脈通じ，また時代と共に前進しており，マルクス主義ジャーナリズム理論を豊かにし，発展させており，われわれの党の報道與論工作に対する法則的な認識を新たな歴史的高さにまで引き上げており，全党と広範な新聞工作者が思想認識を統一し，意志力を凝縮するターミナルランプ，屋台骨，座標軸であり，新時代の報道與論工作を上手く行うための強大な思想武器である。『党の報道與論工作を強化改善することに関する中共中央の意見』は習近平ジャーナリズム思想を貫き，実行に移し，党の新聞工作を強化改善する上での行動指針であり，『習近平ジャーナリズム思想講義』は習近平ジャーナリズム思想を学

ぶ重要な補導読み物である。」として，その学習を呼びかけた。

さらに，聶は「一政治的基準を強化すること」（一要強化政治標准），「二責任をもって当たることを強化する」（二要強化責任担当），「三新しいものを創り出す意識を強化すること」（三要強化創新意識）」の三点の要求を打ち出したが，その「一」において，党の指導強化を次のように求めた。「最高の基準，最も厳しい要求で政治誘導，政治要求を習近平総書記の核心的地位を擁護し，党中央の権威と集中統一指導を擁護する面に根付かせ，ラジオテレビの『トップ』建設と視聴ニューメディアの『トップページトップ画面トップニュース』建設の推進深化開拓を指導し，習近平総書記の重要思想と姿を『毎日見させ，毎日新しくし，毎日深化させる』ことを実行し，新時代のもっとも強い声をうたいあげる。党の全面的指導を堅持，強化する面に根付かせ，すべて党の指揮に従い，政治建設を際立たせ，如何なる時もいかなる状況の下でも党の旗印を旗印とし，党の方向を方向とし，党の意志を意志とし，しっかりと報道輿論工作の指導権，管理権，発言権を掌握する。高度の政治的鋭敏性政治的鑑別力ですべての工作に対応する面に根付かせ，具体的な報道輿論工作に従事しようが，宣伝管理工作を行おうが，いずれも「一字一字力をもち，一秒一秒政治を反映し，一日一日試験を受ける』意識を強化し，政治方向，宣伝誘導，価値趣向にいかなる問題も出させないよう確保する」。

以上の報道からもいえることは，「意見」は習近平のジャーナリズム思想を学ぶことと党の指導強化が二大柱になっていることである。すなわち，「党の報道輿論工作」は習のジャーナリズム観を含む「習近平新時代の中国の特色ある社会主義思想」と党の指導をもって「強化改善」せよと中央から下達されたのである。

1－3 「党と国家の機構改革深化方案」下達（2018年3月）―全国宣伝思想工作会議（2018年8月）

この「意見」と前後するかたちで「党と国家の機構改革深化方案」（深化党和国家机构改革方案）が下達された。2018年3月21日の新華社電は「近日，中

第3章　ジャーナリズムの中国モデル

共中央は『党と国家の機構改革深化方案』（深化党和国家机构改革方案）を印刷送付，あわせて通知を発し，各地区各部門に実際に結び付けて貫徹執行するよう要求した」と伝え，その全文を公開した。

　この機構改革は「習近平新時代の中国の特色ある社会主義思想」などを指針として，「習近平同志を核心とする党中央の権威と集中統一指導を断固擁護し」，「党と国家の機構職能体系」を「改革」し，「全面的に小康社会を築き上げる決戦に勝利し，全面的に社会主義の現代化された国家を建設する新たな道を切り開き，中華民族の偉大な復興という中国の夢を実現するために，力ある制度保障を提供する」ものであることが謳われている。そして，「一，党中央の機構改革深化」（一，深化党中央机构改革）の冒頭「中国共産党の指導は中国の特色ある社会主義の最も本質的な特徴である。党政軍民学，東西南北中，党がすべてを指導するものである。党中央の機構改革を深化させるには，党の全面的指導の制度を健全強化し，党の組織機構を優れたものにし，重大な工作に対する党の指導体制メカニズムを打ち立て健全にし，職責の近似している党政機関を合併設立あるいは共同で事務を行うなどを推進し，党の方向を把握し，大局を謀り，政策を定め，改革を促す能力と決定力を向上させ，党の指導がすべてをカバーすることを確保し，党の指導がより強固に力を持つことを確保することに着目しなければならない」とし，その目途を「党の全面的指導の制度」化にあることを明示している。

　メディア関連では，「国家新聞出版ラジオテレビ総局」（国家新闻出版广电总局）の廃止が決められ，その職責の内，「新聞出版」については「（十一）中央宣伝部が新聞出版工作を統一管理する」として同「総局」の「新聞出版管理の職責」を「中央宣伝部」に組み入れ，「中央宣伝部は加えて対外的には国家新聞出版署（国家版権局）の看板を掲げる」とし，「調整後，中央宣伝部の新聞出版管理分野に関する主な職責は，党の宣伝工作の方針を貫き実行に移し，新聞出版業の管理政策を定めるとともに実行に移すよう督促し，新聞出版行政実務を管理し，新聞出版事業，産業の発展を統括的に企画し，指導調整し，出版物の内容と質を監督管理し，印刷業を監督管理し，著作権を管理，出版物の輸入

を管理することである」としている。

「映画」についても「(十二)中央宣伝部は映画工作を統一管理する」とし,「国家新聞出版ラジオテレビ総局」の「映画管理の職責」を「中央宣伝部」に組み入れ,「中央宣伝部は加えて対外的に国家映画局という看板を掲げる」とし,「調整後,中央宣伝部の映画管理分野に関する主な職責は,映画の行政実務を管理し,映画の製作,発行,放映工作を指導監督管理し,映画内容に対し審査を行うことを組織し,全国的な重大映画活動を指導調整し,対外的に合作映画製作,映画フィルムの輸入輸出する国際合作交流を担当するなどである」としている。

次に,ラジオとテレビについては「(三十五)国家ラジオテレビ総局(国家广播电视总局)を組織設置する。報道輿論工作に対する党の集中統一指導を強化し,重要な宣伝陣地の管理を強化し,イデオロギー工作の指導権をしっかりと掌握し,ラジオテレビの党の代弁者としての役割を充分に発揮させるため,国家新聞出版ラジオテレビ総局のラジオテレビ管理の職責を基盤に国家ラジオテレビ総局を組織設置し,国務院直属機構とする」とした上で,「主要な職責は,党の宣伝方針政策を貫き,ラジオテレビ管理の政策措置を定めるとともに実行に移すことを督促し,ラジオテレビ事業,産業発展を統括的に企画,指導調整し,ラジオテレビ領域の体制メカニズム改革を推進し,ラジオテレビとネット視聴番組の内容と質を監督管理,審査し,ラジオテレビ番組の輸入,収録および管理の責任を負い,ラジオテレビ領域の外に出る工作を調整推進するなどである」としている。

そして,「(三十六)中央ラジオテレビ総合局(中央广播电视总台)を組織設置する」として,「正しい輿論誘導を堅持」し,「重要な陣地に対する党の集中建設と管理を強化」するため,「中央テレビ局(中国国際テレビ局),中央人民放送局,中国国際放送局を統合し,中央ラジオテレビ総合局を組織設置し,国務院直属事業単位として,中央宣伝部の指導に帰する」とし,「主要な職責は,党の理論と路線方針政策を宣伝し,重大な宣伝報道を統括組織し,ラジオテレビの創作生産を組織し,ラジオテレビの優れた番組を制作放送し,社会のホッ

トなテーマを導き，興論の監督を強化改善し，多メディアの融合発展を推進し，国際コミュニケーション能力建設を強化し，中国の物語を上手に語るなどである」としている。すなわち，中央宣伝部に帰属する中央ラジオテレビ総合局が中央テレビ局（中国国際テレビ局），中央人民放送局，中国国際放送局を統括することになったのである。

これに加えて，「中央テレビ局（中国国際テレビ局），中央人民放送局，中国国際放送局体制を解消する。対内的にはこれまでの呼称は保留するが，対外的には『中国の声』という統一呼称とする」としている。

また，「インターネット」については「（十六）中央サイバーセキュリティ・情報化委員会弁公室の職責を優れたものにする。国家のサイバー空間のセキュリティと利益を擁護するため，国家コンピューターネットワークと情報安全管理センターを整理して中央サイバーセキュリティ・情報化委員会弁公室による管理にする」とし，「工業・情報化部」についてはこれまで通りとしている。

以上のように，この「党と国家の機構改革深化方案」は新聞，出版，テレビ，ラジオ，映画，さらにはインターネットにいたるまで，まさにあらゆるメディアを党の指導下に置き，党によって完全に管理できる体制を整えたことを示している。

また，習近平は2018年8月21日から22日にかけて北京で開催された全国宣伝思想工作会議で重要講話を行った。

その中で，習は「実践」は「党中央の宣伝思想工作に関する政策配置」が「完全に正しく，宣伝思想戦線の広範な幹部は完全に信頼に足る」ことを「証明」したとして，次のように強調した。

「実践の中で，我々は宣伝思想工作に対する法則性の認識を絶えず深化させ，一連の新しい思想，新しい観点，新しい論断を提起した。それはイデオロギー工作に対する党の指導権を堅持し，思想工作の『二つの強固』（イデオロギー領域におけるマルクス主義の指導的地位・全党全国人民の団結して奮闘する共通の思想的基盤）の根本的任務を堅持し，新時代の中国の特色ある社会主義思想で全

党を武装し，人民を教育することを堅持し，社会主義の核心価値観を育み，励行することを堅持し，文化的自信をより基礎的に，より広範に，より深い自信にし，より基本的，より深化させ，より恒久的な力として堅持し，報道興論の伝播力，導引力，影響力，公信力を堅持向上させ，人民を中心とする創作誘導を堅持し，風紀の清廉なネット空間を堅持作り出し，中国の物語を上手に語り，中国の声を上手に伝えることを堅持することである。これらの重要思想は宣伝思想工作をうまく行う上での根本的準拠であり，長期にわたって堅持し，絶えず発展させていかなければならない」。

そして，習は「宣伝思想工作に対する党の全面的指導を強化し，旗幟鮮明にして党が宣伝を管理し，党がイデオロギーを管理することを堅持しなければならない」と呼びかけた。

この講話は「イデオロギー工作に対する党の指導権」が確立されたことを示しており，「819講話」からの5年間の成果を肯定し，さらに「宣伝思想工作に対する党の全面的指導」を引き続き強化するよう求めたものである。

1-4　習近平，改革開放40周年祝賀大会で講話（2018年12月）―『中国共産党政法工作条例』の制定（2019年1月）

習近平は2018年12月18日に開催された「改革開放40周年祝賀大会」で講話（在庆祝改革开放40周年大会上的讲话2018年12月18日 习近平 新华社北京12月18日电）を行い，改革開放40年来の成果を総括するとともに，その「貴重な経験」を今後においても「極めて重要な指導的意義」をもつものとして，9項目挙げたが，その「第一」に語られたのが，党の指導の重要性である。

習は「すべての活動に対する党の指導を堅持し，絶えず党の指導を強化，改善しなければならない。改革開放40年の実践は我々に啓示している。中国共産党の指導が中国の特色ある社会主義の最も本質的な特徴であり，中国の特色ある社会主義制度の最大の優位性である。党政軍民学，東西南北中，党がすべてを指導するものである。まさに終始党の集中統一指導を堅持してきたからこそ…確固として中国の特色ある社会主義の道を歩むことができた。党の指導を堅

持するには，絶えず党の指導を改善し，党の指導をより実践，時代，人民の要求に適合させなければならない。党の指導を堅持するというこの党と国家の前途命運を決定づける重大な原則問題において，全党全国は高度の思想的自覚，政治的自覚，行動的自覚を保持しなければならず，いささかも動揺があってはならない」と強調した。

　ここで，習は「党の指導」の「堅持」を「全党」のみならず「全国」に呼びかけたのである。いわゆる，党国体制の強化によって，「中華民族の偉大な復興という中国の夢を実現」すると宣言したのである。

　これに続き中共中央政治局は2018年12月25，26日の2日間，民主生活会を開催し，党中央の決定事項の実行などについて話し合いをもち，席上，習近平が講話を行った。
　人民日報（中共中央政治局召开民主生活会强调　树牢"四个意识"坚定"四个自信"　坚决做到"两个维护"勇于担当作为　以求真务实作风把党中央决策部署落到实处　中共中央总书记习近平主持会议并发表重要讲话《人民日报》（2018年12月27日））によると，会議は「習近平総書記の党中央の核心，全党の核心の地位を擁護し，党中央の権威と集中統一指導を擁護することは，全党の団結統一，歩調の一致を保証し，全国の各民族人民を率いて全面的に小康社会を構築する決戦に勝利し，力を振り絞り新時代の中国の特色ある社会主義の偉大な勝利を勝ち取る上での根本的政治保証である」と指摘，これまでの習の指導を「党中央の核心，全党の核心にふさわしいことを証明した」と強調した。
　そして，習は講話の中で，民主集中制に触れ，次のように語っている。「民主集中制はわれわれの党の根本組織原則であり，指導制度であり，マルクス主義政党のその他の政党と区別する重要な標識である。この制度は充分に党内民主を発揚することと正しく集中を実行することを有機的に結びつけたもので，最大限全党の創造活力を激発することができ，また全党の思想と行動を統一することができ，議論をして決めず，決めても行わない分散主義を効果的に防止，克服でき，科学的で理に合致し効率的でもある制度である。民主集中制は民主

と集中の2つの分野が含まれ、両者は互いに条件であり、ひとつが欠けても駄目である。われわれは民主と集中を有機的に統一し、真に民主集中制の優位性をわれわれの党の政治の優位性、組織の優位性、制度の優位性、活動の優位性に変えていかなければならない」。

さらに、習は「われわれの党の歴史経験が明らかにしているのは、党中央の権威と集中統一指導がうまく堅持された時は、すべからく党の事業が隆盛を極め、これと反対の場合は党の事業は挫折にさらされた」と語り、「党中央の権威と集中統一指導」の絶対性を強調した。

さらに、12月28日には、習近平の主宰の下、中共中央政治局会議が開催され、「中国共産党政法工作条例」を審議した。

人民日報（中共中央政治局召开会议　审议《中国共产党政法工作条例》中共中央总书记习近平主持会议《人民日报》(2018年12月28日)）によると、会議は「『中国共産党政法条例』を貫き、実行するには、一連の規定を制定し、体制メカニズムを健全にしなければならないが、そのカギは党中央の集中統一指導を堅持し、断固として党中央の指揮に従い、断固として党中央の決定した政策配置を貫ぬき、政法工作を正しい方向に沿って前進するよう確保しなければならない」と指摘すると同時に、「党の指導と社会主義法治は一致したものであり、党の指導を堅持することのみによって、はじめて人民が一家の主になることを充分に実現でき、国家と社会生活が制度化され、法治化がはじめて秩序だって推進できる。司法機関が法に依って独立公正に職権を行使することを保証することは、党の明確な主張である。各級党組織と指導幹部は司法機関が法に依って独立公正に職権を行使することを支持し、政法各単位が憲法法律に合わせて独立責任をもって、一致協力し活動を繰り広げることを支持しなければならない」と強調した。こうした表現はあたかも党が「法治化」を推進しているように見られるが、その前提はあくまでも「党の指導」であり、「党の指導と社会主義法治」が「一致」しているとの観点に党の意志が表れている。すなわち、法も「党の指導」を受けるということであり、中華人民共和国は法が先行する法治国家か、

党が先行する党治国家かと問われれば、疑いなく党治国家であり、こうした考え方が顕在化することは、近い将来の憲法改正に当たって、「党の指導」が明記される可能性を予見させるものである。

なお、この「政法工作に対する党の絶対的指導」を規定した『中国共産党政法工作条例』は新華社によって翌2019年1月18日に全文が公開された。

2. 中央弁公庁の「当面のイデオロギー領域における状況に関する通報」(「关于当前意识形态领域情况的通报」)

「当面のイデオロギー領域における状況に関する通報」(「关于当前意识形态领域情况的通报」《中办发【2013】9号》文件)は2012年末からの習近平時代の始まりと共に2013年4月に中央弁公庁から下達された。

この「通報」には、その下達時期を考えると習の観点が反映されていると見るのが妥当であろう。「通報」が注意を喚起した7項目は以下の通りである。

(1) 西側の憲政民主を宣揚し、現代の指導を否定し、中国の特色を備えた社会主義政治制度を否定することを企む。
(2) 「普遍的価値」を宣揚し、党の執政の思想理論基盤を動揺させようと企む。
(3) 公民社会を宣揚し、党の執政の社会的基盤を瓦解させようと企む。
(4) 新自由主義を宣揚し、我が国の基本的経済制度を改変しようと企む。
(5) 西側のジャーナリズム観を宣揚し、我が国の党がメディアを管理する原則と新聞出版管理制度に挑戦する。
(6) 歴史修正主義を宣揚し、中国共産党の歴史と新中国の歴史を否定しようと企む。
(7) 改革開放に疑問を投げかけ、中国の特色ある社会主義の性質に疑問を投げかける。

この「通報」は上掲の項目それぞれに説明を加えた後、「上述の誤った思潮と主張は、域外のメディアや反動的出版物の中に大量に存在するとともに、イ

ンターネットや地下ルートを通じて域内に浸透している。域内のネット論壇，ブログ，マイクロブログにもある程度伝播されている。報告会，シンポジウム，大学の教室，論壇講座，民間読書会，個別の出版物の中にも時として出現する。もしそれをこのまま蔓延させたら，いかなる旗を掲げ，いかなる道を歩み，いかなる目標に向かって前進するかなどの重大問題における人々の思想的コンセンサスを妨げ，わが国の改革発展安定という大局を妨げることになろう。」と指摘している。

　その中の(5)のジャーナリズムに関連する問題点については，下記の諸点を挙げている。

「一部の者は『報道の自由』を看板に掲げ，西側のジャーナリズム観を宣揚し，わが国メディアの党性原則を否定している。その主な現れは，メディアは『社会の公器』，『第四の権力』だと標榜し，マルクス主義のジャーナリズム観を攻撃する，『ネットの情報の自由流通』を鼓吹し，わが国がインターネット管理を強化していることをネット上の言論を抑圧していると謗る，わが国のメディアは『法治の盲点，人治の特区』と称し，西側の観念に合わせて新聞法をつくろうと呼びかける，わが国は報道出版の自由を制限していると称し，宣伝管理部門の撤廃を騒ぎたてている，にある。西側のジャーナリズム観を宣伝する実質は抽象的，絶対的報道の自由を鼓吹し，メディアに対する党の指導に反対し，わが国のイデオロギーに浸透する突破口を開こうと企図しているのである。」

　そして，上掲の7項目に関連する出来事として，「憲政」の必要性を論じた『南方週末』元旦のことば（2013.1.1）差し替え，この「通報」という「国家秘密」を漏えいした高瑜逮捕・7年の実刑判決（2014年4月，2015年4月），党内改革派の歴史・現状認識をより多く掲載してきた『炎黄春秋』の主管単位変更（2014年9月），中国国内では出版できない関連書籍を扱ってきた香港の「銅鑼灣書店」関係者不明事件（2015年10-12月），『炎黄春秋』の指導部改造（2016年

7月18日），左右中さまざまの論文をネット上に公開してきた「共識ネット」（「共识网」）の閉鎖（2016年10月）などを挙げることができる。これらはいずれも上掲「通報」の7項目に触れるものであり，こうした出来事は習近平時代において香港を含む中国の言論空間が縮小していることを象徴している。

3．「主戦場」としてのインターネット

1－1で述べた新華社電が伝えた2013年8月の全国宣伝思想工作会議での習近平の重要講話（「8.19講話」）の記事にはインターネットについて習が語った内容は無かった。

しかし，ネット上に流布されている「『8.19』講話精神伝達提綱」（「"8・19"讲话精神传达提纲」）では習がインターネットについて詳細に語っている。そして，その内容を反映したかのように，同「講話」学習キャンペーンの中でも中央党学校が下達した「中共中央党学校の習近平総書記の一連の講話精神を深く掘り下げて学習貫徹することに関する意見」（「中共中央党校关于深入学习贯彻习近平总书记系列讲话精神的意见」）の「宣伝思想工作に関する重要論述を深く体得する」には「インターネットはすでに輿論闘争の主戦場になっており，ネット上での闘争はすでにイデオロギーの安全を守るための重大な課題になっており，宣伝思想工作の重要の中でも重要なものとして力を入れなければならない」とされていることからも，「8.19講話」の中で，習がインターネットを「輿論闘争の主戦場」とみなしていることが分かる。

3－1　「『8.19』講話精神伝達提綱」にみる習近平のインターネット観

この「提綱」にある「輿論闘争の主戦場」という表現を含む習近平のインターネットに関する発言部分は以下の通りであり，中国の公式メディアは「8.19講話」の全文は公表していないが，習の執政5年間につくられた（つくられつつある）インターネットに関係する法規や動向を見れば，「提綱」にある習の発言内容が彼の肉声であろうことが分かるであろう。

なお，網掛け部分は2014年5月28日に中央文献出版社から出版された『習近平の全面的に改革を深化させることに関する論述摘要』（『习近平关于全面深化改革论述摘编』（中共中央文献研究室編輯））の「七．文化体制改革を深化させ，社会主義の核心価値体系建設を強化しよう」（「七．深化文化体制改革，加強社会主义核心价值体系建设」）の中で初めて公表された習の発言内容である。

　思い切って力を入れ，思い切って管理し，剣を光らせるのに勇敢になり，団結と大多数を勝ち取ることに着眼し，理をもって有利に段階を追って興論闘争を繰り広げ，幹部大衆が是非の境界をはっきり分け，あいまいな認識をはっきりさせることを支援しなければならない。悪意をもって党の指導を攻撃し，社会主義制度を攻撃し，党史国史を歪曲し，デマを流し，事を起こすあれらの言論に対しては，すべての新聞雑誌，講演論壇，会議会場，映画テレビ，ラジオ局，舞台劇場などいずれもそれらに空間を提供してはならず，すべてのデジタル新聞雑誌，移動テレビ，ケータイメディア，ケータイショートメール，マイクロメール，ブログ，Podcast，マイクロブログ，BBSなどのニューメディアもいずれもそれに便宜を提供してはならない。こうした言論に対しては，ネット上で規制を強化しなければならないのみならず，着実に人への働きかけを行わなければならない。4つの基本原則に違反したものは，教育誘導しなければならず，責任制をつくらなければならず，所在場所と単位は確実に管理しなければならない。デマを流し，事を起こしたものに対しては，必ず法に基づいて調査処理しなければならず，「三岔口」のように暗闇の中で動き回るようなことをしてはならないし，こうした者にそこで勝手気ままにデマを流し，事を起こし，どさくさに紛れて利益を得，煽り立て，たきつけ，いいたい放題させてはならない。

＊　　＊　　＊

　インターネットはすでに世論闘争の主戦場になっている。ある同志がい

うには，インターネットはわれわれが直面する「最大の変数」になっていて，うまく行わなければわれわれの「頭痛の種」になってしまう。西側反中勢力はずっとインターネットを利用して「中国を倒す」ことを企んできた。何年も前「インターネットをもつことになり，中国に対応する方法を得た」，「社会主義国家が西側の懐に飛び込むのに，インターネットから始まるであろう」と公言した西側の政治家がいた。米国の「ＰＲＩＳＭ」，「x keyscore」などの監視計画から見ると，彼らのインターネット活動のエネルギーと規模は人の想像をはるかに超えたものである。インターネットというこの戦場で，われわれがもちこたえ，勝利できるか否かは直接我が国のイデオロギーの安全と政権の安全に関係する。

　　　　　＊　　　＊　　　＊

　情勢の発展の必要に基づけば，わたしはネット上での輿論工作を宣伝思想工作の重要な中でも重要として力を入れなれればならないとみている。宣伝思想工作は人への工作であり，人がどこにいるかによってそこが重点となるべきである。わが国のネット利用者は6億人近くであり，ケータイネット利用者は4.6億余人であり，そのうちウェイボーユーザーは3億余人に達している。たくさんの人，特に若い人は基本的に主流メディアをみず，大部分の情報をネット上から得ている。この事実を直視し，力を強め投入し，速やかにこの輿論の戦場の主導権を掌握しなければならず，はじに追いやられてはならない。「本領パニック」問題をうまく解決し，真に現代メディアの新しい手段新しい方法を運用できるプロの専門家にならなければならない。深く掘り下げてネット上の世論闘争を繰り広げ，ネット上での攻撃浸透行為を厳密に防止し，力を組織し誤った思想的観点に対し批判反駁を行わなければならない。法に従ってネット社会管理を強化し，ネットの新しい技術新しい応用の管理を強化し，インターネットの管理ができコントロールできるを確保し，われわれのネット空間をすがすがしいものにしなければならない。この仕事をやるのは容易ではないが，難しく

てもやらなければならない。天下に難き事なし，ただ心あるものを恐れる。他人が何をいおうが恐れるな。ネット上でマイナス面の言論が少なくなるのはわが国社会の発展，社会の安定，人民が落ち着いて暮らし仕事に励むことに対し，好いところだけで悪いところはない。わたしが往時生産隊に入っていた時の農民のことばを使えば，ケラが鳴くのを聞き作物を植えないほど恐れてはならない。

＊　　＊　　＊

われわれの同志は必ず陣地意識を強めなければならない。宣伝，思想の陣地はわれわれが占領しなければ，人さまが占領する。私がみるに，思想の陣地は大体3つのゾーンがある。ひとつ目はレッドゾーン，主に主流メディアとネット上の正面の勢力で構成されているもので，これはわれわれの主陣地であり，必ずしっかりと守り，決して失ってはならない。2つ目はブラックゾーンであり，主にネット上と社会の一部マイナス面の言論によって構成されているもので，それには各種敵対勢力が作り出した輿論を含んでおり，これは主流ではないがその影響を低く見積もってはならない。3つめはグレーゾーンであり，レッドとブラックの間にある。異なるゾーンに対しては，異なる策略を取らなければならない。レッドゾーンに対しては，打ち固め発展させ，絶えずその社会的影響を拡大しなければならない。ブラックゾーンに対しては，勇敢に進入し，中核に潜り込み闘い，それが色を変えるよう徐々に推進しなければならない。グレーゾーンに対しては，大規模に活動を展開し，速やかにそれをレッドゾーンに転化させ，それがブラックゾーンに脱皮することを防止しなければならない。こうした活動は，しっかりと力を入れて行い，堅持していけば必ず成果を上げることができる。

＊　　＊　　＊

ネット上での闘争は，一種の新しい輿論闘争の形態であり，戦略戦術を工夫しなければならない。人さまが運動戦，遊撃戦できているのに，われ

第3章　ジャーナリズムの中国モデル

> われは正規戦，陣地戦だけで戦ってはならず，機動的柔軟にならなければならず，人さまの戦い方にわれわれは合わせ，真っ向から対峙し，機先を制し勝たなければならず，人さまのいいなりになって動いてはならず，戦術が単調であることで戦略という大局を誤ってはならない。これこそは「是は常に是といえども，時に用いず。非は常に非といえども，時に必ず行う」というものである。ネット上の闘争の特色と法則を深く掘り下げて分析し，ネット上での闘争の勢力を細心に組織しなければならない。ネットのオピニオンリーダーに対しては，教育誘導を強めなければならず，よい者は励まさなければならず，よくない者は拘束しなければならず，そのまま放任してはならない。

3-2 「サイバーセキュリティー法」の施行

こうした習のインターネット観が結実したのが2016年11月7日に採択公布され，翌2017年6月1日より施行された「中華人民共和国サイバーセキュリティー法」(以下「サイバー法」)であろう。

(ⅰ) ネットワーク遮断の権限

これより先，胡錦濤時代の2009年7月5日，新疆ウイグル自治区区都ウルムチ市で騒乱事件（7.5事件）が発生したことを契機に，同自治区におけるインターネットはおよそ1年にわたって遮断された。かつてチベット自治区で遮断措置が取られたことがあるが，短期間であり，これほど長くネットが遮断されたことはなかった。そして，このインターネットの遮断は法的根拠があいまいであり，こうした超法規的措置は少数民族地区以外でもとられるのかに関心が寄せられた。それに回答を与えたのが「サイバー法」である。

その「第58条」は次のように明記している。「国家の安全と社会の公共秩序を守ることで，重大な突発社会安全事件を処置する必要から，国務院の決定，あるいは承認を経て，特定区域においてネットワーク通信に対し制限などの臨時措置を講ずることができる」。

「草案」には「第50条　国家の安全と社会の公共秩序を守ることで，重大な突発社会安全事件を処理する必要から，国務院，あるいは省，自治区，直轄市人民政府は国務院の承認を経て，一部地域においてネットワーク通信に対し制限などの臨時措置を講ずることができる」とあり，「省，自治区，直轄市人民政府」もネット遮断の権限をもつ内容であったが，この部分は二次草案の第56条で削除され，そのまま「サイバー法」の第58条に引き継がれた。すなわち，最終的には「サイバー法」ではネット遮断の権限は中央政府のみがもつものであって，地方政府にはその権限がないことを明記したのである。

また，ネットの管理について，同法は，全国においては「国家ネットワーク情報部門」と「国務院電信主管部門，公安部門とその他の関係機関」，地方においては「県級以上の地方人民政府の関係部門」によることを明文化している。

（ⅱ）**禁止事項**

そして，禁止事項については，「第12条」で「国家は公民，法人とその他の組織が法に基づいてネットを使用する権利を保護し，ネット接続の普及を促し，ネットサービスレベルを向上させ，社会に安全，便利なネットサービスを提供し，ネット情報の法律に基づく秩序ある自由な流通を保障する。

如何なる個人や組織もネットワーク使用には，憲法法律を遵守，公共秩序を遵守，社会公徳を尊重しなければならず，ネットワークの安全に危害を及ぼしてはならず，ネットワークを利用して国家の安全，栄誉と利益に危害を及ぼし，国家政権転覆，社会主義制度ひっくり返すことを煽動し，国家分離，国家統一破壊を煽動，テロリズム，過激主義を宣揚，民族怨恨，民族蔑視を宣揚，暴力，猥褻色情情報を伝播，虚偽情報をねつ造，伝播させ経済秩序と社会秩序を混乱させたり，他人の名誉，プライバシー，知的財産権とその他の合法的権益を侵害するなどの活動に従事してはならない」として「ネット情報の法律に基づく秩序ある自由な流通を保障する」としたうえで，「禁止事項」を規定している。

このネットワークを通じて流してはいけない情報を箇条書きにすると次の12項目になる。

① 憲法法律を遵守しないもの
② 公共秩序を遵守しないもの
③ 社会公徳を尊重しないもの
④ インターネットの安全に危害を及ぼすもの
⑤ 国家の安全，栄誉と利益に危害を及ぼすもの
⑥ 国家政権転覆，社会主義制度ひっくり返すことを煽動するもの
⑦ 国家分離，国家統一破壊を煽動するもの
⑧ テロリズム，過激主義を宣揚するもの
⑨ 民族怨恨，民族蔑視を宣揚するもの
⑩ 暴力，猥褻色情情報を伝播するもの
⑪ 虚偽情報をねつ造，伝播させ経済秩序と社会秩序を混乱させるもの
⑫ 他人の名誉，プライバシー，知的財産権とその他の合法的権益を侵害するもの

　この「第12条」の冒頭3行（日訳）は「草案」（第9条），「二次草案」（第12条）を通じて変わっていない。その下の文言において，「草案」に無い文言は，「…ネットワークを利用して国家の安全，栄誉と利益に危害を及ぼし，国家政権転覆，社会主義制度をひっくり返すことを煽動し，国家分離，国家統一破壊を煽動，テロリズム，過激主義を宣揚，民族怨恨，民族蔑視を宣揚，暴力，猥褻色情情報を伝播，虚偽情報をねつ造，伝播させ経済秩序と社会秩序を混乱させたり，他人の名誉，プライバシー，知的財産権とその他の合法的権益を侵害するなどの活動に従事してはならない」の中の「栄誉と利益」，「国家政権転覆，社会主義制度をひっくり返すことを煽動し，国家分離，国家統一破壊を煽動」，「虚偽情報をねつ造，伝播させ経済秩序」，「名誉，プライバシー，知的財産権」などであり，これらは「二次草案」で加えられていた。

　(iii) 実名制
　また，「実名制」については，「第24条」で「ネットワーク運営者はユーザーのためにネット接続，アカウント名登録を処理，固定電話，移動電話のネット

加入手続きを処理したり，あるいはユーザーのために情報配信，インスタントメッセンジャーなどのサービスを提供する上で，ユーザーと取り決めに調印，あるいは提供するサービスを確認するとき，ユーザーに真実の身分情報の提供を要求すべきである。ユーザーが真実の身分情報を提供しない場合，インターネット運営者はそれに関係サービスを提供することができない。国家はネット身分信頼戦略を実施し，安全，便利な電子身分認証技術研究開発を支持し，異なる電子身分認証間の相互認証を推進する」としている。

(ⅳ) 捜査協力

さらに，「捜査協力」については，「第28条」で「ネットワーク運営者は公安機関，国家安全機関が法に基づいて国家安全を守り，犯罪を捜査する活動に技術的支援と協力を提供すべきである」とある。この条文も「二次草案」を踏襲したものである。この条文になる前の「草案」は「第23条」で「国家の安全と犯罪捜査の必要から，捜査機関は法律の規定に合わせて，ネットワーク運営者に必要な支援と協力を要求することができる」としていた。「サイバー法」は「ネットワーク運営者」の捜査協力への義務化を明確にしたものといえる。

もとより，習近平は2014年2月27日に中央サイバーセキュリティ・情報化指導小組設立とともに，その組長に就任している。このことからも，習がインターネットに強い関心を持ち，自らその管理に参与してきたことが分かる。その習は2015年12月16日から18日にかけて開催された中国主催の第2回世界インターネット大会で講話を行い，「4つの原則」（ネット主権の尊重・平和安全擁護・開放合作促進・良好な秩序構築）（尊重网络主权，维护和平安全，促进开放合作，构建良好秩序）を提示，そのトップに「ネット主権の尊重」を挙げ，「『国連憲章』の確立した主権平等の原則は現代の国際関係の基本的準則であり，国と国の往来する諸領域をカバーするものであり，その原則と精神はネット空間にも適用されるべきである」と語っている。「サイバー法」がこの「ネット主権」論を基礎に制定されたことは疑いのないところである。すなわち，この「サイバー法」の制定は習の下で「国家主権」→「情報主権」→「ネット主権」とい

う構図の中に中華人民共和国の情報管理政策が立案されていることのひとつの反映でもある。

4．「ウイグルオンライン」閉鎖

　「ウイグルオンライン」(「维吾尔在线」(www.uighurbiz.net) Uighur online) はその主宰者である中央民族大学教師イリハム・トッティが逮捕され，無期懲役の刑に処せられる中で，閉鎖され5年になる。
　同サイトはイスラム文明と儒教文明の交わる新疆ウイグル自治区（東トルキスタン）に関心のある筆者にとって，中国域内からウイグル族による中国語で発信される情報源のひとつであり，中国の官制メディアとは異なる情報を発信してきた。

4－1　「ウイグルオンライン」主宰者イリハムの逮捕・処罰

　主宰者イリハム・トッティは2014年1月に逮捕され，「国家分離」罪によって同年9月23日の一審で無期懲役に処せられ，同年11月21日の二審でその刑が確定したが，その逮捕当時の当局の報道によると，彼は「域外の『東トルキスタン』勢力とぐるになり，インターネットを利用し，『新疆独立』を鼓吹し，教場を利用し，『政府転覆』を煽動，教師の身分を利用し，分離活動を行い，自身を頭目とする国家分離犯罪集団を形成し，国家の安全と社会の安定に重大な危害をもたらした」とされるとともに，一審の結果を伝える新華社電は「法廷の審理が明らかにしたのは，長期にわたり，イリハム・トッティは『ウイグルオンライン』ウェブサイトをプラットホームにして，その大学教師の身分を利用し，授業活動を通じて，民族分離思想を伝播させ，一部の少数民族学生をそのウェブサイトに加わるよう唆し，引き込み，脅迫し，イリハム・トッティを首謀者とする国家分離犯罪集団を形成した。同犯罪集団はイリハム・トッティの指導の下で，国家分離を目的とし，一連の国家を分離させる犯罪活動を組織，画策，実行した」と報じている。すなわち，この「ウイグルオンライ

ン」が「イリハム・トッティを首謀者とする国家分離犯罪集団」の「分離思想を伝播」させる「プラットホーム」になってきたという指摘である。そして，イリハムの逮捕とともに「ウイグルオンライン」は閉鎖されたのである。

こうした敵対矛盾になったと判断したのは彼が2014年1月に逮捕された時の中国共産党の総書記にあった習近平の意向によるものであることは明らかである。それは民族問題という敏感な問題に対して，国際的非難を覚悟で決断を下せるのは党の組織原則である民主集中制のトップにある総書記だけであるからである。

胡錦濤時代の2009年7月5日に区都ウルムチ市で発生した「7.5」事件の時でさえ，編集のハイラト・ニヤズが同年逮捕され，2010年に懲役15年の判決を受けたにもかかわらず，「ウイグルオンライン」は最終的に閉鎖されることはなかったことを考えても，そこに習の治国意志とインターネットに対する警戒感が反映されているといえよう。

4－2 「ウイグルオンライン」設立趣旨

イリハム・トッティは「わたしの理想と事業選択の道」の中で2005年末に開設した「ウイグルオンライン」の趣旨について「『ウイグルオンライン』はわたし個人が創設したウェブサイトであり，その趣旨は全国の各民族人民と世界に新疆を理解，ウイグル族を理解してもらい，新疆の各民族人民にこの世界を理解してもらい，民族集団間の相互理解を促進，対話を促進することにある。管理面においては，いかなる独立，分離を主張したり無責任な煽動的言論も発表することに反対し，国家転覆の言論を発表することにも反対する」，「ただし，新疆あるいはその他の地方の社会時弊を直言する文章，その意図が好いものであり，内容が真実でありさえすれば禁止しない」と語ると同時に，「ウイグルオンライン」の果たすべき役割について縷々説明している。しかし，結果的にその運営が「インターネットを利用し，『新疆独立』を鼓吹し」たとして，無期懲役刑を形成する罪状のひとつになったのである。

第 3 章　ジャーナリズムの中国モデル

4−3　「ウイグルオンライン」の調査報告

　そして，その調査報告については，新華社が公表した裁判の審理情況を引用すると，「イリハム・トッティは社会問題アンケート調査結果を『でっち上げ』るとともに，『ウイグルオンライン』ウェブサイトに虚偽のデータを以て調査報告を発表し，教室でその内容を引用し，新疆独立と『高度の自治』を支持する虚偽の民意を偽造した」との公訴人の指摘に対し，イリハムは「調査は行ったがデータは公表していない」と答え，「被告人と弁護人はいずれも被告人イリハム・トッティが調査を行ったことに関する証拠を提示しなかった」とある。つまり，イリハムは自らの調査データを提示できず，それを当局から「でっち上げ」だと断定されたのである。

　イリハムは調査報告に触れて「当面の新疆民族問題の現状と提案」の中で，次のように述べている。「学術面において，ひとつの声だけがある，これは決してこの声が反映しているのが社会の実情であることを意味するものではない。7.5事件前，楊聖明の新疆民族問題調査報告を例にとれば，この調査報告はウイグル人の国家認知度が漢族の国家認知度を上回っており，民族を跨ぐ婚姻に対し，大部分のウイグル族と漢族がいずれも支持する態度であったと指摘している。報告は最後に，新疆に重大な民族問題があるとする観点は人を驚かせるためであると強調している。しかし，われわれの調査はこれと完全に相反するもので，ウイグル族社会の国家認知度は楽観できないものであり，民族を跨ぐ婚姻は実際上，各民族いずれにも反対，ボイコットされている」。当局によると，こうしたイリハムの発言には根拠がなく，「でっち上げ」だということになる。

　イリハムが一例として挙げた楊聖敏（明）（中央民族大学民族学・社会学院院長）の調査報告は，ウルムチ市などで2年にわたる調査で得られた有効サンプル2094を基に，2007年に公表された「新疆のウイグル・漢民族関係の初歩的調査と試みの分析」であり，その中で「新疆において，9割のウイグル族民衆は自分が中国人であることに誇りを感じていて，ウイグル族民衆の国家に対する認知度が割と高く，8割にも上るウイグル族民衆が分離活動は有害であると考

えている」などと報告されている。

一方にデータがあり，別の一方にはデータが無い。データがあれば正しく，データが無ければ正しくないというものでもない。両者いずれも嘘をいっているわけではないであろう。楊の調査報告についていえば，中国においてウイグル族に国家に対する認知度を聞くとき，ウイグル人の被験者が本心で答える人がどれだけいるであろうか。自らが置かれている政治環境を考えればどのように答えれば身の安全が守られるのかをまず考えるはずである。これは自明の理である。そして，それが数字に表れると「9割のウイグル族民衆は自分が中国人であることに誇りを感じ」るとなるのである。こうしたアンケート調査の類は表現・言論・学問の自由が完全に保障されている環境の下でのみ有効であり，中国共産党による社会管理の徹底した現在の中国ではただ単に数字の遊びでしかない。

一方，イリハムが調査を行ったかどうかは別にして，彼の認識からすれば楊の調査結果はまさに「完全に相反」したデータであり，容認できる内容ではなかったため，かかる反論になったのであろう。それは「でっち上げ」かも知れないし，「科学」でもないかも知れないが，自由な調査環境の無いところでは，体験に基づく声も真実に近づく助けとなるものであり，彼の発言を一概に否定できるものではない。

ともあれ，「ウイグルオンライン」は閉鎖されて5年になる。同サイトは中国国内から発信されてきたことに存在意義があり，その閉鎖は異なる声は容認しないとする習近平時代の言論空間を反映している。

5．党の指導・外交・国際報道

習近平は2018年6月22日から23日にかけて北京で開催された中央外事工作会議で「外交は国家意志の集中した現れであり，外交の大権が党中央にあることを堅持しなければならない」と明確に指摘している。すなわち，党中央が国家意志の反映である外交政策を決めるということであり，党がすべてを指導する

構成部分として外交も存在するのである。習はさらに続けて「政治意識，大局意識，核心意識，模範意識を強め，断固として党中央の権威と集中統一指導を擁護し，自覚して思想面政治面行動面で党中央と高度の一致を保持し，党中央が禁止したものは行わず，歩調の一致を確保しなければならない」と語り，「党中央の権威と集中統一指導」を「擁護」するよう強調した。

　党の指導については，胡錦濤の18全大会報告の外交政策について論じた「十一，人類の平和と発展の崇高な事業を引き続き促進する」（十一，继续促进人类和平与发展的崇高事业）には中国共産党に触れた部分が無かったのに対し，習の19全大会報告での「十二，平和発展の道を堅持し，人類運命共同体構築を推進する」では，その冒頭に「中国共産党は中国人民のために幸福を謀る政党であり，人類の進歩的事業のために奮闘する政党でもある。中国共産党は終始人類のために新たなより大きな寄与をなすことを自らの使命としている」という文言が加えられている。これもまた，党がすべてを指導することの反映であり，胡錦濤時代と習近平時代の相違だといえよう。

　とはいえ，これより先，当時総書記であった胡錦濤は2003年12月5日から7日まで北京で開催された全国宣伝思想会議において，対外宣伝について次のように語っている。「断固として対外宣伝強化と改善を宣伝思想戦線のひとつの戦略的任務とする。しっかりと党と国家の活動の大局を中心にして，真剣に中央の対外活動方針を貫き，全面的，客観的に世界にわが国の社会主義物質文明，政治文明および精神文明が絶えず発展している状況を紹介し，適時に正確にわが国の国際実務に対する主張を宣伝し，国家利益とイメージを力を入れて擁護し，絶えずわが国人民と各国人民との相互理解と友情を増進させ，徐々にわが国の国際的地位に相応しい対外宣伝世論の力を形成し，全面的に小康社会を建設するために，良好な国際世論環境を作り出さなければならない」。さらに，胡はその中で「党が宣伝を管理し，党がイデオロギーを管理することは我々の党が長期にわたる実践の中で形成した重要原則と制度であり，党の指導を堅持する上でのひとつの重要な分野であり，終始しっかりと堅持しなければならず，いかなるときも揺るがせにしてはならない」（新華網2003年12月7日）と党の指

導の絶対性を強調していた。

　もとより，中国メディアの国際報道も必然的に党の意志によってフレームがつくられる。そして，習が「国際ニュース報道も誘導を重視しなければならない」（党の報道輿論工作座談会）としている国際報道についても，党によってその外交政策に沿う報道がメディアに求められることも当然のことである。国際関係の変化に伴い，中国の外交政策は変わるが，メディアを通じて伝えられるのが中国共産党の意志であることは変わりがない。アメリカ帝国主義，ソ連修正主義，日本軍国主義，社会帝国主義批判を展開した外交政策時代も，また，国際反テロ闘争，平和的台頭，新しい型の大国関係，「一帯一路」などのキーワードによって示される外交政策時代も，メディアから流れてくるのは多様な声ではなく，中国共産党の声である。

5-1　『新聞記者育成教材2013』の「国際報道管理規定」

　その中国メディアの国際報道については『新聞記者育成教材2013』に，人民日報や新華社などの内部規定を参考にしてつくられた，次のような「国際報道管理規定」が掲載されている。

　国際報道はわが国のニュースメディアが国際伝播力を向上させるうえでの重要な内容であり，中国の視座を体現し，中国の理念を伝え，中国の声を発する上での重要なルートでもある。メディアの国際報道を規範化するために，編者は人民日報社，新華社などの中央の報道単位の内部管理規定を参考にし，特に以下の国際報道規範を制定し，業種内の参考に供する。

　　国際報道管理規定

　第一条　国際報道は国家利益を擁護することを自らの任務とし，適時，正確に世界各国の各領域の重要な情報を伝え，深く掘り下げて国際情勢と

動向を解析し，努力して中国の視座を体現，中国の理念を伝え，中国の声を発するべきである。

　第二条　国家の外交の大局に従い，奉仕するという原則を遵守する。正確，鮮明に我が国政府の重大事件，重要問題に対する立場と観点を表現し，わが国の外交政策と国際情勢を正しく認識するように社会公衆を導く。

　第三条　国内国際二つの大局をひとつにまとめるという原則を遵守する。国内国際二つの輿論場と結び付けて，対外の輿論の導き，輿論闘争を強化するとともに，国内公衆の心理と需要を重点的に考慮し，内外が結び付き，効果的に呼応することを実行する。

　第四条　秘密保護の原則を遵守する。国家秘密を漏えいしてはならず，安全秘密保護意識を強め，秘密保護の技術を掌握し，疑わしき人物との接触を避け，反中敵対勢力の妨害，破壊防止に注意する。

　第五条　外事規律を遵守する。外事活動に参加する際，言行振る舞いは外交儀礼に合致させ，現地の風俗習慣を尊重しなければならず，取材の中では内と外に区別があることに注意すべきである。

　第六条　客観，権威ある報道によって，国内の輿論を導き，国際輿論に影響を与える。正確に取材対象と外国メディアの対中の立場を掌握し，利用されることを厳しく防止する。二国間関係，多国間関係に係わる論争のある問題に対しては，随意にセンセーショナルに扱わず，問題を過大にせず，解釈を過度に行わない。

　第七条　党と国家の主要指導者の出国訪問報道を高度に重視する。取材編集の前後方は真剣に各報道指針を実行に移し，政治的な誤りと技術的な誤りを厳しく防止し，出国報道に万が一が起きないよう確保すべきである。

　第八条　出国訪問活動の重要ニュース原稿は厳格に関係フレームを遵守し，消息，ルポ，クローズアップ，側記などの原稿は手続きに従って代表団に送り審査決定を受けるとともに，代表団の審査決定後の指示の精神と要求を適時，全面的に当日当直の指導者にフィードバックしなければなら

ない。

　第九条　国際報道記者は出国取材では安全に注意し，積極的にリスクを防止すべきである。記者を危険な地域に取材に派遣する前，取材編集部門は充分に記者の安全を考慮するとともに，安全評価報告を上に挙げ，新聞単位の指導者に報告，同意を要請すべきである。

　第十条　記者は取材の際，真剣に安全情勢を検討判断し，わが国の大使館と密接な連携を保持し，大使館が必要時に採る移動，撤退などの安全措置を厳格に実行しなければならない。

　第十一条　駐外記者は駐在しているところの地域のわが国に係わる情況をしっかりと追跡し，深く掘り下げて駐在しているところの地域情勢を研究し，ホットな問題と傾向性のある問題に対する深い調査研究を強化し，内部参考と輿論情況の取材報道任務を策定，配置，実行しなければならない。

　第十二条　随行記者と駐外記者が重要人物を取材するには，当該単位に報告承認を得るとともに大使館の同意を求めるべきである。取材状況は適時報告しなければならない。同意の指示を仰がないものは，外国メディアの取材を受けたりあるいはそれに原稿を提供してはならない。

　第十三条　原稿は国際的に通用する規範に注意すべきである。外国の人名，地名，機関などの固有名詞を翻訳する際，新華社の訳語規範に準拠すべきであり，勝手に変更してはならない。外国語の略語の使用は少なくし，一部著名外国人の中国語の名前は情況をみて使ってもよい。

　上掲したように，国際報道については「国家利益」の「擁護」を「第一条」に挙げ，「第二条」には「国家の外交の大局」への「奉仕」が求められている。これはまさに党の意志への忠誠を求めるものでもある。

　つぎに，「第三条」の「国内国際二つの大局をひとつにまとめるという原則を遵守する。国内国際二つの輿論場と結び付けて，対外の輿論の導き，輿論闘

争を強化するとともに，国内公衆の心理と需要を重点的に考慮し，内外が結び付き，効果的に呼応することを実行する」は「第六条」の「客観，権威ある報道によって，国内の輿論を導き，国際輿論に影響を与える」に続き，国際報道に国内・国際輿論誘導の機能を果たすよう求めている。

そして，「第七条」と「第八条」において「党と国家の主要指導者の出国訪問報道」について「報道指針」や「関係フレーム」が設定されており，その内容についても「代表団」の「審査決定」を受けるべきことが記されている。

5-2　日本報道について

日本報道について触れると，1972年9月の日中国交正常化，1978年8月の日中平和友好条約締結，1982年の「教科書問題」，靖国神社参拝，1989年民主化運動，安保理常任理事国入り問題，尖閣問題，「抗日戦争勝利」70周年記念などさまざまな問題を経験しながら，日本と中国は「友好関係」から正常な国と国の関係になりつつある。日本側からみると，中国人の来日定住の増加に伴い，中国に関する情報は新聞でいえば，国際面から社会面へと広がり，多面的になっている。一方で，中国側についていうと，依然として，総書記時代の江沢民が語る対日外交のフレームが継承されているようである。

1998年8月28日，その江沢民は在外公館の外交官を前に，「当面の国際情勢とわれわれの外交工作」(《当前的国際形勢和我們的外交工作》江澤民文選第二巻人民出版社2006年8月第一版) と題する話をした。その中で，江は「日本と，ロシアは世界の大国であり，われわれの重要な隣国でもある。中日友好を維持することは，われわれにとって，周辺の安定と経済発展に有利である。…日本の軍国主義者は非常に残忍であり，日本の侵略軍の屠殺刀の下で，中国の死傷者数は3500万に達した。戦後，日本の軍国主義は徹底的に清算されていない。日本国内には軍国主義思想で頭がいっぱいな人間がまだいる。この問題に対して，われわれは長く警報を鳴らし続けなくてはならない。日本はかつて台湾を50年侵略占領した。…日本に対し，台湾問題は深く掘り下げ徹底的に語らなければならないし，歴史問題は終始強調しなければならないし，しかも永遠に語り続

けなければならない」と語っている。すなわち，この江のいう歴史問題，台湾問題，それに尖閣問題を加えたところが対日カードであり，経済という実利を軸に，中国共産党の対日政策は策定されるのである。

　習近平時代には，第12期全国人民代表大会常務委員会第7回会議で2014年2月27日に採決を行い，9月3日を「中国人民抗日戦争勝利記念日」（中国人民抗日战争胜利纪念日）に，また12月13日を「南京大虐殺犠牲者国家追悼日」（南京大屠杀死难者国家公祭日）とする提案が可決され，公式記念行事が行われるようになった。このほか，「国恥日」とも称される「九一八事変記念日」（九一八事变纪念日（1931年9月18日））や「七七盧溝橋事変記念日」（七七卢沟桥事变纪念日（1937年7月7日））も毎年座談会などが行われ，5年，10年という節目節目では大きな規模の座談会や記念行事も行われている。これは，江沢民の「歴史問題は終始強調しなければならないし，しかも永遠に語り続けなければならない」の発言の延長線上にあるものであり，中国にとっては「抗日戦争」という歴史の「記憶」を伝承する意義は小さくはないし，対日カードでもあろうが，中国共産党がその「中核」（中流砥柱）にあったという主張には無理がある。ただ，毎年の記念行事を通じて，中国共産党が抗日戦争の「中核」であったという宣伝が行われていけば，中国国民党の存在は忘れ去られないとも限らない。

　当面，貿易問題から始まった米国と中国の二大大国の摩擦は，科学技術を通じて本格的な世界と宇宙の覇権争奪戦に移行する可能性を秘めている。その間に立つ日本は，中国と米国の世界戦略の中でいかなる外交を展開するのか。当面，日米同盟を基軸にしている日本の選択肢は限られているが，われわれがやれることはあらゆる情報を正確に読み取ることであろう。

　日中平和友好条約締結40周年をきっかけに，日中首脳の交流が再開されてきたが，上述の2018年6月22日と23日の二日間開催された中央外事工作会議で中国共産党は対米関係を中心に対日関係を含む外交関係についても議論したのであろう。その詳しい内容は外に漏れることはないが，中国のメディアの国際報

第3章　ジャーナリズムの中国モデル　　　　115

道は上掲の「国際報道管理規定」に基づくため，報道フレームを丹念に読み込めば，如何なる話がされ，如何なる党の外交路線方針政策が定められたかを知ることができるはずである。

　なお，筆者は「日本と中国の言論空間」（2005年8月　東北亜的文化交流中国伝媒大学 pp.50-57）を基礎に，再考加筆した「日中相互理解とメディアリテラシー　―中国メディアの現状を中心にして―」（2009年1月　現代中国事情第23号 pp.38-79）において，日本と中国のメディア環境の違いを論じ，日中それぞれのメディアの報道フレームを通じて流される情報は主体者のわれわれがメディアリテラシーをもつことによって，はじめて読み解くことができると指摘した。

6．中国共産党とジャーナリズム教育

6－1　宣伝部門・高等教育機関共同建設ジャーナリズム学院

　2001年12月24日に上海市委宣伝部と復旦大学が取り決めに合意し，復旦大学ジャーナリズム（新聞）学院を共同で建設することを始めたことが，「共同建設」ジャーナリズム学院の先駆けとなった。同「学院」では院務委員会が設置され，上海市委常務委員・宣伝部長が主任を兼務し，関係責任者と業界著名人がそれぞれ委員となり，学院の発展計画などの重大事項の制定の責務を担うようになった。もとより，中国の高等教育機関にはいたるところに党委，党組があり，間接的に学内実務に参与してきたが，潤沢な資金をもつ党の機関である宣伝部が直接それに加わることになったのは初めての試みであった。

　しかし，こうした実験は胡錦濤時代には全国にモデルケースとして普及させる措置は取られなかったが，12年経過した2013年12月20日に，中央宣伝部と教育部は復旦大学において，「現場会」を開き，復旦大学ジャーナリズム学院の経験を総括肯定するとともに，北京市委宣伝部と人民大学，江蘇省委宣伝部と南京大学，山東省委宣伝部と山東大学など新たに10の宣伝部門と高等教育機関が「部校共同建設ジャーナリズム学院」設立に合意した。それと時を同じくし

て，教育部，中央宣伝部の「地方党委宣伝部門と高等教育機関がジャーナリズム学院を共同建設することに関する意見」が下達された。

この「意見」は習近平時代に入って出されたもので，明らかに習の「党がすべてを指導する」意向の反映であり，党宣伝部と高等教育機関が「共同建設」するジャーナリズム学院の運営モデルが全国に普及させるべく党中央に認知されたものといえ，その後，各地に宣伝部門と高等教育機関の「共同建設」ジャーナリズム学院が林立することになった。

この「意見」は公表されていないため，詳細な内容は不明であるが，関連報道から内容の一端が窺える。その中で，最も重要な点を指摘すると「共同建設」ジャーナリズム学院には「院務委員会」が設置され重要事項が決められるということであろう。

党委宣伝部門と高等教育機関の「共同建設」ジャーナリズム学院の先駆けとなった復旦大学ジャーナリズム学院の現在の「院務委員会」（第3期）の構成メンバーを下記に示すと党の指導の下で運営されていることが明らかになる。

復旦大学ジャーナリズム学院第3期院務委員会名簿

主　任：

董云虎　　上海市委常委，宣伝部部长

焦　扬　　复旦大学党委书记

副主任：

朱咏雷　　上海市委副秘书长，市委宣传部副部长

刘承功　　复旦大学党委副书记

委　员：（按姓氏笔画为序）

王建军　　上海广播电视台台长，上海文化广播影视集团有限公司总裁

尹明华　　复旦大学新闻学院院长

朱国顺　　新民晚报社总编辑

刘海贵　　复旦大学新闻学院学位委员会主任

孙　玮　　复旦大学新闻学院副院长

李　芸　　解放日报社党委书记，社长

第 3 章　ジャーナリズムの中国モデル　　　　　　　　117

何継良　　东方网党委书记，董事长
陈启伟　　新民晚报社党委书记，社长
陈颂清　　解放日报社总编辑
周桂发　　复旦大学新闻学院党委书记
徐世平　　东方网总裁，总编辑
高韵斐　　上海世纪出版集团党委书记，总裁
黄　强　　文汇报社党委书记，社长，总编辑
黄　瑚　　复旦大学新闻学院教学指导委员会主任
童　兵　　复旦大学新闻学院学术委员会主任
裘　新　　上海报业集团党委书记，社长
滕俊杰　　上海广播电视台，上海文化广播影视集团有限公司党委书记
秘书长：
俞旻骁　　市委宣传部新闻处处长
张涛甫　　复旦大学新闻学院副院长

　以上のように，主任と副主任すべて党関係者であり，復旦大学ジャーナリズム学院院長は委員の一人にすぎない。また，委員のメディア関係者の中に党委関係者が 8 名，全構成メンバー20名のうち，党内関係者が11名を数え比較多数を占めている。この人事構成からも明らかなように，「共同建設」といっても党の指導が優先される構図になっている。
　また，湖南省委宣伝部と湖南師範大学ジャーナリズム・コミュニケーション学院の「共同建設」に基づく「院務委員会」のメンバー構成を例示すると党の指導がより明確になる。
　中共湖南省委宣伝部が2014年 6 月19日に下達した「部校共同建設湖南師範大学ジャーナリズム・コミュニケーション学院院務委員会設置に関する通知」は「中央宣伝部，教育部の『地方党委宣伝部門と高等教育機関がジャーナリズム学院を共同で建設することに関する意見』（中宣発［2013］34号）の文献精神に基づき，部校共同建設の指導を強化するため，省教育庁，湖南師範大学党委の

研究を経て，部校共同建設湖南師範大学ジャーナリズム・コミュニケーション学院院務委員会を設置することを決定した」として，次の構成メンバーを下達した。

　主　任　　李发美　省委宣传部常务副部长，省委副秘书长（兼）
　副主任　　孔和平　省委宣传部副部长
　　　　　　申纪云　省教育厅副厅长
　　　　　　张国骥　湖南师范大学党委书记
　　　　　　刘湘溶　湖南师范大学校长
　委　员　　朱建纲　省文化厅党组书记，厅长
　　　　　　杨金鸢　省广播电影电视局党组书记，局长
　　　　　　周用金　省新闻出版局党组书记，局长
　　　　　　覃晓光　湖南日报报业集团党组书记，社长
　　　　　　吕焕斌　湖南广播电视台党委书记，台长
　　　　　　龚曙光　湖南出版投资控股集团有限公司党委书记，董事长
　　　　　　郝　安　新湘评论杂志社社长，总编辑
　　　　　　廖志坤　湖南师范大学纪委书记
　　　　　　冯　锦　省委宣传部新闻处处长
　　　　　　唐利斌　省教育厅高等教育处处长
　　　　　　蔡　骐　湖南师范大学新闻与传播学院院长
　　　　　　龚向明　湖南师范大学新闻与传播学院党委书记
　　　　　　田中阳　湖南师范大学新闻与传播学院教授

　そして，その「通知」の末尾に「部校共同建設湖南師範大学ジャーナリズム・コミュニケーション学院院務委員会弁公室は省委宣伝部新聞処に置き，馮錦同志が弁公室主任を兼務する」(部校共建湖南师范大学新闻与传播学院院务委员会办公室设省委宣传部新闻处，冯锦同志兼任办公室主任。)とある。
　上掲した構成メンバーからわかるように，主任は省委宣伝部常務副部長であり，副主任4名のうち3名が党関係者であり，1名だけが大学関係者である。

第3章　ジャーナリズムの中国モデル　　　　　　　119

また委員13名のうち，9名が党関係者になっている。そして，「院務委員会」の「弁公室」が学内ではなく，省委宣伝部の中におかれたことからも，党の指導が優先されることが明らかになっている。

　この2例から，「共同建設」ジャーナリズム学院の重要方針を決める「院務委員会」は党が前面に出て，党の指導によって運営されることが明白になっており，中国各地にある「共同建設」ジャーナリズム学院もほぼ同じ形態の「院務委員会」によって運営されているものと考えられる。

6－2　メディア・高等教育機関共同建設ジャーナリズム学院

　こうした「共同建設」モデルは2014年4月に，光明日報と中国政法大学が「光明ジャーナリズムコミュニケーション（新聞伝播）学院」を設立することになり，メディアと高等教育機関の「共同建設」モデルが生まれた。その後，新華社と北京大学，人民日報と清華大学なども取り決めに合意し，こうしたメディアと高等教育機関の「共同建設」ジャーナリズム学院も全国各地に展開するようになった。

　メディアと高等教育機関の「共同建設」ジャーナリズム学院の一号となった光明日報と中国政法大学の「光明ジャーナリズムコミュニケーション（新聞伝播）学院」設立についての取り決めによると，「光明日報と中国政法大学は双方共同で『光明ジャーナリズムコミュニケーション学院院務委員会』を組織し，学院の重大事項を研究決定する責任を負う。同時に，双方は優良課程と教材，実習実践基地，国家級研究バンク，新しいタイプの研究プラットホームなどの四分野で共同建設活動を繰り広げ，あわせて共同で業務基幹育成と研修および学院のインフラと教育条件を改善する」とされている。その中で「優良課程と教材」については「双方共同で教学チームを組織し，優秀，経験豊富な編集記者を招聘，課程教師に当たらせ，多数の内容の新鮮で，実際に接近し，学生の喜ぶ優良課程をつくりだし，経験と研究能力をもった編集記者と学院教師を組織して合作でジャーナリズムコミュニケーション事例教材と本学の特色ある教材を編纂する」としている。

また，新華社と北京大学ジャーナリズム・コミュニケーション学院の取り決めにあたり，挨拶を述べた北京大学常務副校長呉志攀は「共同建設」について「国家の卓越したジャーナリズムコミュニケーション人材教育育成計画を深く掘り下げて実施に移した具体的措置であり，学校ジャーナリズムコミュニケーション学問領域発展史上のひとつの大きな出来事である」と述べるとともに，「新華社と合同で教学実習と人材育成基地をつくり，合同指導と育成メカニズムを打ち立て，人材育成の質を高め，学問領域の育成レベルを向上させ，ニュース取材，執筆，編集，論評など一連の優良課程をつくりだし，北京大学ジャーナリズムコミュニケーション教育と実践の深い融合を推進し，国際的視野，専門の基礎がきっちりとし，洞察能力の鋭敏なジャーナリズムコミュニケーション人材を多数養成し，早期に世界一流のジャーナリズムコミュニケーション学院を築き上げ，国家，民族，社会の発展のために寄与し，北大百年のジャーナリズムコミュニケーション史の輝きを書き続けよう」と呼びかけた。
　一方，新華社側は新華社総編室主任・共同建設指導小組組長劉思揚が「双方の合作共同建設は当面のデジタル技術とネットワーク技術のハイスピードの発展，メディア形態，メディア端末，情報コミュニケーションプラットホームの日増しの普遍化，メディア市場の分衆化，受け手の対象化，情報の断片化の趨勢に適応する必然的選択であり，学会と業界の相互連動，教学と科学研究の貫通，理論と実践の結合の重要な措置でもある」と語った。詳細な取り決め内容には言及していないが，二人のあいさつの内容から「共同建設」の方向が窺える。
　さらに，人民日報と清華大学の「共同建設」のジャーナリズムコミュニケーション学院の取り決めによると，「人民日報社と清華大学はジャーナリズムコミュニケーション共同建設委員会を共同で設立し，清華大学副校長謝維和と人民日報社副総編集陳俊宏が主任になり，人民日報の主要な取材編集業務部門の責任者と清華大学の各関係部門の責任者，ジャーナリズムコミュニケーション学院責任者及び専門科学者16人で共同建設委員会を組織する」とある。また，ジャーナリズムコミュニケーション学院党委書記金兼斌によると「双方は共同建設を契機にして，マルクス主義ジャーナリズム観を導きとして『素養を本と

し，実践を用とし，主流に目を向け，使い手を育成する』という建学理念を貫き，ジャーナリズムコミュニケーション教育改革と科学研究創新を手段として，実際に目を向け，世界に目を向け，未来に目を向ける高い素養のジャーナリズム人材を育成し，国内をリードする，国際的に著名の一流のジャーナリズムコミュニケーション学院をつくりだすことに力を注ぐ。双方は共同で『マルクス主義ジャーナリズム観とジャーナリズム教育改革研究センター』と『メディア融合発展研究センター』建設工作を推進し，マルクス主義ジャーナリズム観と取材執筆編集論評実務類課程，教材の共同建設を推進し，あわせて学生の実習就業，メディア融合研究，人員相互派遣兼職出向，職員労働者研修などの分野で協力することに合意した」とされる。

　以上，共同建設委員会の構成メンバーなども含めて，取り決められた内容の詳しい紹介はないが，おおよその活動方向は理解できたであろう。

　もとより，光明日報，人民日報はいずれも党の機関紙であり，新華社も国務院に属しているものの，党の情報媒体であり，こうしたメディアは党の組織原則の民主集中制の中に存在する。すなわち，党中央が指令を下達すればそれに従うことが基本原則であり，「共同建設」の一方の中国政法大学，北京大学，清華大学もその中に組み込まれたということである。

　こうしたジャーナリズム教育の変革はジャーナリズムを学ぶ学生に対して党の指導を徹底させるところに目的があり，習近平時代の特徴のひとつである。

7．「四権」(知る権利, 参与する権利, 表現する権利, 監督する権利) の消長

　習の19全大会報告は「基層政権を打ち固め，基層の民主制度を完備し，人民の知る権利，参与する権利，表現する権利，監督する権利を保障する」として，「四権」(「知情権，参与权，表达权，監督权」) に言及している。習の19全大会報告が「四権」に言及したことは胡錦濤前総書記が目指した「調和のとれた社会」(和諧社会) 実現には「四権」の保障が必要であると胡が考えていたのに対し，習の実現を目指す「小康社会」(ややゆとりのある社会) にもこの「四権」

は必要であるとのメッセージでもあったが，習は「基層」という文脈の中に「四権」を置いた点が，胡錦濤時代と異なる点である。

7－1　胡錦濤時代と「四権」

その胡錦濤は17全大会報告（2007年10月15日）で「民主制度を健全にし，民主形式を豊富にし，民主的ルートを拡げ，法律に従い民主的選挙，民主的政策決定，民主的管理，民主的監督を実行し，人民の知る権利，参与する権利，表現する権利，監督する権利を保障する」とし，18全大会報告（2012年11月8日）では「権力行使の制約と監督体系を健全にする。制度によって権力を管理，事柄を管理，人を管理することを堅持し，人民の知る権利，参与する権利，表現する権利，監督する権利を保障することは権力が正しく行使されるうえでの重要な保証である」と指摘している。

以上のように，「四権」は胡錦濤時代においては範囲の限定されない，より広範な「人民」の権利として取り上げられていたのと同時に，「権力が正しく行使される」ための「重要な保証」と位置づけられていたのに対し，習の19全大会報告では権力の末端といえる「基層」という範囲に限定された，矮小化された「人民」の権利として位置づけられたことが分かる。

この「四権」とジャーナリズムの関係について，胡錦濤は2008年6月20日，人民日報を視察した際，「人を本とすることを堅持し，ニュース報道の親和力，吸引力，感染力を強めなければならない。人を本とすることは，報道宣伝活動をうまく行ううえでの根本的要求である。断固として最も広範な人民の根本的利益をうまく実現し，うまく擁護し，うまく発展させることを報道宣伝活動の出発点と立脚点にし，断固として実際に接近し，生活に接近し，大衆に接近し，党の主張の体現と人民の声の反映を統一し，正しい誘導堅持と社会情勢民意反映を統一し，人民の主体的地位を尊重し，人民の知る権利，参与する権利，表現する権利，監督する権利を保証しなければならない。基層に目を向け，大衆に奉仕し，実際に深く入り，人民大衆の活動生活を多く報道し，人民大衆の利

益要求を多く反映させ，人民大衆の中に現れた先進的典型を多く宣伝し，全人民が確信をもってすばらしい生活を創りだすよう激励しなけれならない。同時に，ニュースの事実を報道する中で正しい誘導を体現し，大衆と交流連動する中で社会的コンセンサスを形成し，情報サービスを強化する中で思想教育を展開し，事実で話をし，典型で話をし，数字で話をし，矛盾を解消し，気持ちを整え，各方面の大衆を導き共に前進することを重視しなければならない」と語った。すなわち「報道宣伝活動」は「人民の知る権利，参与する権利，表現する権利，監督する権利」を「保証」せよと呼びかけたのである。

さらに，胡錦濤は2009年10月9日に北京で開かれた第一回「世界メディアサミット」（世界媒体峰会）の開会式においても，そのあいさつの中で「改革開放と社会主義現代化建設を推進する過程において，中国政府は終始メディアの発展を重視し，中国のメディアが実際に接近し，生活に接近し，大衆に接近し，新しい観念を創り出し，新しい内容を創り出し，新しい形式を創り出し，新しい方法を創り出し，新しい手段を創り出し，親和力，吸引力，感染力を増強し，社会正気を大いに発揚し，社会情勢民意を通じさせ，社会のホットな点を導き，公衆の気持ちを誘導し，興論の監督をうまく行うことと人民の知る権利，参与する権利，表現する権利，監督する権利を保障するなどの分野で重要な役割を発揮するよう励まし，支持している。」と語っている。内容自体は目新しいものではないが，News Corporation, AP, ロイター，イタルタス，共同，BBC, Time Warner Inc., グーグルおよび新華社が共同で開催を呼びかけたこの会議に出席した国の内外の170社余りの責任者を前にして，「政府」が「四権」を「支持」していることに触れたことは胡錦濤の「四権」に対する強い思い入れを感じることができる。

7-2　『新聞記者育成教材2013』にみる「四権」

また，中国で5年ごとに更新される「新聞記者証」の学習教材として出版された『新聞記者育成教材2013』（新闻记者培训教材2013）の中でも，p.78, 206,

208, 216, 242 などで「四権」に触れている。

　たとえば p.206では「わが国の憲法は『中華人民共和国のすべての権力は人民に属する』,『中華人民共和国公民は言論,出版,集会,結社,行進,示威の自由を有する』,『中華人民共和国公民は如何なる国家機関と国家公務員に対しても,批判と提案を提起する権利を有する』と規定している。ニュースメディアの取材と報道活動が公民の言論,出版の自由を実現する重要なルートであり,公民の国家機関と国家公務員に対する批判権,提案権を実現する重要な方式であるため,公民の言論,出版の自由の権利を保障し,人民の知る権利,参与する権利,表現する権利,監督する権利を保障するには,ニュースメディアの合法的取材と報道の権利を保障しなければならない」と明記している。すなわち,「四権」がよって立つ憲法の条文が「中華人民共和国のすべての権力は人民に属する」,「中華人民共和国公民は言論,出版,集会,結社,行進,示威の自由を有する」,「中華人民共和国公民は如何なる国家機関と国家公務員に対しても,批判と提案を提起する権利を有する」にあることを示すとともに,「人民」の「四権」を「保障」するには「ニュースメディアの合法的取材と報道の権利を保障しなければならない」としているのである。

　また,p.216では「…われわれはより規範的,廉潔に権力を運用しなければならず,人民大衆の知る権利,参与する権利,表現する権利および監督する権利に充分な保障を得させなければならず,権力運行のすべての節目を光が差し透明にしなければならず,人民大衆の目によるあらさがしに耐えなければならず,広範な認知と支持を得なければならない。…」と指摘した上で,「人民の『四権』を真に保障するには,制度による支えと保障が無くてはならず,法に従って国を治める基本方略を全面的に貫徹し,憲法と法律の権威を尊重,擁護し,厳格に法に従って行政を行い,断固として法はあるがそれに従わない,法執行が厳格でない,粗暴に法を執行する,汚職職務怠慢および法執行で腐敗するなどの行為を正さなければならない。より完備した,健全な法律制度の保障,より効果的,力のある法律制度の執行力こそが権力顕彰のキーポイントなのである」として,「四権」の「保障」には「法」に基づく「制度による支えと保

障」が必要であることを強調している。

7−3 メディア研究者と「四権」

さらに，メディア研究者もこれに呼応した。たとえば，童兵（復旦大学新聞学院教授）は胡錦濤の17全大会報告を受けて「『四権』の保障とニュースメディアの社会的責任─17全大会報告学習ノート」（保障"四权"和新闻媒体的社会责任──十七大报告学习笔记）と題する論文（2008.10.29人民網　新聞記者）を発表し，「なぜスターリンの誤りが西側諸国で起きることがないのか？…わたしは議会制民主主義，三権分立，与野（党）のチェックアンドバランス，人民の監督という西側諸国ですでに三四百年実行し効果のあった民主政治の理念と制度にあることに間違いはないと考える」としながら，それはそのまま中国に引き移すことができないとして，民主政治改革と建設に直面している中，「わたしはいままさに中国の国情と執政党の特徴に完全に合致した，基本的には西側の政治制度とは異なる民主制度を探しあてなければならないと考えている。こうした歴史上前例のない偉大なプロジェクトは主にわれわれ全党の知恵と能力に依拠すべきであると同時に，断固として変わることなく思想を解放し，権利を民に還し，人民に真に一家の主にさせ，充分な権利と相当の空間を持たせ国家の命運と自己の未来のために思考，探索させ，大衆をして党の指導の下で，『自らを自らが解放』させなければならない」と呼びかけた。

さらに，童は「簡単に言えば，人権については，この三十年近くでわれわれは大体２つのことを行った。」，そのひとつが「政府が市場を徐々に人民に還したことである」とすると同時に，「２つ目は，政府が社会を人民に還し始めたことである。調和のとれた社会建設目標の提示は偉大な動員令であり，人民が社会に回帰し，何億何万という民衆が中国の現代社会の真の主人公となる身分認証革命の幕が切って落とされたのである。そして，『四権』の回帰と実現は人民が一家の主となる最終的な標識となるであろう」と指摘し，胡錦濤の「調和のとれた社会建設」と「四権」の提起に，最大限の支持を表明している。

そのうえで，童は「党と政府が市場を民に還し，社会を民に還し，権利を民

に還し,自由を民に還す上で持つところの新しい観念と採るところの新しい措置を目の当たりにし,メディア界も自身の理念,実践および改革の目標に対し,新しい観察,新しい思考および新しい措置がとられるべきである」と指摘すると同時に「『四権』保障の呼びかけを目の当たりにし,ジャーナリズム教育界は未来の記者,編集,キャスター,アナウンサーを育成する人材資源生産団体として,同様に新しい認識,新しい考え方および新しい措置があるべきである。『四権』―知る権利,参与する権利,表現する権利,監督する権利の理論解読を教学と科学研究の内容の中に組み込むことは,責任を回避できない新しい任務である」とも呼びかけている。

以上のように,中国のメディア研究者の中の重鎮の一人である童兵は「市場を民に還し,社会を民に還し,権利を民に還し,自由を民に還す」という言葉を使い,その中に「四権」を位置づけ,胡錦濤の17全大会報告に呼応したのである。

また,従来から「新聞法」制定の必要性を一貫して主張してきた展江(北京外国语大学国际新闻与传播系教授)は「新聞立法は行わなければならない趨勢にある」(新闻立法势在必行)と題する一文(爱思想(http://www.aisixiang.com)http://www.aisixiang.com/data/51719.html:时代周报2012.03.30)の中で,「新聞立法は中国改革全体,とりわけ政治改革の一部分であり,もしうまく行うことができれば未来の転型に大きな促進的役割を果たすことができる」として,「新聞法」の立法化阻害要因について「…もちろん他にもより重要な原因がある。それはメディアを管理する権力を握る者がこうした法をつくろうとは考えているわけでもないからである。なぜなら,こうした法ができれば,現在のこの人治の体系が打破されることになるからであり,ここに核心があるとわたしは感じている」としてその問題点を指摘している。そのうえで,「公民の知る権利,監督する権利,参与する権利,表現する権利は基本的人権である」とし,それは「市民的及び政治的権利に関する国際規約」(《公民权利和政治权利国际公约》)にも人々の情報授受の「権利」として規定されているとしたうえで,中国の実情について「われわれの中国は客観的にいえば,改革開放以来,特にこ

の数年，現在のメディア環境はまだ十分よくなっていないという人はいるものの，わたしは，現在のメディアはこれまでに比べて社会生活に入る範囲，報道面および深度，報道，論評できる内容がこれまでよりずっと多くなり，自由度も増している，と感じている」と評価しつつも，「これは決して法律が付与したものではなく，現実生活の中の社会変革のひとつの副産物ではあるが，法律制度上こうしたよい変化に対して保障があるわけでもないのである」とその不備を指摘している。

さらに，展は「メディアの自由度は増しているが，それは体制の上では真の変化を起こしていない」とする中で，「ソ連は崩壊しやすかった，それはソ連最後の年に新聞法を採択したからで，新聞法が採択されるなり，ソ連は崩壊した，という人がいるが，それは反駁に耐えられないことであり，もともとソ連をはじめとする社会主義国家の中では，半分前後の国家に新聞法があり，半分前後の国家には新聞法が無かった。新聞法があっても，新聞法が無くても，彼らは全て崩壊したのであるから，新聞法とどんな関係があったのであろうか？それには別の原因があったのである」と反駁している。

そして，「非常に強大な力が新聞立法を拒絶しているが，否定できないのは，広義の意味での新聞法制領域の中では，中国は進歩している」と語る展は「政府情報公開条例」（政府信息公开条例）の制定などを肯定するが，「しかし，『突発事件応対法』にしても『政府情報公開条例』にしても，依然として厳格な意味の新聞法ではなく，ただ単に行政的な法律法規にすぎない」と指摘し，「新聞立法は一部の少数の人が関心を寄せる事柄であるべきではなく，社会的権利の一種の反映であるべきであり，それを推進するのにさまざまな困難があり，たいへん容易ではなく，周期も比較的長いものになる。しかし，わたしは，一種の社会変革が進みつつあると感じているので，ここで未来の改革の中で，新聞立法が議事日程に入れられるべきだ，とよびかける」と「新聞法」の制定を促した。

こうした展江の見解披歴も胡錦濤が17全大会報告で「四権」を取り上げたことによるところが大である。ここでは，前述の童兵も含めて二人のメディア研

究者の声を例として挙げただけではあるが、「四権」実現への期待が垣間見える。

7-4 習近平時代と「四権」

しかし、習近平時代に入ると、この「四権」の取り上げ方に変化が生じる。

習近平時代に入っても、検察日報が2013年3月17日の紙面に「公民の『四権』を保障し、『権力のかご』を見張ろう」（保障公民"四权"、看住"权力之笼"）と題する一文の中で、「公民の知る権利、参与する権利、監督する権利、表現する権利をしっかり保障することのみによって、はじめて隙間を遮断し、『トラ』を叩くこともできるし、『ハエ』も叩くことができるのである」などと主張していた。

その後、2013年11月12日の中国共産党第18期中央委員会第3回全体会議で採択された「全面的に改革を深化させる若干の重大問題に関する中共中央の決定」（中共中央关于全面深化改革若干重大问题的决定）の「八、社会主義民主政治制度建設を強化する」の中では「各レベル各領域から公民の秩序ある政治参与を拡大…」、「職員労働者の管理と監督に参与する民主的権利を保障する」、「人民に権力を監督させ、権力を陽光の下で行使させ…」などという表現はあるものの、「四権」そのものには直接言及していない。

習近平は2015年2月28日に中央全面深化改革指導小組第10回会議を主宰した。そのニュース記事（新华社2月29日）は「会議」を主語として次のように報道している。「会議は強調した。人民監督員制度改革を深化させることは党の18期3中全会、4中全会が提起したひとつの重要な改革措置であり、目的はより一層人民大衆の秩序だって司法に参与するルートを拡げ、検察権が法に従って独立公正に行使されることを確保する外部監督制約メカニズムを健全にすることにあり、それは人民大衆の検察活動に対する知る権利、参与する権利、表現する権利、監督する権利を保障することに重要な意義がある」。ここには習が直接「四権」に触れたという記述はないが、彼が「主宰」した会議であることから、「人民大衆の検察活動に対する」「四権」は認知していたといえよう。

そして，習が「四権」に直接言及したのは2015年4月28日の「『五一』国際メーデー祝賀および全国労働模範と先進工作者表彰大会における講話」の中であった。習は次のように述べている。「われわれは必ず社会主義の民主を発展させ，労働者階級と広範な労働大衆の民主的権利を着実に保障，絶えず発展させなければならない。党の指導，人民が一家の主になる，法に従って国を治める有機的統一を堅持し，労働者階級の国家の指導階級としての地位を堅持し，社会主義民主政治の制度化，規範化，プロセス化推進を加速し，人民代表大会制度を堅持，完備し，協商民主の広範多層制度化の発展を推進し，人民が法に従って，秩序だって，広範に国家の実務と社会の実務管理，経済と文化事業管理に参与することを促進しなければならない。基層の民主建設を推進し，職員労働者代表大会を基本形式とする企業事業単位の民主管理制度を健全にし，より効果的に職員労働者の知る権利，参与する権利，表現する権利，監督する権利を根付かさなければならない」。

次に，習近平が「四権」に言及したのは冬季五輪開催に向けて「重要指示」を行ったニュース記事（新华社：共享办冬奥 让民众有更多"获得感"2015年12月01日18：24 新华网）が伝えたもので，「断固としてともに五輪開催を享受するには，社会公衆の参与する熱情を十分尊重し，民衆の五輪開催準備活動に対する知る権利，参与する権利，表現する権利，監督する権利を保証しなければならない」と述べている。

以上の習の発言は19全大会報告も含めて，「検察活動」，「基層の民主建設」，「五輪の準備活動」などに対する極めて限定された範囲内の個々の「四権」であることを示している。

そして，メディアとの関連では，習は2018年12月現在「四権」に触れたことはないのである。

7－5　人権と「四権」

「四権」はもとより「基本的人権」の構成部分であり，党と政府の「人権」に対する「尊重」と「保障」の趨勢の中に提起されてきた。

2004年3月14日に10期全人代第2回会議において，憲法修正案が可決され，中国憲法の中に，「国家は人権を尊重，保障する」（国家尊重和保障人权）が書き加えられた。これは中国共産党の規約にも明記されるようになり，その後に開かれた17全大会で党規約に「人権を尊重，保障する」（尊重和保障人权）が加えられ，18全大会規約，19全大会規約もそれを継承した。そして，胡錦濤時代に「四権」の提起に至ったのである。

そして，「国家人権行動計画」にも「四権」が明記されるようになるのである。胡錦濤時代に公表されたこれまでの二部（『国家人権行動計画（2009-2010）』（国家人权行动计划（2009-2010年）・『国家人権行動計画2012-2015』）が「四権」をそれぞれ独立した項目として記述していたのに対し，習近平時代に入って2016年9月29日に公表された3部目に当たる『国家人権行動計画（2016-2020）』は「知る権利」と「参与する権利」をひとつ，「表現する権利」と「監督する権利」をひとつにそれぞれまとめている。胡錦濤時代の2部の「計画」と比較すると，5年にわたるこの「計画」はその長期にわたる目標にしては，「四権」に対しての関心が低いと言わざるを得ない。

また，上述のように胡錦濤による「四権」の提起に「歓喜の声」をあげたメディア研究者について触れると，「学問の自由」のない中国において，為政者の言葉に呼応するのも常のことであり，それが党組織のトップにある総書記の呼びかけであればなおのことであり，胡錦濤時代に「四権」について活発に論議されたのである。しかし，習近平時代に入って，「四権」に対する習の発言に接した時，彼らは敏感にこれに反応し，口を閉ざしていくのである。

上述した胡錦濤と習近平2つの時代の「四権」の消長は民主集中制という組織原則の頂点にある中国共産党総書記の意向の重要性を証明していると同時に，習は「四権」に対し明らかに消極的であることを示している。

8. 中国共産党の言論規律

8-1 民主集中制

　中国共産党の党内言論規律は，その組織原則である民主集中制に依拠している。もとより，レーニンによって提唱され，実行に移されたこの民主集中制の組織原則はモスクワで開催された6全大会（1928年6月18日-7月11日）の党規約に「中国共産党はコミンテルンのその他の支部と同様に，その組織原則を民主集中制とする」とあるように，世界の共産党共通の組織原則であり，中国共産党は終始一貫これを踏襲してきた。

　とはいえ，それぞれの時期によってその取り上げ方は若干異なっていた。中華人民共和国建国以前の1945年6月11日に採択された7全大会規約では「第14条」に「党の組織機関は，民主的集中制に合わせて建設されたものである。民主的集中制とは，すなわち，民主を基礎にした集中と集中に指導された民主である」として，その基本条件の「(三)」に「党員個人は所属党組織に従い，少数は多数に従い，下級組織は上級組織に従い，部分組織は統一的に中央に従う」とある。ここで「民主的集中制」と訳した原文は「民主的集中制」であり，後に使われる「民主集中制」ではなく，「民主」優位の表現である。また，党内言論規律を定めた「第21条」には「党の政策および各種問題は，決定される以前はどの党員も党の組織内および党の会議において自由に着実に討論を進め，自己の意見を発表できる。しかし，ひとたび決議がされた後は，従わなければならず，しかも無条件で執行しなければならない」と明記されている。

　そして，中華人民共和国建国後，1956年9月26日に採択された8全大会規約は「民主集中制」を使い，その「総綱」の中で，「中国共産党の組織原則は民主集中制である」とした上で，「これは民主を基礎にした集中と集中に指導された民主である」と定義した。また，「第二章　党の組織機関と組織制度」の「第19条」でも「党は民主集中制によって組織されたものである。民主集中制とは民主を基礎にした集中と集中に指導された民主である」とし，その「基本条件」の「(六)」に「党の決議は無条件で執行しなければならない。党員個人

は党の組織に従わなければならず，少数は多数に従わなければならず，下級組織は上級組織に従わなければならず，全国の各組織は統一的に全国代表大会と中央委員会に従わなければならない」と明記した。また，党内言論規律については「第26条」で「党の政策問題に関しては，党の指導機関が決議する以前は，党の下級組織と党の委員会の成員は党の組織内や党の会議において自由に着実に討論を進めることができ，あわせて党の指導機関に自己の提案を提起できる。しかし，党の指導機関がひとたび決議した後は，彼らは従わなければならない。下級組織は上級組織の決議が当該地域，当該部門の実際情況に合致しないと考えれば，上級組織にその決議を変えるよう求めるべきである。しかし，上級組織がもともとの決議を執行すべきだと考えれば，下級組織は無条件に執行しなければならない」，「全国的性質の政策問題に関しては，中央の指導機関が意見を発表，決議する以前は，各部門，各地方組織とそれらの責任者は自主的に討議したり，中央の指導機関に提案するほか，自由に意見を発表したり，決議してははならない」と明記している。さらに，メディアについては次の「第27条」で「各級党組織の新聞紙は，中央組織，上級組織および当該級組織の決議と政策を宣伝しなければならない」としている。

　プロレタリア階級文化大革命期において，この党規約は大幅に改正された。1969年4月14日に採択された9全大会規約はその「総綱」の冒頭で「中国共産党はプロレタリア階級の政党である。」と宣言し，「林彪同志は一貫して毛沢東思想の偉大な紅旗を掲げて，最も忠誠に，最も確固として毛沢東同志のプロレタリア階級革命路線を執行，守ってきた。林彪同志は毛沢東同志の親密な戦友であり，後継者である」，「毛沢東同志を領袖とする中国共産党は，偉大で，光栄ある，正しい党であり，中国人民の指導の核心である」とすると同時に，次のような中国社会認識を示している。「社会主義社会はひとつのかなり長い歴史段階である。この歴史段階の中においては，終始階級，階級矛盾と階級闘争が存在し，社会主義と資本主義の2つの道の闘争が存在し，資本主義復活の危険性が存在し，帝国主義と現代修正主義が進める顛覆と侵略の脅威が存在する。これらの矛盾はマルクス主義の不断革命の理論と実践のみによって解決できる

だけである。わが国のプロレタリア階級文化大革命は社会主義の条件の下でプロレタリア階級がブルジョア階級とすべての搾取階級に反対する政治大革命である」。

さらに，この民主集中制について，9全大会規約は「第三章　党の組織原則」の中で「第5条」で「党の組織原則は民主集中制である」と述べるとともに，「全党は統一された規律に従わなければならない。個人は組織に従い，少数は多数に従い，下級は上級に従い，全党は中央に従う」とした上で，党内言論規律について「党の各級指導機関は定期的に代表大会あるいは党員大会に活動を報告，常に党内外の大衆の意見を聞き，監督を受けなければならない。党員は党の組織と各級指導者を批判，提案を提起する権利をもつ。党員は党組織の決議，指示に対し，異なる意見があれば留保することが許されるとともに，級を越えて中央と中央主席にまで報告する権利をもつ。ひとつの集中もあれば民主もあり，規律もあれば自由もあり，また統一された意思もあれば個人の気持がのびやかで，生き生きとした政治的局面を創り出さなければならない」，「プロレタリア階級独裁の国家権力機関，人民解放軍および共産主義青年団，労働者，貧農下層中農，紅衛兵およびその他の革命大衆組織はいずれも党の指導を受け入れなければならない」と明記している。

このプロレタリア階級文化大革命規約ともいえる9全大会規約は1973年8月28日に採択された10全大会規約，1977年8月18日に採択された11全大会規約に部分修正が加えられ継承された。

8－2　12全大会規約にみる社会認識と民主集中制

そして，毛沢東の死，「四人組」追放，華国鋒解任という政治変動を経て，この党規約は12全大会によって1982年9月6日に大幅な改正が行われ，改革開放時代を導く党規約となった。

12全大会規約の中国社会認識は9全大会規約とは全く異なりその「総綱」にあるように「階級としての搾取階級消滅後，我が国社会に存在する矛盾は大多数は階級闘争の性質を備えるものではなく，階級闘争はすでに主要矛盾ではな

くなった。国内の要素と国際的影響によって，階級闘争はまだ一定の範囲内で長期に存在し，ある種の条件の下では激化する可能性もある。我が国社会の主要矛盾は人民の日増しに高まる物質文化への需要と立ち遅れた社会生産の間の矛盾である。その他の矛盾はこの主要矛盾を解決すると同時に解決されるべきである。敵と味方の矛盾と人民内部の矛盾というこの2つの性質の異なる矛盾を厳格に区別し，正しく処理しなければならない」というもので，「中国共産党の現段階における全般的任務」として，「全国の各民族人民を団結させ，自力更生，刻苦奮闘によって，徐々に工業，農業，国防および科学技術の現代化を実現し，我が国を高度な文明，高度な民主を備えた社会主義国家に築き上げることである」と宣言し，「四つの現代化」を象徴とした改革開放政策が実行に移された。

　民主集中制については，「第二章　党の組織制度」の「第10条」に「党は自己の綱領と規約に基づき，民主集中制に合わせて組織された統一体である。それは高度な民主の基盤の下で高度の集中を実行する。」として，その「基本原則」を6項目挙げている。その「(一)」は「党員個人は党の組織に従い，少数は多数に従い，下級組織は上級組織に従い，全党の各組織と全党員は党の全国代表大会と中央委員会に従う」，その「(三)」は「党の最高指導機関は，党の全国代表大会とそれによって生み出される中央委員会である。…」，その「(五)」は「党の各級委員会は集団指導と個人の責任分業の結合した制度を実行する。重大な問題に属するものは全て党の委員会によって民主的討論を経て決定される」，その「(六)」は「党はいかなる形式の個人崇拝も禁止する。…」などとした。

8-3　民主集中制に基づく党内言論規律と現況

　筆者はかつてその党内言論規律について，この12全大会規約（中国共産党第12回全国代表大会1982年9月6日採択）を基に詳述したことがある。
　その際引用した民主集中制の党内言論規律を規定した第15条は「全国に関係する重大な政策問題は，党中央だけが決定を行う権利があり，各部門，各地方

の党組織は中央に意見を提起することはできるが，勝手に決定を行ったり，対外的に主張を発表してはならない。党の下級組織は上級組織の決定を断固執行しなければならない。下級組織は上級組織の決定が当該地区，当該部門の実際状況に合致しないと考えるならば，変更を求めることができる。もし上級組織がもともとの決定を堅持するならば下級組織は執行しなければならず，しかも公然と異なる意見を発表してはならないが，さらに上級の組織に報告する権利がある。党の各級組織の新聞雑誌やその他の宣伝手段は，党の路線，方針，政策および決議を宣伝しなければならない」とあった。

この文言は1982年当時と直近の2017年の19全大会規約と一字一句同じであり，改革開放政策を採るようになった党にとって変わらぬ党内言論規律として位置づけられていることが分かる[4]。

なお，現在この民主集中制の中で組織生活を送る中国共産党党員は19全大会が開催された2017年の12月31日時点で8956.4万人を数える[5]。中国においてはおよそ100人の内6人が中国共産党員であるということができる。

この民主集中制の組織原則をもつ中国共産党は五年に一回全国代表大会を開催し，そこで中央委員が選出され，その中央委員によって中央委員会が構成され，中央委員会全体会議によって政治局委員と常務委員およびその常務委員の中から総書記が選出される。当然，民主集中制の組織原則に基づけば総書記がその頂点に位置し，最大の権力をもつことになる。それがため総書記の発言は絶大な影響力をもつとともに，全党員がこれに従うことになる。

19全大会規約の「第二章　党の組織制度」の「民主集中制の基本原則」の「（一）」に「党員個人は党の組織に従い，少数は多数に従い，下級組織は上級組織に従い，全党の各組織と全党員は党の全国代表大会と中央委員会に従う」とある。一方で，その「（六）」には「党はいかなる形の個人崇拝も禁止する。党の指導者の活動を党と人民の監督の下に置くことを保証し，同時に党と人民の利益を代表するすべての指導者の威信を擁護しなければならない」ともしている。

現在の「習近平同志を核心とする党中央」という表現は「全党の各組織と全

党員が従う」べき「党中央」の中で，「習近平同志」という個人が「核心」で
あることを示すものであり，必然的に集団指導の色合いが薄くなり，禁止されている「個人崇拝」に陥る可能性を孕むものではあるが，民主集中制という上級優位の組織原則の中ではその頂点にある総書記の言行は「全党の各組織と全党員が従う」べき党性原則そのものなのである。

8－4　中国共産党の党性原則
（ⅰ）基本的解釈

この党性原則はネット検索サイト「百度百科」によると「党性原則とは共産党員が党の実際活動の中で党性を堅持する上で堅持しなければならない原則を指し，こうした原則は全党員の基本的行動規範を構成している。党性原則は党の性質，綱領および組織原則から確立されたものである」，それは「異なる歴史時期によって異なる要求がある。新たな世紀の新たな段階の党性原則は『党規約』及び『党内の政治生活に関する若干の準則』の中に集中して体現されている」と説明されている。

また，その「堅持しなければならない」党性について，同「百度百科」は「党性はひとつの政党固有の本性であり，階級性の最高の，最も集中した現れである。党性はさらに鮮明な時代の特徴を備えているものでもあり，それは何千何百万という共産党員が党の各時期における任務を達成するために，勇敢に闘い，我を忘れて犠牲になり，開拓進取を目指した実践の昇華である」としている。

こうしたネットの解釈にたいし，小百科事典「辞海」（1999年版　上海辞書出版社）には党性原則の項目はないが，党性については次のように説明されている。「政党の階級性の最高で最も集中した現れである。異なる政党は異なる階級の利益と意思を代表しており，異なる党性をもっている。中国共産党の党性は労働者階級の最高で最も集中した現れであり，党の組織と党員は労働者階級と人民大衆の忠実な代表であり，党の綱領，党の指導思想，党の路線を堅持し，密接に大衆と結びつき，誠心誠意人民に奉仕し，党の当面の目標と最終的理想

第3章　ジャーナリズムの中国モデル　　　　137

の実現のために最後まで奮闘しなければならない」とある。

　この中の「異なる政党は異なる階級の利益と意思を代表しており，異なる党性をもっている」が党性に対する基幹的解釈であり，中国でいうところの党性は中国共産党という政党のもつ党性となる。そして，その党性をめぐる党性原則はその基幹的解釈に加えて「異なる歴史時期によって異なる要求がある。」とされ，現在の党性原則は「『党規約』及び『党内の政治生活に関する若干の準則』の中に集中して体現されている」とされるのである。

（ii）**党規約から見る党性原則**

　その党規約の前文の「総綱」は規約が採択された時代を反映しているもので，中国共産党のこれまでの歴史およびその時代の中国社会認識と方向性が示されており，党性原則の根幹をなすものである。

　直近の19全大会規約はその「総綱」の冒頭「中国共産党は中国労働者階級の前衛隊であり，同時に中国人民と中華民族の前衛隊であり，中国の特色ある社会主義事業の指導の核心であり，中国の先進的生産力の発展要求を代表し，中国の先進的文化の前進方向を代表し，中国の最も広範な人民の根本利益を代表している。党の最高理想と最終目標は共産主義を実現することである」と明記するとともに，「中国共産党はマルクスレーニン主義，毛沢東思想，鄧小平理論，『三つの代表』の重要思想，科学的発展観，習近平新時代の中国の特色ある社会主義思想を自らの行動指針とする」とした上で，次のような当面の社会認識を示している。

　わが国はいま，また長期に社会主義の初級段階にある。これはもともと経済文化の立ち遅れた中国が社会主義の現代化を建設する上で乗り越えなければならない歴史段階であり，百年を超える時間が必要である。わが国の社会主義建設は，わが国の国情から出発し，中国の特色ある社会主義の道を歩まなければならない。現段階において，わが国社会の主要矛盾は人民の日増しに高まるよりよい生活への需要とアンバランスで不十分な発展との間の矛盾である。国内の要素や国際的影響によって，階級闘争はまだ一定の範囲で長期に存在し，あ

る種の条件の下では激化する可能性もあるが，すでに主要矛盾ではなくなっている。わが国の社会主義建設の根本任務は，より一層生産力を解放し，生産力を発展させ，徐々に社会主義の現代化を実現するとともに，そのために生産関係と上部構造の中の生産力発展にそぐわない分野と箇所を改革することである。公有制を主体とし，さまざまな所有制経済をともに発展させる基本的経済制度を堅持，整ったものにし，労働に応じて分配することを主体とし，さまざまな分配方式が併存する分配制度を堅持，整ったものにし，一部の地域や一部の人がまず豊かになることを励まし，徐々に貧困をなくし，ともに豊かになることを実現し，生産の発展と社会的富の増大を基礎とし，絶えず人民の日増しに高まるよりよい生活への需要を満足させ，人の全面的発展を促進しなければならない。発展が我々の党の執政興国の第一の要務である。人民を中心とする発展思想を堅持し，創新，協調，エコ，開放，ともに享受する発展理念を堅持しなければならない。各種活動は社会主義社会の生産力発展に有利な，社会主義国家の総合国力増強に有利な，人民の生活水準向上に有利なことを全体的な出発点と検証基準にし，労働を尊重し，知識を尊重し，人材を尊重し，創造を尊重し，発展を人民のために，発展を人民に依拠し，発展の成果を人民がともに享受することを実現しなければならない。新しい世紀に入り，わが国は小康社会を全面的に建設し，社会主義現代化推進を加速する新たな発展段階に入った。中国の特色ある社会主義事業の『五位一体』という総体的配置と『四つの全面』という戦略的配置に合わせて，経済建設，政治建設，文化建設，社会建設，生態文明建設を統括的に推進し，全面的に小康社会を築き，全面的に改革を深化させ，全面的に法に従って国を治め，全面的に厳しく党を治めることを協調的に推進しなければならない。新たな世紀新たな時代において，経済と社会発展の戦略的目標は，建党百年時，全面的に小康社会を築き上げること，新中国成立百年時，全面的に社会主義の現代化された強国を築き上げることである。

　上掲した「総綱」をはじめとする党規約の内容はその党規約が制定された時代の党性原則を示すものであることは言うを俟たないが，19全大会規約におい

第3章　ジャーナリズムの中国モデル　　　　　139

ては，この「総綱」を踏まえた上で次の「党の建設にあたって下記の五項目の基本的要求を断固実現しなければならない」に当面の具体的党性原則が示されているといえよう。

　第一，党の基本路線を堅持する。全党は鄧小平理論，「3つの代表」の重要思想，科学的発展観，習近平新時代の中国の特色ある社会主義思想と党の基本路線を用いて思想を統一，行動を統一し，しかもいささかも揺るぎなく堅持していかなければならない。改革開放と4つの基本原則を統一して，全面的に党の基本路線を実行に移し，すべての『左』のと右の誤った傾向に反対し，右に警戒するが，主に『左』を防止しなければならない。…

　第二，思想を解放し，実践の中に真理を求め，時代とともに歩み，真実を求め着実に行う。…

　第三，誠心誠意人民のために奉仕することを堅持する。党は労働者階級と最も広範な人民大衆の利益以外に，自己の特殊な利益はない。党はいかなる時も大衆の利益を第一に置き，大衆とともに苦楽をともにし，最も密接なつながりを保持し，権力を民のために使い，情を民のために繋ぎ，利益を民のために謀ることを堅持し，いかなる党員も大衆から離れ，大衆の上にのしかかることを許さない。…

　第四，民主集中制を堅持する。民主集中制は民主を基礎とした集中と集中を指導とする民主が結合したものである。それは党の根本的組織原則であり，また党の政治生活の中における大衆路線の運用でもある。充分に党内民主を発揚し，党員の主体的地位を尊重し，党員の民主的権利を保障し，各級党組織と広範な党員の積極性創造性を発揮させなければならない。正しい集中を実行し，しっかりと政治意識，大局意識，核心意識，模範意識を打ち立て，断固として習近平同志を核心とした党中央の権威と集中統一指導を擁護し，全党の団結統一と行動の一致を保証し，党の決定が速やかに効果的に貫徹執行されることを保証しなけれはばならない。…

　第五，厳しく党を管理し党を治めることを堅持する。全面的に厳しく党を

治めることは永遠に途上にある。新たな情勢の下で，党が直面する執政の試練，改革開放の試練，市場経済の試練，外部環境の試練は長期的，複雑，厳しいものであり，精神の怠惰の危険，能力不足の危険，大衆から離れる危険，消極腐敗の危険は先鋭さを増して全党の前に置かれている。　…深く掘り下げて党風廉政建設と反腐敗闘争を推進し，いささかも容認しないという態度で腐敗に懲罰を与え，敢えて腐敗をせず，腐敗が出来ない，腐敗を考えない効果的メカニズムを打ち立てる。

これこそが「異なる歴史時期によって異なる要求がある」とされる中の習近平時代の具体的な党性原則の要請であり，その中でも「第四」にある「断固として習近平同志を核心とした党中央の権威と集中統一指導を擁護」することがその「核心」にあることが読み取れる。

(iii)「党内の政治生活に関する若干の準則」に見る党性原則

中国共産党が新たな路線を設定し，方針を決め，政策を実行に移す時，党規約を修正すると同時に「党内の政治生活」について「準則」という規範を提示する。それはまさに「異なる歴史時期によって異なる要求」を反映した党性原則の具現化なのである。

1979年から始まった改革開放政策実施に当たって，1980年2月29日，中国共産党第11期5中全会は「党内の政治生活に関する若干の準則」を採択し，全党に下達した。これは毛沢東・「四人組」（王洪文，張春橋，江青，姚文元）時代，過渡期の華国鋒執政を経て，「四つの現代化」（工業，農業，科学技術，軍事）を目指し経済建設を中心に据えた改革開放期に入って一年後に採択された「準則」である。

また，習近平時代には2016年10月27日，中国共産党第18期6中全会が「新たな情勢の下での党内の政治生活に関する若干の準則」を採択している。これは習近平が総書記，国家主席，軍事委主席の三権を掌握し，一期目から二期目に向かおうという時期に採択された「準則」である。

こうした「準則」は党規約と同様にそれ全体が党性原則であり，党員が遵守

第3章　ジャーナリズムの中国モデル

しなければならない具体的な規範である。特に「政治生活」とするのは党中央に従うよう促すためであり，党中央の指導に背かないようにするための「準則」を示し，全党に下達するものである。こうした「準則」に共通するのは党中央への服従を求めることである。

　前者の11期5中全会「準則」においては次のように党中央への服従が呼びかけられている。

　民主集中制は党の根本的組織原則である。林彪，「四人組」が極左路線と無政府主義を行うことで，民主を破壊するとともに，集中も破壊した。自由を破壊するとともに，規律も破壊した。こうした無政府主義の流した毒は，今に至るも一掃されてはいない。そのため，「個人は組織に従い，少数は多数に従い，下級は上級に従い，全党は中央に従う」原則を厳粛に改めて表明しなければならない。すべての党員は党の集中統一を擁護し，党の規律を厳格に遵守することを自らの言論と行動の準則にしなければならない。

　すべての党員，とりわけ各級党委の構成員は，いずれも党委の決定を断固執行しなければならない。もし異なる意見があるならば，留保することができ，一級上の党委に声明を提出することができるが，上級あるいは当該級党委が決定を変える以前には，決定を執行することですぐに重大な結果を引き起こすであろう非常緊急の情況を除き，無条件でもともとの決定を執行しなければならない。

　分散主義に反対，防止しなければならない。全党が党中央に従うことは，党の集中統一を擁護する上での第一の条件であり，党の路線，方針，政策を貫徹執行する上での根本的保証である。いかなる部門，いかなる下級組織と党員も党の決定に勝手に解釈，勝手に行動する態度を取ったり，意に沿ったものは執行し，意にそぐわないものは執行しない，公然とあるいは形を変えて抵抗を行う，さらには思いのままひっくり返すなどは，いずれも重大な党の規律違反行為である。

　党と国家の根本的利益と全局面に関係する重大な政治的理論と政策問題に対

して，異なる意見があれば，党内の適当な場で議論することができる。しかし，何時，いかなる方式で新聞雑誌上で議論するかは，党中央によって決定されるべきものである。党の新聞雑誌は無条件で党の路線，方針，政策および観点を宣伝しなければならない。中央がすでに決定したこうした重大な政治性をもった理論や政策問題に対して，党員にもし意見があるならば，一定の組織手順を踏まえて提起することができるが，新聞雑誌，放送の公開宣伝の中で，党中央と相反する言論を発表することは絶対に許されない。また，大衆の中で，党の路線，方針，政策と相反した意見を散布してもいけない。これは党の規律である。

また，後者の18期6中全会「準則」においても「全党は，断固党の基本路線を堅持しなければならず，党の指導を否定し，我が国の社会主義制度を否定し，改革開放を否定する言行に対し，中国の特色ある社会主義を歪曲，醜悪化，否定する言行に対し，党の歴史，中華人民共和国の歴史，人民軍隊の歴史を歪曲，醜悪化，否定する言行に対し，党の指導者や英雄模範を歪曲，醜悪化，否定する言行に対し，すべての党の基本路線に背く，歪曲，否定する言行に対し，旗幟鮮明に反対，抵抗しなければならない。」とした上で，「三　断固党中央の権威を擁護する」の中で次のように党中央に従うよう求めている。

断固党中央の権威を擁護し，全党に命じれば行われ，禁ずれば止むことを保証することは，党と国家の前途命運にかかわることであり，全国各民族人民の根本的利益のあるところであり，党内の政治生活を強化，規範化する上で重要な目的でもある。党員個人は党の組織に従い，少数は多数に従い，下級組織は上級組織に従い，全党の各組織と全党員は党の全国代表大会と中央委員会に従わなければならず，その核心は全党の各組織と全党員が党の全国代表大会と中央委員会にに従うことである。

党の指導を堅持する，第一は党中央の集中統一指導を堅持することである。

ひとつの国家，ひとつの政党，指導の核心は極めて重要である。全党は必ず政治意識，大局意識，核心意識，模範意識をしっかりと確立し，自覚して思想面政治面行動面で党中央と高度の一致を保持しなければならない。党の各組織，全党員，とりわけ高級幹部はいずれも党中央を見習い，党の理論と路線方針政策を見習い，党中央の政策決定配置を見習って，党中央の呼びかけに断固呼応し，党中央が決定したものは断固執行し，党中央が禁止したものは断固行わないことを実行しなければならない。

全党全国にかかわる重大な方針政策問題は，党中央だけが決定と解釈を行う権限をもつ。各部門各地方党組織と党員指導幹部は党中央に意見を提起できるが，勝手に決定を行ったり，対外的に主張を発表してはならない。党中央の行った決議や制定した政策に対し，異なる意見があるならば，断固執行するという前提の下で，党組織に意見を留保することを提起でき，組織手続きを踏まえて自己の意見を党の上級組織，さらには党中央にまで提起もできる。

また，同「準則」は「四，党の政治規律を厳しくする」の中で，「政治規律は党の最も根本的，最も重要な規律であり，党の政治規律を遵守することは党のすべての規律を遵守する基礎である。全党，とりわけ高級幹部は党の政治規律と政治的決まりを厳格に遵守しなければならない。党員は党の理論や路線方針政策に背く言論を散布してはならず，公開で党中央の決定に背く言論を発表してはならず，党と国家の秘密を漏らしてはならず，不法組織や不法活動に参与してはならず，政治的デマや党と国家のイメージを醜悪化する言論を造り，伝播させてはならない。党員は封建迷信を行ってはならず，宗教を信仰してはならず，邪教に参与してはならず，宗教過激勢力，民族分離勢力，暴力テロ勢力及びその活動を容認，支持してはならない」と指摘している。

さらに，「六，民主集中制の原則を堅持する」の中では，「民主集中制は党の根本的組織原則であり，党内の政治生活が正常に繰り広げられる上での重要な

制度保障である。集団指導体制を堅持し，集団指導と個人の分業責任の結合を実行することは，民主集中制の重要な構成部分であり，終始堅持しなければならず，いかなる組織や個人もいかなる状況下にあってもいかなる理由をもってしてもこの制度に背いてはならない」，「各級党委（党組）は集団指導制度を堅持しなければならない。重大問題であればすべからく集団指導，民主集中，個別話し合い，会議決定の原則に合わせて，集団によって討議され，少数は多数に従うことで決定を行わなければならず，その他の形式によって党委およびその常務委員会（あるいは党組）の指導にとって変えてはならない。…」，「指導グループの成員は党組織の決定を断固執行しなければならず，異なる意見がある場合は，留保あるいは一級上の党組織に提起できるが，上級あるいは当該級の党組織が決定を変える前には，決定を執行することがすぐに重大な結果をもたらすなどの緊急状況を除き，すでに下されている決定を無条件で執行しなければならない」としている。

　一方，「七，党内民主発揚と党員権利保障」の中では，「党内民主は党の生命であり，党内政治生活が積極健全になる重要な基礎である」とし，「中央委員会，中央政治局，中央政治局常務委員会および党の各級委員会は重大な政策決定や配置を行う上で，深く掘り下げて調査研究を繰り広げ，幅広く各方面の意見や提案を聴取し，知恵と力を凝集し，科学的政策決定，民主的政策決定，法に従った政策決定を実行しなければならない」，「党員の主体的地位を尊重し，党員の民主的権利を保障し，党員の知る権利，参与する権利，選挙する権利，監督する権利を実行に移し，全党員が平等に党規約の規定する党員の権利を享受し，党規約の規定する党員の義務を履行し，党内民主平等の同志関係を堅持し，党内では一律に同志と称する。いかなる党組織や党員も党員の民主的権利を侵害してはならない」，「党の各級組織は重大な政策決定や重大問題に対し，さまざまな方式で党員の意見を徴取するべきであり，党員は会議において異なる意見を発表する権利があり，党の決議や政策に対して，異なる意見がある場合，断固執行するという前提の下で，保留を表明することができるとともに，自らの意見を党の上級組織，さらには党中央にまで提起することができる。

…」などと指摘している。

　こうした「準則」の内容は，党規約の民主集中制に基づく党内言論規律の内容をより詳しく示したものであり，新鮮味があるとはいえないが，「準則」という形で政治生活について語らざるを得ない状況は党中央と他の下級党組織との複雑な関係を反映している。とはいえ，政治生活に関する「準則」の下達は党中央に従うことを求めるものであり，党中央の指導に従うことが党性原則そのものということができる。

（ⅳ）ジャーナリズムと党性原則

　上述した党性原則は中国のジャーナリズム領域にどのように反映されているのか。前掲の『新聞記者育成教材2013』は中国の記者が備えるべき党性原則を説明している。

　同教材は「新聞記者はなぜマルクス主義のジャーナリズム観を堅持しなければならないか？」の中で「新聞記者が特に重点的に把握しなければならない内容」について，「第一，報道活動は党性原則を堅持しなければならない」，「第二，報道と宣伝は正しい輿論誘導を堅持しなければならない」，「第三，報道と宣伝は政治を第一に置かなければならない」から説明しているが，その「第一」で党性原則を堅持する上で「明確にし，把握すべき」下記の7つの「観点」を挙げている。

①　中国共産党は誠心誠意人民に奉仕することを根本的趣旨としているので，党の報道活動は人民に奉仕し，社会主義に奉仕し，全党全国の活動の大局に奉仕する方針を堅持しなければならない。

②　党のメディアは党と人民の耳目喉舌の役割を堅持しなければならない。この基本的観点に対しては，いかなる時もいささかも疑ったり動揺してはならない。

③　真実は報道の命である。党の報道活動は真実，全面，客観および公正の原則を堅持しなければならない。

④　党の報道活動は全党の事業であり，全党に依拠して運営しなければなら

ない。全党で新聞を運営することはわれわれの党の優れた伝統であり，党の大衆路線の新聞活動の中における生き生きとした現れでもある。全党で新聞を運営するには新聞，編集部と広範な人民大衆との連携を密接にすることに注意しなければならない。

⑤　党の報道と宣伝は原則問題においては，旗幟を鮮明にし，立場を堅固にしなければならない。

⑥　党の報道活動は断固変わることなく党の路線，方針，政策と党中央の各指示を貫徹し，思想面，政治面で党中央と高度の一致を保持しなければならない。

⑦　報道の党性原則を堅持することと報道法則に基づいて事を運ぶこととは一致したものである。党性原則を堅持することのみによってはじめてよりよく報道法則に基づいて事を運ぶことができ，報道法則に基づいて事を運ぶことのみによってはじめてよりよく党性原則を堅持することもできるのである。党性原則を堅持することと報道法則に基づいて事を運ぶこと，両者を党，国家，民族および広範な人民大衆の根本的利益に統一する。

　また，同教材は毛沢東，鄧小平，江沢民，胡錦濤という歴代指導者の実践を通じて形成された「中国共産党の指導する報道事業の党性原則」に含まれるものとして以下の3点を挙げている。

　第一，思想面ではマルクスレーニン主義，毛沢東氏思想，鄧小平理論，「3つの代表」の重要思想と科学的発展観を堅持し，唯物弁証法と歴史唯物論の世界観と方法論を堅持し，すべてを実際から出発させ，実践の中から真理を求めるという科学的態度を堅持する。ニュース報道はプラス面の宣伝を主にする方針を堅持する。

　第二，政治面では正確に中国共産党の綱領，路線，方針，政策を宣伝し，中華人民共和国憲法と人民政府の重大な政策決定を宣伝する。現段階においては，社会主義の初級段階における党の基本路線を宣伝し，経済建設を中心にし，4つの基本原則を堅持し，改革開放を堅持し，政治面において党中央と一致を保

持し，正確に輿論誘導を行うことである。

　第三，組織面では報道事業に対する党の指導を堅持し，各級党の機関紙と各種報道単位はいずれも党の指導の下で活動を行わなければならない。報道単位は厳格に憲法と法律を遵守しなければならないほかに，宣伝紀律も遵守しなければならない。党の指導の下のすべての報道単位，すべての報道事業の中の党組織，すべての報道単位の中で活動している共産党員はいずれも報道輿論の道具を利用して，公然と党の路線方針政策と各決定，指示に背く報道や言論を発表することは許されない。異なる意見があれば，党規約の規定する原則と手続きに従って党組織に反映させるべきである。

　さらに，同教材は党性原則について「我が国の新聞記者は報道伝播活動の中でいかに報道活動の党性原則を堅守するか？」の中で，より詳しく次のように解説している。
① 思想面ではマルクス主義を指導とすることを堅持しなければならない。
新聞雑誌，通信社，ラジオ，テレビ，インターネット及びマルクス主義理論を宣伝するルートと方式は多種多様であるが，同じ要求がひとつある，それは報道メディアの特色に基づいて，しっかりと実際に結びつけ，活き活きとした伝播方式を用いて，中国の特色ある社会主義理論を全面的に正確に宣伝することである。…
② 政治面では党中央と一致を保持する。
確固として正しい政治的方向を第一に置き，政治面で党中央と一致を保持することは，社会主義報道活動の党性原則の根本的要求であり，党機関誌がそうあるべきだけではなく，業種専業類のメディア，文化生活類のメディアなどもまたそうあるべきである。いかなる報道メディアにとっても，政治から離れることは不可能であり，公開された宣伝報道の中で党の路線方針政策に背く言論を発表することは決して許されない。…
③ 組織面では報道活動に対する党の指導を堅持する。
いかなる報道メディアも党の指導と監督から離れることはできず，党の指導

の下にあるだけで，党の上にのしかかることはできず，党の事業の中にあるだけであり，党の事業の外に独立することはできない。これは社会主義報道活動の正しい政治的方向を堅持する上での根本的保証である。社会主義の報道事業と党の事業は部分と整体の関係であり，党委と報道メディアの関係は指導と被指導の関係である。わが国には幾多のメディアがある，各級党委を代表する機関紙やそれぞれ異なる社会団体に属する新聞雑誌があり，国家を代表する通信社，ラジオ局，テレビ局，ニュース映画製作所があり，それぞれ異なる部門に属する地方の各種メディアもあるが，それらの内容の位置づけは異なり，具体的に奉仕する対象にも差異があるものの，これらは党と人民の耳目喉舌としての根本的性質にいささかも影響を与えるものではない。党委の機関紙であろうがその他の報道メディアであろうが，党の指導を受け入れ，従うというこの点においては共通のものであるべきであり，いささかも曖昧にするべきではない。いかなる状況の下でも，党の指導を弱めてはならないし，まして対抗してはならず，これは党性原則の根本的要求である。

以上のように党の指導と監督が強調されている。これこそが中国のジャーナリズム領域における党性原則の反映であり，ジャーナリズムの中国モデルの特徴でもある。

（v）ジャーナリズム領域の党性原則をめぐる党性と人民性の関係

中国のジャーナリズムと党性原則の関係を論じる際，常に議論されるのが党性と人民性の関係である。習近平総書記は2013年8月19, 20日の両日，北京に全国宣伝思想工作会議を招集し，宣伝思想工作に従事する各級党組織に対し，総書記，国家主席，中央軍事委主席就任以来，初めてイデオロギーを含む宣伝思想工作について系統だった重要講話（「8.19講話」）を行ったが，既述したようにその中で党性と人民性について次のように語っている。

党性と人民性は従来から一致したものであって，統一されたものである。党性を堅持する，その核心は正しい政治的方向を堅持し，政治的立場にしっかり

第3章　ジャーナリズムの中国モデル

と立ち，確固として党の理論と路線方針政策を宣伝し，確固として中央の重大な配置を宣伝し，確固として情勢に関する中央の重大な分析判断を宣伝し，断固党中央と高度の一致を保持し，断固中央の権威を擁護することである。すべての宣伝思想部門と単位，すべての宣伝思想戦線の党員，幹部はいずれも旗幟鮮明に党性原則を堅持しなければならない。人民性を堅持するには，最も広範な人民の根本的利益をうまく実現し，うまく擁護し，うまく発展させることを出発点と立脚点にしなければならず，民を本とし，人を本とすることを堅持しなければならない。人民を中心とする活動方向を打ち立て，大衆に奉仕することと大衆を教育先導することを結び付け，需要を満足させることと素養を向上させることを結び付け，人民大衆の偉大な奮闘と熱い生活を多く宣伝報道し，人民大衆の中から湧き出た先進的典型と感動事績を多く宣伝報道し，人民の精神世界を豊富にし，人民の精神力を増強させ，人民の精神的需要を満足させなければならない。

　上記したように，党性と人民性が一致するとの観点について，習近平は「その核心は正しい政治的方向を堅持し，政治的立場にしっかりと立ち，確固として党の理論と路線方針政策を宣伝し，確固として中央の重大な配置を宣伝し，確固として情勢に関する中央の重大な分析判断を宣伝し，断固党中央と高度の一致を保持し，断固中央の権威を擁護することである」とし，党中央との一致が「核心」だと説明している。

　一方，人民性を強調してきた胡績偉は人民日報での長期にわたる実務・管理経験を通じて，大躍進や文革期における党機関紙の誤った誘導を反省，検証し，党性と人民性は一致する場合もあれば，一致しない場合もあるので，党のいいなりになるのではなく，党の基盤にある人民に依拠，人民性に根差した報道活動を行うべきであると主張してきた。

　この胡績偉の人民性を重視したジャーナリズム論[6]は1989年の民主化運動の際，人民日報が実践し，それが混乱を招いたとして，現在に至るまで批判し続

けられている。

1989年の民主化運動収束後、鄧小平によって上海から北京に呼ばれ、趙紫陽の後継として総書記になった江沢民は胡のジャーナリズム論を痛烈に批判した。下記の江の批判内容は当時における党中央の公式見解だといえる。

江沢民は「党の報道活動に関する若干の問題」（关于党的新闻工作的几个问题）（一九八九年十一月二十八日）の「三．報道活動の党性問題」の中で次のように指摘している。

> われわれの報道活動は党の事業全体のひとつの重要な構成部分である。そのため、党性原則を堅持しなければならないことは言うに及ばない。しかし、ここ数年、ある者はこうした根本的問題についてあろうことか疑問を持ち、いわゆる人民性が党性に優ることを主張する者さえいる。われわれの党は労働者階級の前衛隊であり、労働者階級と最も広範な人民大衆の根本的利益を代表しており、労働者階級と人民大衆の根本的利益以外、自らのいかなる私利もない。党性原則を堅持することは、労働者階級と人民大衆の根本的利益を堅持する原則でもあり、両者は完全に一致するものである。「人民性」が党性に優ることを提起するその本質は、党の報道事業に対する指導を否定、逃れようとするものである。これまで、われわれの中にこうした観点についてはっきり認識を持ってこなかった人は、この度の動乱と反革命暴乱を経て、火を見るより明らかになったであろう。…
>
> 党性原則を堅持するには、報道宣伝に政治面で党中央と一致を保持することを求めなければならない。各級党機関紙はそうしなければならないし、部門のと専門性をもつ新聞もそうしなければならない。報道自体政治性を帯びないものは多くあるが、全ての新聞、放送局、テレビ局の総体的報道宣伝から言えば、いずれも政治から離れることは不可能である。…報道宣伝が政治面で党中央と一致を保持することは、決して機械的、簡単に一部の政治スローガンを重複するものではなく、党と人民の立場に立って、多種多様な方式で、党の政治的観点、方針政策をニュース、ルポ、写真、見出し、組み方

第 3 章　ジャーナリズムの中国モデル

などの諸分野に正確に，活き活きと体現，注入することである。…

　こうした批判に対し，1989年の民主化運動以降，中国国内での言論活動が封じられてきた胡績偉は反論の場をもたなかったが，その後，台湾において『人民至高無上―胡績偉ジャーナリズム生涯五十年』を上梓，その中で，1990年 8 月 3 日付けの一文を序に代え，次のように反駁している。

　人民は国家の主人であり，党の母親である。人民が第一位であり，至高無上のものである。人民が党の上にあるのは，理の当然のことである。党を人民の上にのしかからせることは決して許されることではない。この点に背いたことこそ我々の党の多くの重大な誤りの根源なのであり，国家をして発展を難しくした根源なのでもある。…
　中国共産党党機関紙の党性は，簡単にいえば，誠心誠意党の利益のために，党の理想を実現するために奮闘することである。
　中国人民の理想こそが我々の党の理想であるため，我々の党の党性と人民性は一致したものであるあるから，党機関紙の党性と人民性も一致したものである。なぜならば，中国人民の利益こそが我々の党の利益であり，人民の利益を離れて，党にはほかのいかなる利益も無いからである。であるから，我々の党性は人民性にほかならず，人民性無くして党性はない，とわれわれもいう。
　我々の党性と人民性は一致したものであるが，党と人民，党性と人民性は決して完全に同じものでもない。党性と人民性は理論上では一致するが，実際上では決して完全に一致するものでもなく，時にはとても一致しないことさえある。そのため両者は基本的には一致するが，完全には一致しないということができるだけである。
　両者の不一致に言及した際，わたしはかつて党の先進性を党性が人民性に優る理由として語った。これこそがわたしの誤りであった。わたしは前に四つの分野から党の先進性を明らかにしたが，それはより高い理論水準，より

高い組織規律性，より高い政策策略性およびより高い品性道徳水準が要求されることであった。これは党が自身の特殊な任務を達成するための党組織と党員に対する高い水準の要求であり，わたしはこれを以て「党性は人民性から源を発し，人民性に優る」ことを論証した。わたしの著作の中には確かに「人民性は党性に優る」という言葉は無い。一部の批判者は比較的客観的であり，わたしがそのように話したことが無いにもかかわらず，わたしの著作の基本的思想は「人民性は党性に優る」であると言っている。わたしはこの判断を認める，がわたしのこの基本的思想は誤っていない。わたしの誤りは，わたしが「人民性は党性に優る」ことを主張しなかったのではなく，まさにこれと反対にわたしがより明確に，より徹底して，より確固として「人民性は党性に優る」を堅持しなかったことにある。

筆者は，党性原則をめぐるジャーナリズム領域における人民性と党性の関係については，党性を政治，人民性を社会に置き換えると理解しやすいと考えている。すなわち，メディアは国家の統合過程においては政治を反映し，統合後は社会を反映するという「公式」に基づけば，党性と人民性は一致するが党性を優先させるジャーナリズム論を主張する中国共産党は中華人民共和国という国家の建国以来，メディアに政治を反映させようとしてきた。一方，政治運動を繰り返した中でメディアは無批判に党に従ってきたことで人民に多大の被害を与えた教訓から，党性と人民性は一致もするが，一致しないこともあるため，人民性を優先すべきだとした胡績偉のジャーナリズム論は社会を反映すべきだとも言っているようである。筆者は上位概念として党性原則があり，その下に党性と人民性が下位概念としてあると考えている。言葉を換えていえば，理念としての党性原則があり，その下に理想としての政治を反映する党性と現実として社会を反映する人民性があるといえよう。そして，党性原則が可変的であるならば，ジャーナリズムをめぐる党性と人民性の関係も可変的になる。もちろん，当面は人民性が党性との関係において，優位にあるわけではないが，「党性と人民性は一致する」とする習の言説を考えた時，彼の意向によって，

その関係は伸縮することもあり得るであろう。

　この 胡績偉の人民性を重視したジャーナリズム論が批判の対象になったことは，1987年の胡耀邦に続き，趙紫陽も1989年に鄧小平によって総書記を解任されたことで党中央の権力構造が変化したことによるものであり，それはあくまでも党の指導の範疇内のことであり，その枠を超えるこものではない。

　その胡績偉は2012年9月16日，彼が心血を注いだ「新聞法」[7]の成立を見ず，逝去したが，この党性原則をめぐる党性と人民性についての議論は，中国共産党が人民を代表すると言い続ける以上，止むことはないであろう。それは，党性と人民性に関係する議論があくまでも党内における議論であり，人民性を強調する胡績偉の観点は劉暁波らの「08憲章」に見られる「三権分立」を基礎にした政治権力から独立したメディアの存在を求めるものではないからである。

8－5　「党がメディアを管理する」について

　この「党がメディアを管理する」については，陳力丹が所感を述べている。

　陳は「中国のメディア体制改革を論じるには，『党がメディアを管理する』という基本体制に触れざるを得ない。1978年に改革の歩みが始まったとき，『党がメディアを管理する』という言い方は無く，『文革』を清算し，正しい秩序に戻すことを背景にして，こうした言い方は時宜にかなったものでもなかった。しかし，1989年の政治風波の後，こうした言い方は徐々に内部から公開化され，しかも大いに理があるように言われてきた。いまそれは乗り越えることのできないメディア体制改革の最大の障害になっている。こうした体制は憲法や法律による根拠が無いが，憲法や法律よりも権勢があり，しかも議論できない」と指摘した上で，メディアの所有権の問題で，上海の『解放日報』グループが2007年12月に上場する際，中共上海市委宣伝部に所有権があることが明らかにされたことを捉えて，「宣伝部はただ単に党の職能部門であり，党自身でもないのにどうして上場会社の社長になれるというのか。…現在大部分の市民メディアは，いずれも各級党紙の子新聞であり，母新聞が党の資産であるので，子新聞も当然党の資産になるべきである。さらに，一部の業務紙は上のロジッ

クに従えば，政府部門の所有となり，国の資産ということになる。ラジオ局とテレビ局はラジオテレビ総局によって管理され，ラジオテレビ総局は国務院に属するので，もちろん国の資産になる。しかしながら，どこに属そうが，党の宣伝部が下達する指令は，必ず断固として実行しなければならないものであり，しかもよくいき過ぎがある」とするともに，上級からの報道制限のさまざまな通知もあり，メディア自身の自己規制も「制度化」されてしまい，上級の「指令」を阻むことはできないと語っている。さらに，「利潤」については党の資産や国の資産であるならば党や国に上納すべきことをメディアが自ら処理しているため，メディアが社会の公共利益を代表するという問題がないがしろにされているし，多くの政治問題についてはメディアに独自に報道する権利が無く，一部の敏感な問題については「上の指令」に従わなければならないので，残された報道できるものはスターの話，家の問題，犯罪ニュースの類となるので，職業道徳も欠落すると指摘している。さらに，党のプレス宣伝のコントロールが強化され制度化されたことによって「改革の原動力」が「扼殺」されているとして，改革開放の30年を経た中国のメディア・ジャーナリズムの「党がメディアを管理する」実体を語っている。

　改革開放30年にちなみ，以上のような所感を述べた陳力丹はその10年後の改革開放40周年を迎えたいまの「党がメディアを管理する」状況をどのように評価するのだろうか，知りたいところである。

　付言すると「党がメディアを管理する」について李良栄の執筆になる大学教科書は「報道メディアの主要な指導者の任命権[8]，重大事項の政策決定権，重要資産の配置権，報道宣伝内容の最終審査権[9]，これらはすべて党委の指導機関にあり，これは中央の文献によって明確に規定されているものである。」としている。

おわりに

　党内言論規律を規定した民主集中制という組織原則は中国共産党党内のみならず中華人民共和国という国家機器の運営にも援用されるなかで，中国の情報

文化の構成要素のひとつとなると同時に，社会主義事業の一部としてのジャーナリズム・メディア領域にも反映されてきた。そのため，筆者は一種のイデオロギーでもあると考え，「民主集中制のイデオロギー」，「情報管理体制」，「文化基盤」によって中国の情報文化が形成されていることを明らかにし，「もとより，中国公民には，国家に対する忠誠感，政府に対する信頼感，指導者重視，争いを避け耐え忍ぶ傾向，民主に対する認識の欠如などがあるという文化基盤の中では，中国共産党一党支配を支える民主集中制のイデオロギーがなくならない限り，市場経済メカニズムを導入しても，上意下達の情報伝達システムは大きく変容することはないであろう」と指摘したことがある。20余年前のこの指摘は，メディアに「事業単位，企業化管理」[10]という半ば市場メカニズムが導入された現在においても色あせるものではないと考えている。

　中国の「すべてを指導する」中国共産党はその組織原則である民主集中制の頂点にある指導者の考え方によって動かされてきた。19全大会規約は「毛沢東思想，鄧小平理論，『三つの代表』の重要思想，科学的発展観，習近平新時代の中国の特色ある社会主義思想」をその行動指針に置いた。それは毛沢東，鄧小平，江沢民，胡錦濤という歴代最高指導者と現在の総書記習近平の思想を党を動かす正統思想としたことを示している。そして，彼らはそれぞれメディアを党の道具として利用してきた。

　毛沢東は，胡風の批判に対し，人民内部にだけ言論の自由があるとして「輿論一律」の正当性を主張，また，鄧拓らを「書生」だと批判し，「政治家が新聞をつくる」（「政治家办報」）べきことを強調，百家争鳴・百花斉放では文匯報などの党に対する攻撃に自ら社説などを書き反撃し，プロレタリア階級文化大革命では，メディアを階級闘争の道具として利用，社会主義制度の下でも階級闘争が存在するという継続革命理論によってメディアを政治闘争に活用してきた。

　鄧小平は科学技術を第一の生産力として捉えると同時に，「四つの基本原則」（マルクスレーニン主義・毛沢東思想，人民民主独裁，共産党の指導，社会主義の道）を堅持すること，その中でも「共産党の指導」をもっとも重要であるとし，

「ひとつの中心」である経済発展を目指す中で，メディアに全国の思想輿論の中心になるよう促した。

江沢民は1989年の民主化運動収束後に鄧小平に抜擢され総書記になり，前述したように党性と人民性は一致したものであるとし，人民性を重視したジャーナリズム論を批判し，正しい輿論誘導は「福」をもたらすとして輿論誘導の大切さを強調，「三つの代表」（先進的生産力の発展要求，先進的文化の前進方向，もっとも広範な人民の根本的利益）を提示し，愛国主義教育によって脱イデオロギー化を加速した。

胡錦濤は改革開放のひずみを「和諧」社会の構築を目指す「科学的発展観」を以て解消しようとし，2004年の憲法改正時に「国家は人権を尊重，保障する」を加え，2009年には「国家人権行動計画 (2009-2010)」を初めて公布，メディアに人民の知る権利，表現する権利，参与する権利，監督する権利を反映させるよう呼びかけた。

そして，その後を継承した習近平は「中国の夢」の実現を「習近平新時代の中国の特色ある社会主義思想」によって達成しようとしており，そのためにメディアに「姓を党と名乗る」よう求めると同時に，「時代がいかに発展し，メディアの構造がいかに変化しようが，党がメディアを管理する原則と制度は変えてはならない」と語り，「党がメディアを管理するということは，ただ単に党が直接掌握しているメディアを管理することだけを言っているのではない。党がメディアを管理するということは各級各種のメディアをすべて党の指導の下に置くこと」であると指摘し，党の指導の絶対性を強調している。

以上，それぞれの指導者の志向は異なるものの「党がメディアを管理する」ことでは一致している。その違いはメディアを何のためにいかに利用するかにあり，彼らの前提は中国のあらゆるメディアを中国共産党の指導下に置き，その代弁者として機能させるところにあり，いずれもがジャーナリズムに対する党の指導を強調してきた。すなわち，中国共産党の経営する中華人民共和国においては，指導者それぞれの異なる志向そのものはその時代の党性原則として，相対的可変性をもつものであるが，「党がメディアを管理する」という言葉に

代表される党の指導こそは，絶対的不変性をもつものである。

それは，前掲した文革時代の9全大会規約と改革開放時代に入っての12全大会規約の「総綱」にある異なる中国社会認識を見比べれば，その可変性が分かるであろう。また，「四大自由」（大鳴，大放，大字報，大弁論）に対し，鄧小平は権力を完全に掌握する前はそれを認め，その後は否定するという態度の変化からも，その可変性は認められる。さらに，前述した胡錦濤から習近平への権力移行過程における「四権」（知る権利，表現する権利，参与する権利，監督する権利）の消長もその可変性を示す典型だといえる。

そして，党規約の「総綱」の中で，18全大会規約では「党の指導は主に政治，思想および組織上の指導である。」（党的領導主要是政治，思想和组织的领导。）としていたところを，冒頭にあるように19全大会規約は「党政軍民学，東西南北中，党がすべてを指導するものである。」（党政军民学，东西南北中，党是领导一切的。）と明記した。これは党の指導そのものは変わらないが，その指導が強化されたことを示しており，胡錦濤時代と習近平時代の最大の変化である。

1968年10月，毛沢東は李徳生に対し「われわれ共産党人が革命をやるのに，数十年来，輿論づくりに依拠してきた。…ひとつの政権を転覆させるには，決まってまず先に輿論を創り出さなければならない。革命の階級もそうするし，反革命の階級もそうするのである」と語っている。

この時の毛沢東の言葉は「闘争」に臨んだとき常に引用されるものであり，敵も味方も自分に有利に導くために「輿論」を創り出すものであることを示している。「闘争」とは「権力」の争奪を意味しており，「階級闘争」であろうが，「反腐敗闘争」であろうが，はたまた「輿論闘争」であろうがいずれもその目指すところは「権力」の掌握にある。

これより先，2016年2月1日にはこれまでの七大軍区（北京，瀋陽，済南，南京，広州，蘭州，成都）から五大戦区（東部，南部，西部，北部，中部）に改編した。これは習近平が完全に軍を掌握したことを示している。中国においては「権力」の最大の後ろ盾が「暴力装置」であることは歴史が証明しているところであり，それが中国共産党のよって立つ「武」であり，もう一方の「文」

（情報宣伝）との両輪で中国を統治経営してきた。

　習は執政5年をかけて，腐敗撲滅を通じて，政敵を排除し，インターネットを中心とする情報を管理するシステムを構築し，19全大会を迎え，冒頭の講話を行った。2013年4月の中央弁公庁の「通報」から始まって，同年8月の「8・19講話」，2016年2月の「党の報道輿論工作座談会」，同年11月の「サイバー法」の成立を経て中国の言論空間は習近平体制を補完するための「文」の制度設計の中に組み込まれたといえる。その間，中国共産党は宣伝部を高等教育機関によるジャーナリズム学院の「共同建設」に直接参与させ，次世代への浸透も行っている。

　習近平の執政は中国の言論空間のよって立つ制度的保障が憲法にあるのではなく，一党支配の中国共産党という唯一絶対の権力，その「党中央」の「権威」としての「核心」によって伸縮自在に変わるものであることをいま一度証明した。

　2017年10月の19全大会閉幕後まもなく10月27日に開催された19期中共中央政治局会議で「中共中央政治局の党中央の集中統一指導強化擁護に関する若干の規定」と「中央政治局中央の八項目の規定貫徹実行実施細則」が審議，同意された。これは，中央政治局委員25名に対し，「党中央」の「権威」としての「核心」である習に対する完全な服従忠誠を誓わせるものであり，中共中央総書記以外の中央政治局委員に関する報道を詳細に規定し，中央政治局員の動向報道については中央宣伝部が「責任を負う」ことが明らかにされた。

　これを受けて，党のメディア管理はより加速した。それを示すのが，2018年3月の中共中央の「党の報道輿論工作強化改善に関する意見」と中共中央の「党と国家の機構改革深化方案」（深化党和国家机构改革方案）の下達である。特に，後者は行政機関の多くの職責が党に移管され，メディアに関しては，中央宣伝部が統一集中的に管理する体制が整えられた。

　さらに，2018年12月には，18日に改革開放40周年祝賀大会，25～26日に中共中央政治局による民主生活会が開催され，27日には中共中央政治局が会議を開き『中国共産党政法工作条例』を審議，採択した。習近平はこれらの会議全て

で講話を行い，「党中央の集中統一指導」の必要性を力説してきた。

こうした習近平時代の習の発言を中心とした一連の動向は，ジャーナリズムの中国モデルが指導者の志向による可変性をもつ党性原則を理念として，党中央への服従を求める民主集中制という組織原則によって規定された党内言論規律によって，党がメディアを管理するシステムが運用されることを指すものであり，それぞれの時代の指導者の志向によって伸縮強弱はあるものの，党のメディアに対する指導は絶対不変であり，ジャーナリズムには常にそれへの服従を求めるという構造にあることを立証している。

そして，このジャーナリズムの中国モデルの中心にある「党がメディアを管理する」という言葉に代表される「党の指導」とは，当面，「党中央の集中統一指導」であり，それは「党中央—核心・権威—習近平」という構図になるのである。

最後に，われわれが忘れてはならないことは，ジャーナリズムは媒体としてのメディアを介してわれわれに情報を提供する活動であり，その情報を認識する主体はあくまでもわれわれだということである。中国のメディアからの情報はわれわれが中国を認識する上でのひとつのパイプにすぎない。もちろん，日本のメディアが伝える中国情報も同様である。われわれはメディアの先にある中国を理解しなければならない。それは中国が国際関係を左右するまでの国力を備えるようになったからだけではなく，世界四大文明のひとつ黄河文明を継承してきた地域でもあり，地政学的にもわれわれにとって極めて重要な地域であるからでもある。そのため，中国での事象を見るときに，われわれはより幅広い共時的，通時的視野を備える必要がある。

当面，その中国を中華人民共和国という国家機器を通じて経営しているのが中国共産党であり，本章を通じて明らかにしたことは中華民国時代に孫中山が目指した党国体制を彷彿させる中国共産党による「以党代政」のジャーナリズム領域における実態である。「党政」の一体化は毛沢東が発動したプロレタリア階級文化大革命でも行われた。かの時代，「革命委員会」を設立し，党政の一元化指導を図った。毛が党政の官僚体制を打破し新たな体制を構築しようと

したのに対し，習は反腐敗を通じて党の指導の下における官僚体制をより強固にする党国体制造りに邁進している。その中に中国のジャーナリズムは存在しているのであり，党にとって，メディアは依然として人々に党の路線方針政策を宣伝し，党の目的実現のために人々を煽動，組織，動員する「輿論誘導」の機能をもつものであると位置づけられているのである。ことばを換えて言えば，中国のメディアは中国共産党の指導という政治を反映させるジャーナリズム活動が投影される場であり，この意味において中華人民共和国は建国70年を経た現在もいまだ国家統合の過程にあるのかも知れない。

習近平時代のジャーナリズム・メディア動向

■2012年■
6月7日　国家インターネット情報弁公室と工業・情報化部「インターネット情報サービス管理弁法（修正草案意見聴取稿）」（「互联网信息服务管理办法（修订草案征求意见稿）」）提示

■2013年■
1月　　　南方週末「元旦のことば」差し替え騒動
4月　　　「当面のイデオロギー領域における状況に関する通報」（「关于当前意识形态领域情况的通报」《中办发【2013】9号》
4月　　　「ニュース取材編集人員のインターネット活動管理を強化することに関する通知」（关于加强新闻采编人员网络活动管理的通知）下達
6月9日　教育部，中央宣伝部「高等教育機関ジャーナリズムコミュニケーション学院学科の教員の資質隊列の建設を強化し，卓越したジャーナリズムコミュニケーション人材教育育成計画を実施することに関する意見」（教育部 中共中央宣传部关于加强高校新闻传播院系师资队伍建设实施卓越新闻传播人才教育培养计划的意见）下達
8月19日　習近平，全国宣伝思想工作会議で講話
9月　　　最高人民法院と最高人民検察院「情報ネットワークを利用し誹謗等を行う刑事案件を処理するうえでの法律適用の若干の問題に関する解釈」（「关于办理利用信息网络实施诽谤等刑事案件适用法律若干问题的解释」）発表
9月　　　『新聞記者育成教材2013』（新闻记者培训教材2013）発行
9月25日　国家新聞出版ラジオテレビ総局「ニュース取材編集人員職域研修を繰り広げることに関する通知」（关于开展新闻采编人员岗位培训的通知）下達
11月9日～12日　中国共産党18期3中全会，「全面的に改革を深化させる上での若干の重要問題に関する中共中央の決定」（「中共中央关于全面深化改革若干

第3章　ジャーナリズムの中国モデル　　　　　　　　　　161

　　　　　　重大問題的決定」）採択
12月　　　教育部，中央宣伝部「地方党委宣伝部と高等教育機関がジャーナリズム学院を共同建設することとに関する意見」（教育部 中共中央宣伝部关于地方党委宣伝部与高等学校共建新闻学院的意见）下達
12月30日　習近平，18期中央政治局第12回集団学習で対外宣伝に言及

■2014年■
1月15日　「@uighurbiz」（维吾尔在线）ネット主宰者イリハム・トッティ―拘束
2月27日　中央サイバーセキュリティー・情報化指導小組設立，習近平その組長に就任
3月　　　「中華人民共和国国家秘密保護法実施条例」（「中华人民共和国保守国家秘密法实施条例」）施行
5月　　　弁護士浦志強拘束
7月8日　国家新聞出版ラジオテレビ総局「新聞従業人員の職務行為情報管理弁法」（「新闻从业人员职务行为信息管理办法」）下達
7月14日　国家新聞出版ラジオテレビ総局「2014年新聞記者証更新に関する通知」（「关于2014年换发新闻记者证的通知」），「2014年新聞記者証更新実施弁法」（「2014年新闻记者证换发实施办法」）下達
7月30日　ウルムチ市人民検察院，「国家分離罪」でイリハム・トッティーを公訴
8月1日　「インスタントメッセージングツール公衆情報サービス発展管理暫定規定」（「即时通信工具公众信息服务发展管理暂行规定」）公布施行
8月18日　習近平，中央全面深化改革指導小組第4回会議で「新旧メディアの融合」の必要性強調，同会議，「伝統メディアと新興メディアの融合発展を推進することに関する指導意見」（关于推动传统媒体和新兴媒体融合发展的指导意见）採択
8月26日　国務院，中国全土のインターネットの情報内容管理活動と監督管理法執行について，国家インターネット情報弁公室（国家互联网信息办公室）へ権限授与
9月10日　『炎黄春秋』の「主管主宰単位」の変更
9月23日　ウルムチ市法院一審，イリハム・トッティーに「国家分裂罪」で無期懲役の判決
10月15日　習近平，文芸工作座談会で「社会主義の核心的価値観」を「輿論宣伝」などを通じて人々の「精神的追求」と「自覚行動」に変えなければならないと強調
11月1日　「国家安全法」を改定した「中華人民共和国反スパイ法」（「中华人民共和国反间谍法」）全人代常務委員会で採択
11月3日　反テロ法（「反恐怖主义法」）草案提示
11月17日　国務院弁公室「政府ウェブサイト情報内容建設強化に関する意見」（国

務院办公厅关于加强在政府网站信息内容建设的意见）下達
11月19日～21日　中国主催の第1回世界インターネット大会開催
11月21日　イリハム・トッティーの上訴，二審で棄却，無期懲役確定
11月28日～29日　中央外事工作会議開催

■2015年■
1月　　　「新しい情勢の下で高等教育機関の宣伝思想工作をより一層強化改善することに関する意見」(「关于进一步加强和改进新形势下高校宣传思想工作的意见」）下達
2月4日　「インターネットユーザーアカウント名称管理規定」(「互联网用户账号名称管理规定」）公布，3月1日施行
2月28日　中央全面深化改革指導小組第10回会議開催
4月28日　習近平,「五一」メーデー祝賀等大会で「四権」に言及
4月28日　「インターネットニュース情報サービス単位インタビュー活動規定」(「互联网新闻信息服务单位约谈工作规定」）公布，6月1日施行
5月　　　新疆日報副社長趙新尉拘束，調査
5月5日　国家インターネット情報弁公室，ウェブサイトにニュースの転載できる380の報道単位（中央のニュースサイト26，中央の報道単位63，部委のウェブサイト10，省級報道単位281）の名簿公表
7月4日　「国務院の積極的に『インターネット＋』行動を推進することにに関する指導意見」(「国务院关于积极推进"互联网＋"行动的指导意见」）公表
7月6日　全人代「中華人民共和国サイバーセキュリティー法（草案）」(「中华人民共和国网络安全法（草案）」）公表
8月4日　公安部，全国重点インターネットサイトとサービス企業安全管理会議で「重点ウェブサイトとインターネット企業に『サイバーセキュリティー警務室』を設置」することを通達
10月　　 香港「銅鑼灣書店」関係者行方不明事件
11月27日　反テロ法可決
12月16～18日　中国主催の第2回世界インターネット大会開催，習近平講話
12月22日　浦志強に国家政権転覆扇動罪で有罪判決確定
12月25日　習近平，解放軍報社を視察
12月30日　習近平，18期中央政治局第29回集団学習で「中国の夢の宣伝と解釈は現代の中国の価値観としっかり結び付けなければならない」などと語る

■2016年■
1月　　　中央の主要6メディア人民日報社，新華社，求是雑誌社，光明日報社，経済日報社，チャイナデイリー社の「規律検査組」を李煕人民日報社規律検査組組長が統括
2月19日　習近平，人民日報，新華社，CCTVを視察後，「党的新闻舆论工作座談

第3章　ジャーナリズムの中国モデル　　　　　　　　　　　　　163

　　　会」（党の報道輿論工作座談会）で「重要讲话」（重要講話）
3月4日　　中央インターネット情報弁公室系統に属する新疆ウイグル自治区のウェ
　　　ブサイト「無界新聞」に習近平の辞職を求める書簡掲載
3月28日　　工業・情報化部「インターネットドメイン名管理弁法（意見聴取稿）」
　　　（互联网域名管理办法征求意见稿）を公表
4月28日　「中華駐人民共和国域外非政府組織域内活動管理法」（中华人民共和国境
　　　外非政府组织境内活动管理法）公布，2017年1月1日施行
5月　　　　全人代「中華人民共和国サイバーセキュリティー法（草案第二次審議用
　　　稿）」（「中华人民共和国网络安全法（（草案二次审议稿）」公表
6月25日　「インターネット情報検索サービス管理規定」（互联网信息搜索服务管理
　　　规定）公布，8月1日施行
6月28日　「モバイルインターネットアプリケーション情報サービス管理規定」（移
　　　动互联网应用程序信息服务管理规定）公布，8月1日施行
7月4日　　「インターネット広告管理暫定弁法」（互联网广告管理暂行办法）公布，
　　　9月1日施行
7月12日　『炎黄春秋』の指導部改造
10月1日　「共識ネット」（「共识网」）閉鎖
10月24日－27日　中国共産党第18期中央委員会第6回全体会議開催。27日，「コ
　　　ミュニケ」（中国共产党第十八届中央委员会第六次全体会议公报）発表。
　　　「新たな情勢の下での党の政治生活に関する若干の準則」（关于新形势下党
　　　内政治生活的若干准则），「中国共産党党内監督条例」，（中国共产党党内监
　　　督条例），「党の第19回全国代表大会開催に関する決議」（关于召开党的第
　　　十九次全国代表大会的决议）採択
11月5日　　習近平，新華社創設85周年に祝電，「新華社は党が創設し指導する報道
　　　輿論機関であり，党の報道輿論工作の重鎮である。」と指摘
11月7日　　12期全人代常務委員会第24回会議，「中華人民共和国サイバーセキュリ
　　　ティー法」採択，2017年6月1日施行
　　　　　　習近平，中国記者協会第9期理事会メンバーらと会見，「党と人民の信
　　　頼できる新聞工作者」になるよう強調
11月16日～18日　中国主催の第3回世界インターネット大会開催，習近平，映像で
　　　あいさつ
■2017年■
6月1日　　インターネットニュース情報サービス管理規定（《互联网新闻信息服务
　　　管理规定》）施行
7月20日　　新華社「ニュース情報報道の中の禁止用語と慎重用語」（《新华社新闻信
　　　息报道中的禁用词和慎用词》）公布
10月18日～24日　中国共産党第19回全国代表大会，「小康社会の全面的達成の決戦

に勝利し，新時代の中国の特色ある社会主義の偉大な勝利を勝ち取ろう」
（「决胜全面建成小康社会夺取新时代中国特色社会主义伟大胜利」新華社北京10月27日电）と題する習近平総書記の活動報告，党規約を修正採択
10月25日　中共第19期中央委員会第1回全体会議，政治局常務委員（習近平（総書記），李克強，栗戦書，汪洋，王滬寧，趙楽際，韓正）選出。
10月27日　19期中共中央政治局会議，「中共中央政治局の党中央の集中統一指導強化擁護に関する若干の規定」（《中共中央政治局关于加强和维护党中央集中统一领导的若干规定》と「中央政治局中央の八項目の規定貫徹実行実施細則」（《中共中央政治局贯彻落实中央八项规定实施细则》）を審議，同意
12月1日　『習近平新聞興論思想要論』（《習近平新聞興論思想要論》新華社国家高端智库组织编写　新华出版社）出版

■2018年■
3月5日〜20日　第13期全国人民代表大会第1回会議，憲法改正案採択，習近平，国家主席・軍事委主席に再選，李克強，首相に再選
3月　　　中共中央「党の報道興論工作強化改善に関する中共中央の意見」（中共中央关于加强和改进党的新闻舆论工作的意见）下達
3月21日　新華社電，中共中央の「党と国家の機構改革深化方案」（深化党和国家机构改革方案）下達を報道
6月1日　『習近平新聞思想講義（2018年版）』（《习近平新闻思想讲义》2018年版）本书编写组 人民出版社）出版
6月22日〜23日　中央外事工作会議開催
7月4日　習近平，『求是』，『紅旗』創刊60周年で祝意
9月17日　教育部　中共中央宣伝部「高等教育機関ジャーナリズムコミュニケーション人材育成能力向上，卓越したジャーナリズムコミュニケーション人材教育育成計画2.0実施に関する教育部　中共中央宣伝部の意見」（教育部 中共中央宣传部关于提高高校新闻传播人才培养能力实施卓越新闻传播人才教育培养计划2.0的意见）下達
12月18日　習近平，改革開放40周年祝賀大会で講話
12月25日－26日　中共中央政治局，民主生活会開催，習近平，講話
12月27日　中共中央政治局，会議を開催，『中国共産党政法工作条例』審議，習近平会議を主宰

■注■

1）この習報告は，習近平によって2017年1月13日19全大会文献起草組第一回全体会議が主宰召集，党中央の起草組設置に関する決定が発表され，習近平が組長になり，劉雲山，王岐山，張高麗が副組長になって起草が行われた。面向新时代的政治宣言和行动纲领　党的十九大报告诞生记 新华社2017年10月28日

第 3 章　ジャーナリズムの中国モデル　　　　　　　　　　　　165

2 ）この規約については，「 6 回にわたり中央の関係会議を主催招集し，党規約修正
工作を研究し，党規約修正関連文献を審議し， 6 度にわたる座談会を主催招集し，
直接党規約修正に対する意見と提案を聴取した」（新華社 北京2017年10月28日）と
される。
3 ）もっとも卑近な説明を示すと，『百度』は「民主集中制とは，民主を基礎とした
集中と集中に指導された民主が結合した制度であり，党の根本組織制度，指導制度
であり，またマルクス主義認識論と大衆路線の党の生活と組織建設の中における運
用でもある」としている。
4 ）付言すれば13（中国共産党第13回全国代表大会1987年11月 1 日採択），14（中国共
産党第14回全国代表大会1992年10月18日採択），15（中国共産党第15回全国代表大
会1997年 9 月18日採択），16（中国共産党第16回全国代表大会2002年11月14日採択），
17（中国共産党第17回全国代表大会2007年10月21日採択），18全大会（中国共産党
第18回全国代表大会2012年11月14日採択）規約もいずれも12全大会規約第15条で同
じ文言である。すなわち，この文言は，1982年から2017年まで同じということであ
る。その原文は，以下の通りである。
　　有关全国性的重大政策问题，只有党中央有权作出决定，各部门，各地方的党组织
可以向中央提出建议，但不得擅自作出决定和对外发表主张。
　　党的下级组织必须坚决执行上级组织的决定。下级组织如果认为上级组织的决定不
符合本地区，本部门的实际情况，可以请求改变；如果上级组织坚持原决定，下级组
织必须执行，并不得公开发表不同意见，但有权向再上一级报告。
　　党的各级组织的报刊和其他宣传工具，必须宣传党的路线，方针，政策和决议。
5 ）中国共産党中央組織部の「2017年中国共産党党内統計公報」（中共中央组织部
「2017年中国共产党党内统计公报」新华社2018年 6 月30日）は「2017年12月31日ま
でに，中国共産党員の総数は8956.4万名になり，前年比11.7万名増となっている」
ことを明らかにしている。同「公報」の主な内容は以下の通りである。
　　中国共産党の現有の基層組織457.2万，その内，基層党委22.8万，総支部29.1万，
支部405.2万。
　　党員の性別，民族および学歴は，女性党員2388.8万（26.7％），少数民族党員
651.4万（7.3％），大学以上の学歴者4328.6万（48％）。
　　党員の年齢は，30歳以下1331.4万，31～35歳902.3万，36～40歳823.3万，41～45
歳890万，46～50歳888.8万，51～55歳941.7万，56～60歳660.6万，60歳以上2518.3万。
　　党員の職業は，労働者664.8万，農牧漁民2549.9万，企事業単位・民営非企業単位
専門技術者1355.5万，企事業単位・民営非企業単位管理者948.7万，党政機関公務員
754.2万，学生178.8万，その他の職業750.4万，離退職者1754.0万。
6 ）筆者は，胡績偉の人民性を重視したジャーナリズム論について何度となく論じて
きた。その概要を「新聞の自由をめぐる党性と人民性の関係」と題して『問題と研
究』第20巻第 3 号1990年12月 5 日 pp.72-87に論文として公表した。これと同時に，

胡績偉の民主観を探るため，常大林との共著である『民主論』（中外文化出版公司1988年12月）を分析，「読書ノート」として『国際関係研究』国際関係編第10巻第3号1990年2月25日　pp.221-237に発表した。

さらに，胡のジャーナリズム論については「胡績偉ジャーナリズム論の生成」（『国際関係研究』国際文化編第12巻第1号1991年10月25日　pp. 143-182）と「胡績偉ジャーナリズム論の位相」（『国際関係研究』国際文化編第12巻第3号1992年2月25日　pp.15-50）の二編の論文を書き，詳細に検証した。

その後，内川芳美先生から呼ばれた成蹊大学アジア太平洋センターでの研究会では1996年7月15日に1989年の民主化運動後における胡の動向について「胡績偉の言論活動と中国の現状」と題して報告を行った。これは「中国のジャーナリズムにおける党性と人民性の関係」と題する論文を内川芳美・柳井道夫編『マス・メディアと国際関係—日本・韓国・中国の国際比較』学文社　1994年　pp.68-86に発表したことの継続であった。

また，筆者は下記の論文でも部分的に胡績偉に触れているので参考にされたい。

「『真理の基準』キャンペーンの解析」『国際関係研究』第8号1984年3月 pp.105-44

「精神除去キャンペーンの解析」『国際関係研究』8号1984年7月　pp.279-306

「中華人民共和国における新聞の自由—世界経済導報事件から見た現状」「沼尻博士退休記念『中国学論集』」1990年2月　pp.85-104

「中国の民主化運動と言論の自由(1)」『国際関係研究』国際関係編第10巻第3号1990年2月　pp.1-18

「中国の民主化運動と言論の自由(2)」『国際関係研究』国際関係編第11巻第3号1991年2月　pp.239-256

「中国の民主化運動と言論の自由(3)」『国際関係研究』国際関係編第12巻第1号1992年2月　pp.115-139

「中国の『四大自由』（大鳴，大放，大字報，大弁論）再考」『政経研究』第46巻2号2009年11月　pp.127-168

そして，2012年9月16日の胡績偉の死去（96歳）に伴い，「胡績偉の遺産」と題する一文を日本大学新聞学研究所紀要『ジャーナリズム＆メディア』第6号　2013年3月20日 pp.226-245に発表している。

7）筆者は「中国の『新聞法』論議考」『国際関係研究』第9巻第2号　1988年12月 pp.99-119 において，「新聞法」についてのこれまでの論議をまとめ，「新聞の自由」を擁護する方向で草案が練られていることを指摘した。また，「中国『新聞法』草案について」『ジャーナリズム＆メディア』第7号　2014年　pp.281-313 では，1989年前後につくられた社会科学院新聞研究所，上海社会科学院新聞研究所および新聞出版署の三つの「新聞法」（草案）を比較検討している。

8）「主要な指導者の任命権」については，メディアのトップはそれぞれの党組の組

第3章　ジャーナリズムの中国モデル

長が当たるが，胡錦濤から習近平への権力移行期に2018年10月現在，次のような人事異動があった。

　① 人民日報社長：張研農（2008年3月28日－2014年4月30日）→楊振武（2014年4月30日－2018年4月3日）→李宝善（2018年4月3日－）

　② 求是社長：李宝善（2008年6月－2014年4月）→李捷（2014年5月－2018年7月）→夏伟東（2018年－）

　③ CCTV局長：胡占凡（2011年11月－2015年4月）→聶辰席（2015年4月－2016年9月）景俊海（2016年10月－2018年2月）→慎海雄（2018年2月－2018年3月）

　④ 中央人民放送局局長：王求（2007年6月－2015年6月）→閻曉明（2015年7月－）

　⑤ 新華社社長：李従軍（2008年4月－2014年12月）→蔡名照（2014年12月－）

　⑥ 国務院新聞弁公室主任（中共中央対外宣伝弁公室）：王晨（2008年3月－2013年3月）→蔡名照（2013年5月－2014年11月）→蔣建国（2015年1月－2018年7月25日）→徐麟（2018年8月21日－）

　⑦ 国家インターネット情報弁公室主任（中央インターネット安全・情報化指導小組弁公室主任）：魯煒（2013年5月－2016年6月）→徐麟（2016年7月－2018年7月31日）→庄荣文（2018年7月31日－）

　⑧ 国家新聞出版放送テレビ総局局長：蔡赴朝（2011年3月－2016年9月）（2013年に新聞出版総署と合併した）→聶辰席（2016年10月－2018年3月）（2018年4月，国家ラジオテレビ総局に改編・出版，映画は中央宣伝部の管轄に移行）→慎海雄（2018年4月－）

　⑨ 中央弁公庁主任：令計劃（2007年9月－2012年9月）→栗戦書（2012年9月－2017年10月）→丁薛祥（2017年10月－）

　⑩ 中央宣伝部：劉雲山（2002年10月24日－2012年11月21日）→劉奇葆（2012年11月21日－2017年10月30日）→黃坤明（2017年10月30日－）

　このほか，特記しなければならないのは中央規律検査委員会から中央の主要6メディアである人民日報社，新華社，求是雑誌社，光明日報社，経済日報社，チャイナディリー社に派遣駐屯させている「規律検査組」をこれまで新華社規律検査組組長であった李煕を人民日報社規律検査組組長に転任させ，李に6社を統括させることになったことである（「駐人民日報社纪检组：督促6家单位部署党风廉政建设工作」中央纪委监察部网站2016年1月31日）。これは，2016年1月12日に開催された第18期中央規律検査委員会第6回全体会議を受けての措置であり，主流メディアに対する党の綱紀粛正の第一歩といえ，今後の動向が公表されるか否かは別として，その過程，結果は中国すべてのメディアに多大の影響を与えるであろう。

9）「報道宣伝内容の最終審査権」に相当する規定に「記事審査報告制」（審読制）がある。「新聞紙出版管理規定」（报纸出版管理规定）（2005年9月公布）の「第48条」

は「新聞出版総署は全国の新聞紙の記事審査活動の責任を負う。地方の各級新聞出版部門は当該行政区域内で出版される新聞紙に対して記事の審査を行う責任を負う。下級新聞出版行政部門は定期的に一級上の新聞出版部門に記事審査報告を提出しなければならない。主管単位はそれが主管する新聞紙に対し記事審査を行い、定期的に所在地の新聞出版行政部門に記事審査報告を送らなければならない。新聞紙出版単位は新聞紙閲読評価制度をつくり、定期的に閲読評価を書くべきである。新聞出版行政管理部門は管理業務の必要に応じて、随時新聞紙出版単位の閲読評価報告を閲読、検査できる」とあり、これは「定期刊行物出版管理規定」（期刊出版管理規定）（2005年9月公布）においても「第46条」に同様の規定がある。また、新聞出版署は2009年2月に「新聞紙定期刊行物記事審査暫定弁法」（报纸期刊审读暫行办法）を公布し、その詳細を下達している。その「第9条」に、次の10の記事審査項目を挙げている。

　①「出版管理条例」とその他の法律、法規および国家の規定する禁止内容を掲載しているか。

　② ニュース報道は真実、全面、客観、公正の原則を堅持しているか、虚偽、不実の報道を掲載しているか。国家の重大政策、軍事、民族、宗教、外交、秘密保護などに係わる内容を発表または要約を転載するのに関係規定に合致しているか。

　③ 重大な革命と重大な歴史テーマに係わる内容を掲載するのに、規定に合わせて重大テーマ報告手順を履行し、関係審査承認手続きを行ったか。

　④ 災害疫病情況、交通事故、安全生産、刑事事件、社会安定などにかかわる重大、敏感、突発事件を報道するのに関係規定に合致しているか。

　⑤ 社会主義の道徳風紀に背く、格調の低い文章が掲載されているか、色情猥褻、強殺暴力、迷信愚昧などの有害内容を含むか。

　⑥ 社会からの自由投稿やインターネット情報を転載、要約するのに、関係規定に合致しているか、規定に合わせてその内容に対し事実確認をするとともに、引用アドレス、引用日時を明記しているか、内部発行出版物の内容を転載、要約しているか。

　⑦ 広告を掲載するのに、国家の関係法律法規に合致しているか、虚偽違法、内容低俗な広告を掲載しているか。新聞紙が広告掲載するのに、目立つ位置に「広告」という表記ががあるか、規定に違反しニュース報道形式で広告を掲載しているか。

　⑧ 新聞紙刊行物の表示する版本記録が規定に合致しているか、特集面、特集刊行、増刊の内容が新聞紙刊行物の趣旨、業務範囲に一致しているか。

　⑨ 出版の質が新聞紙刊行物の質の管理の関係要求に合致しているか、出版形式は新聞紙刊行物出版形式規範の関係要求に合致しているか。

　⑩ 出版の質が現行の国家基準と業種基準に合致しているか、言語文字の使用が国家通用言語文字法の規定に合致しているか。

10)「事業単位、企業化管理」とは、1978年に人民日報など中央の8社が財政部に「事業単位企業化管理」を求める報告を提出、これが認められ、翌1979年、財政部は「新

第 3 章　ジャーナリズムの中国モデル　　　　　　　　　　　　　　169

聞社が企業基金を試行することに関する管理弁法」(关于报社试行企业基金的管理办法）を公布，事業単位が財政上企業管理の方法を取り入れることが公認された。

■【引用・参考文献】
伊力哈木分裂国家案庭审纪实 新华社乌鲁木齐 9 月 24 日
伊力哈木・土赫提涉分裂国家罪一审被判无期徒刑 新华社 2014 年 9 月 23 日
伊力哈木・土赫提：当前新疆民族问题的现状和建议
　　https://nyshalong.com/public/archive/20140419/20140419_ref1.pdf（最終閲覧日 2016 年 6 月 14 日）
伊力哈木：我的理想和事业选择之路
　　https://s3.amazonaws.com/wenyunchao_share/Ilham_01.html（最終閲覧日 2017 年 9 月 18 日）
乌鲁木齐警方：伊力哈木・土赫提涉嫌分裂国家被捕 2014 年 1 月 26 日 环球时报
外交是国家意志的集中体现，必须坚持外交大权在党中央「习近平外交思想引领中国特色大国外交开创新局面」新华网 2018 年 6 月 25 日
「关于当前意识形态领域情况的通报」《中办发【2013】 9 号》文件)
「关于党内政治生活的若干准则」人民网 2009 年 8 月 19 日
「关于新形势下党内政治生活的若干准则」新华社 2016 年 11 月 2 日
「坚持当的新闻舆论工作的正确政治方向（2016 年 2 月 19 日)」『十八大以来重要文献选编（下）』中央文献出版社 2018 年 5 月 pp.212-219
教育部　中共中央宣传部关于地方党委宣传部门与高等学校共建新闻学院的意见
胡锦涛　坚定不移沿着中国特色社会主义道路前进　为全面建成小康社会而奋斗——在中国共产党第十八次全国代表大会上的报告（2012 年 11 月 8 日）新华社北京 11 月 17 日
胡锦涛在人民日报社考察工作时的讲话（2008 年 6 月 20 日）人民网 2008 年 6 月 21 日
胡绩伟『人民至高无上—胡绩伟新闻生涯五十年』東皇文化出版公司 1997 年 8 月
胡绩伟「人民至高无上（代序）」『人民至高无上—胡绩伟新闻生涯五十年』pp.1-21
光明日报社与政法大学签署协议共建新闻学院 人民日报 2014 年 4 月 30 日
江泽民「关于党的新闻工作的几个问题」（一九八九年十一月二十八日)『新时期党的建设文献选编』人民網
江泽民「舆论导向正确是党和人民之福」江泽民总书记视察人民日报社——丁关根和中央有关部门负责人参加了视察 人民网 2008 年 6 月 25 日
习近平视察解放军报社并发表重要讲话 新华社 2015 年 12 月 28 日
习近平出席第二届世界互联网大会开幕式并发表主旨演讲　新华社 2015 年 12 月 16 日
习近平出席全国宣传思想工作会议并发表重要讲话　新华社 2018 年 8 月 22 日
『习近平关于全面深化改革论述摘编』（中共中央文献研究室编辑）人民网 2014 年 5 月
习近平：坚持正确方向创新方法手段 提高新闻舆论传播力引导力 新华社 2016 年 2 月 19 日
习近平：建设社会主义文化强国 着力提高国家文化软实力 中共中央政治局第十二次集

体学习 新华社2013年12月31日

习近平 决胜全面建成小康社会 夺取新时代中国特色社会主义伟大胜利——在中国共产党第十九次全国代表大会上的报告（2017年10月18日）新华社北京10月27日

习近平在全国宣传思想工作会议上强调 胸怀大局把握大势着眼大事 努力把宣传思想工作做得更好 刘云山出席会议并讲话 新华网2013年8月20日

习近平在中共中央政治局第二十九次集体学习时强调 大力弘扬伟大爱国主义精神为实现中国梦提供精神支柱 新华网北京12月30日

习近平主持召开中央网络安全和信息化领导小组第一次会议强调 总体布局统筹各方创新发展 努力把我国建设成为网络强国 李克强刘云山出席 新华网2014年2月27日

习近平主持召开中央全面深化改革领导小组第四次会议强调 共同为改革想招 一起为改革发力 群策群力把各项改革工作抓到位 新华网 2016年4月23日

新华社与北京大学签署共建新闻与传播学院协议 新闻与传播学院2014年5月29日

新疆维汉民族关系的初步调查与试分析 香港《大公报》2007年5月11日

新湖南客户端3月7日讯（罗徽）市委常委会议｜传达学习"精神"，不折不扣"落实" 华声在线「百家号」03-07

新闻学院第三届院务委员会名单2017年1月13日

湘宣发〔2014〕23号 中共湖南省委宣传部关于成立部校共建湖南师范大学新闻与传播学院院务委员会的通知

省局学习贯彻党的十九届三中全会精神 浙江省新闻出版广电局 2018年3月20日

「辞海」1999年版 上海辞書出版社 p.635

人民日报社与清华大学共建新闻与传播学院签约仪式暨新闻与传播学院秋季开学典礼举行 清华新闻网9月26日

「传播学术网」（http://academic.mediachina.net/article.php?id=5882）「反思与展望 中国传媒改革开放三十周年笔谈」『传播与社会学刊』2008年6期. pp.17-48

中共中央关于全面深化改革若干重大问题的决定 新华社2013年11月15日

『中国共产党章程汇编从一大到十七大』中共党史出版社2007年11月

中国共产党第十八届中央委员会第六次全体会议公报 新华社北京2016年10月28日

牢记48字职责使命 做好新时代新闻舆论工作——国家广播电视总局党组理论学习中心组开展2018年第17次集体学习 人民网—中国共产党新闻网2018年7月10日

「"8・19"讲话精神传达提纲」）中国数字时代（China Digital Times）https://chinadigitaltimes.net/space/ 习近平%228•19%22讲话精神传达提纲全文（最終閲覧日2017年8月5日）

https://s3.amazonaws.com/wenyunchao_share/Ilham_01.html（最終閲覧日2017年9月18日）

http://news.takungpao.com/mainland/focus/2013_11/2013508_2.html（最終閲覧日2014年5月7日）

毛泽东：我们共产党闹革命就是靠造舆论 董保存《党史博览》2012年3月5日

李良荣『新闻学概论第四版』复旦大学出版社有限公司 2011年11月 p.324

柳斌杰主编　蒋建国副主编『新闻记者培训教材2013』上下 2 冊 人民出版社2013年 9 月

山本賢二　解題「『中華人民共和国サイバーセキュリティー法』について」『ジャーナリズム＆メディア』第11号 2018年 3 月　pp.161-205

山本賢二「『四権』（知る権利，参与する権利，表現する権利，監督する権利）の消長」『ジャーナリズム＆メディア』第11号 2018年 3 月　pp.246-276

山本賢二「習近平執政 4 年と中国の言論空間」『ジャーナリズム＆メディア』第10号 2017年 3 月　pp.269-289

山本賢二『炎黄春秋』月刊『ジャーナリズム＆メディア』第 9 号 2016年 3 月 pp.266-276

山本賢二「中国から見た『国家』・『メディア』・『辺境』—新疆ウイグル自治区を例にして—」『ジャーナリズム＆メディア』第 9 号 2016年 3 月　pp.95-109

山本賢二　解題「中国におけるオンラインニュース管理規定」『ジャーナリズム＆メディア』第 9 号 2016年 3 月　pp.179-240

山本賢二「『口号』（スローガン）・中国・『抗日戦争勝利70周年』」『ジャーナリズム＆メディア』第 9 号 2016年 3 月　pp.291-316

山本賢二「中国における国家秘密保護と情報管理強化」『ジャーナリズム＆メディア』第 8 号 2015年 3 月 pp.351-371

山本賢二「中国のジャーナリズム・イデオロギー・憲政運動」『ジャーナリズム＆メディア』第7号 2014年 3 月　pp.386-394

山本賢二　解題「中国『新聞記者証管理弁法』について」『ジャーナリズム＆メディア』第 8 号 2015年 3 月　pp.233-274

山本賢二「胡績偉の遺産」『ジャーナリズム＆メディア』第 6 号 2013年 3 月　pp.226-245

山本賢二「中国版ツィッター＝『微博』と社会管理」『ジャーナリズム＆メディア』第 5 号 2012年 3 月　pp.220-229

山本賢二「新疆『七・五』事件と中国のインターネット規制」『政経研究』第47巻第 4 号 2011年 3 月10日　pp.87-120

山本賢二「中国の『四大自由』（大鳴，大放，大字報，大弁論）再考」政経研究第46巻第 2 号 2009年11月25日　pp.127-168

山本賢二「一言堂—中国共産党一党独裁と「08憲章」をめぐって」2009年 3 月　現代中国事情第24号　pp.1-26

山本賢二「中国における情報文化の特質」『大学院論集』第 5 号1995年10月1日 pp.177-197

山本賢二「中国共産党の言論紀律」『国際関係研究』第 8 巻第 3 号　1988年 3 月30日 pp.143-170

第4章

インドネシアにおけるポピュリズムとメディア

内藤　耕

 キーワード

ポピュリズム，ネガティブ・キャンペーン，ブラック・キャンペーン，寡頭支配（オリガーキー），ソーシャルメディア，イメージ戦略，イスラム，SARA

はじめに

　世界的にポピュリズムの台頭が見られるようになっている。近年の特徴は，テレビや新聞などの従来型の主要メディアだけでなく，SNSなどのソーシャルメディアを通してポピュリズムをあおる言説が展開されてきていることである。そして，こうした流れは，先進国であろうと新興国・途上国であろうと，どこでも見られるようになってきている。かつて政治発展論が展望したような先進国と途上国との違いはなく，民主化が進んだ結果，ポピュリズムは同一の地平の上で展開している。

　本章では，1998年に権威主義体制の教科書的存在であったスハルト政権が崩壊して以降，急速に民主化が進んだインドネシアについて，ポピュリズムとメディアがどのように関わってきたかを考察するものである。

　民主化後のインドネシアの政治シーンは，まさにメディアの役割の変化やネットの普及と併行して変容を遂げてきたといってよい。それは，選挙やさまざまな示威行動への動員のメカニズムを変えてきた。かつては，政党のシンボルカラーをあしらったシャツを着て旗を振り回しながら集団となってバイクやトラックで走行するといった街頭示威行動が中心をなしていた。近年の選挙でもそうした行動は見られるが，そこにネットが関わるようになってきている。

第4章　インドネシアにおけるポピュリズムとメディア　　　173

　しかし，フェイスブックやツイッターといったSNSは単に街頭での示威行動への呼びかけ手段となるだけでなく，ネガティブ・キャンペーンの増幅装置としても機能している。

　2014年の大統領選挙では，そうした「汚い」キャンペーンの激しさに批判が浴びせられた。しかし，その後の展開は，むしろネガティブ・キャンペーンのなかでも特に事実に基づかないブラック・キャンペーンの進行にさらに拍車がかかっているといってよい。ピークは2017年のジャカルタ州知事選挙であった。2014年大統領選挙はブラック・キャンペーンを仕掛けられた側の勝利に終わったが，17年の州知事選挙では仕掛けられた側が決選投票で逆転されてしまった上に，選挙後逮捕，収監の憂き目にあった。2019年にはふたたび大統領選挙が行われる。票目当てのばらまきだけでなく，ネガティブ・キャンペーンによる国民の分断はさらに進む恐れがある[1]。

　しかし，このような情況はネット社会の本質に関わる普遍的な問題の表れとして処理してよいものであろうか。たしかに，ソーシャルメディアの発達がはらむ大きなリスクは国を問わないものであるし，ポピュリスト台頭の背景として指摘される格差の増大など，グローバル化のなかで多くの国々が直面する課題である。だが，こうした情況を利用する勢力は個々の地域の文脈によって必ずしも同じではない。普遍性・一般性の対極にある個別具体的な文脈における権力のあり様にも目を向けなければ，分断と不寛容の時代を乗り越えていくことはできないのではないだろうか。そうでなければ，権力に対峙するはずのジャーナリズムの立ち位置がずれてしまうことにもなりかねない。

　それは既存メディアにしても同じことである。以下，ここ数年の動向を追うなかで，インドネシアの政治とメディアの関係を決定づけるものはなにか考えていきたい。

1．スハルト後のメディアと政治

　32年間におよんだスハルトの権威主義体制は，まさしくメディアの徹底した

統制によって支えられていた。新聞や雑誌などの印刷メディアは出版事業免許制によって拘束されていた。1962年に始まったテレビ放送は89年まで国営放送1局の体制であった。90年代は民放テレビ放送が割拠する時代であったが，当然のごとく政治批判は許されなかった。それどころか，民放テレビ局のすべてがスハルト大統領の親族や彼に近い資本家によって運営されていた（内藤 2001：193-195）。

そして，言論の自由はある日突然やってきた。1998年，前年から続いたアジア経済危機のあおりをくってスハルト政権は崩壊した。本来はスハルトの子飼いだったはずの後継ハビビの政権は一気に民主化を進め，メディアは政治を論じる自由を手に入れた。全国放送を目指すテレビ局もあらたに認可されただけでなく，ジャカルタ中心の放送体制に抗うかのように，そしてときにはゲリラ的な形で地方テレビ放送が雨後の筍のごとく開局していった（内藤 2016）。

しかし，国営放送1局時代と比べれば多チャンネル化が進み，テレビ放送は自由化を遂げたとはいえ，全国放送をみればその所有は政界になんらかの関わりをもつ企業家によって支配されていた。全国メディアだけではなく，地方局・地方紙のなかにも資本の集中が見られるようになっていった。民主化が進みつつあるなか，その担い手であるはずのメディアは，いわゆる名望家による支配の下にあった。そして，彼らメディアの所有者たちは，政治に強い関心を示すようになっていく（Agus 2013）。しかも，その何人かはあきらかに大統領の地位を考えるようになっていった。

代表的な人物がスルヤ・パロである。ジャカルタに本社をかまえるメディア・インドネシア紙のグループ総帥として知られる。グループにはニュース専門の全国放送であるメトロTVがある。同様に，ニュース番組を柱としたtvOneやスポーツ番組を主体としたantvを傘下に置くのはバクリーグループである[2]。グループは，石炭や石油など資源開発，不動産，アグリビジネスなど多方面に展開しており，メディアに特化していない点がスルヤ・パロのグループとは異なる。総帥であるアブリザル・バクリーは，プリブミ（非華人系の意）を代表する経済人として，スハルト時代から有名であった。また，トラ

ンス TV, トランス7といったテレビ局を所有するハイルル・タンジュンは地方の新聞経営者の下に生まれたとはいえ, 銀行業や小売業で財をなした人物である。他方, 金融仲介業から身を起こし, 60以上のテレビ局を傘下におさめるMNCグループの総帥となったのは, 中華系のハリー・タヌスビヨである。トランプ米大統領とも近いとされ, 不動産業にも手を染めている。このほかに地方紙ジャワポス・グループを率いるダーラン・イスカンも著名なメディア人である[3]。インドネシア第2の都市スラバヤに本拠地をおくジャワポス・グループの傘下にはJTVと系列のテレビ局がある。

このなかで中央の閣僚を経験したのは, アブリザル・バクリー（経済担当相, 国民福祉担当相）とハイルル・タンジュン（経済調整相）, ダーラン・イスカン（国営企業大臣）であり, いずれも第6代大統領スシロ・バンバン・ユドヨノの政権下であった。そして, アブリザル・バクリーとスルヤ・パロは, スハルト時代の絶対与党でありいまだに有力政党のひとつであり続けるゴルカル党の総裁の座をめぐってしのぎを削った仲であった。

このように, 民主化後のインドネシアのメディア, 特にテレビ局は政治と深い関わりをもつ者たちによって支配されている。新聞よりもテレビの方が選好されるのは, 国民の一部を占める識字能力の低い層への政治的アピール手段として有効であると考えられているからである（Wahyu 2012：317）。そして, このようなメディア所有の状況はポスト・スハルトのなかで現れてきたインドネシア政治の寡頭支配的構造と密接に結びついているというよりも, その重要な一部を形成している。その説明に入る前に, これもまた民主化後に急速に進んだネット利用についても見ておきたい。

現在, ソーシャルメディアの代表格であるフェイスブックで見た場合, インドネシアは1億3千万と世界第4位の利用者数を誇っていると推定されている[4]。フェイスブック以外にもツィッターやWhat's Upなどさまざまなサービスが利用されており[5], SNS大国と言っても過言ではない。そもそも1998年の政変時には電子メールがすでに普及していた。warnetと呼ばれる簡易なネットカフェをベースに, 若者たちによる反政府運動がインターネットを通じて組

織されていった (Hill & Sen 2005：Chap. 3)。スハルト政権の崩壊を受けて1999年に行われた総選挙では，正義党[6]が政党として初めてインターネットを通じたキャンペーンを行った。そして，2004年の総選挙および同年の建国以来初めて行われた大統領直接選挙以来，すべての政党がネットによるキャンペーンを行うようになった (Lim 2017：414)。

ところで，インドネシアのモバイル環境においては，SMSが早くから普及していた[7]。ソーシャルメディアは，それをベースにしていっきに広がっていった。2012年のジャカルタ州知事選挙では，ソーシャルメディアのプラットフォームが選挙の重要なツールとして活躍した (Tapsell 2015：40-41)。そして2014年の大統領選挙では，後に見るようにソーシャルメディアは選挙キャンペーンの中心をなすようになっていた。先進国同様，ベースをなす端末はもはやPCではなくスマートフォンである。都市部ではホテルや飲食店などでのWiFi環境も整備が進んでおり，その分warnetは衰退している。

以上のように，主要メディア，とくにTV放送においては所有者たちの政治への関与が強まる一方で，ソーシャルメディアが選挙の行方に大きな影響を与えるようになってきているのが，インドネシアの政治とメディアの事情といえる。これは見ようによっては，エリート層の意向が反映されやすい既存メディアと，一般大衆の自由なコミュニケーションツールとしてのソーシャルメディアといった構図がはっきりしてきているともとれる。では，このエリート対大衆といった格差の構造は，インドネシアの政治になにをもたらしているのであろうか。

2．インドネシア政治における寡頭支配の構造

スハルト後のインドネシアは寡頭支配（オリガーキー）の状態にあるという見方はすでに一般化しているように思われる[8]。「Father knows best」（白石 1996：89）と言われたように，パトロン＝クライアント関係の連鎖の頂点にいたスハルトという「父親」がいなくなったことで，複数の有力者たちがそれ

第4章 インドネシアにおけるポピュリズムとメディア

ぞれの守備範囲を固めつつ,つばぜり合いをする構造が生まれたのである。彼ら有力者の多くは,政権に近いところにいたにせよ遠いところにいたにせよ,スハルト時代から名が知られていた。そして,彼らの力は拮抗してきた。それをよく表しているのが,政党の議席である。インドネシアの国会は過半数を占める政党がないまま,1999年以来,連立政権が続いている。

　スハルト時代には3政党・会派に政府によって強制的に分けられていたが,1999年の総選挙では48政党が登録するなど,民主化後は多党乱立の時代に入った。しかもスシロ・バンバン・ユドヨノが大統領選に出馬した頃から,個人政党が台頭してくるようになった。つまり,大統領を目指そうと決意した政治家が,その当選のためだけに政党を組織するようになったのである。これは大統領選挙がそれまでの議会による選出から直接選挙に変わったことが大きい。つまり,既成政党に所属しなくても,国民の支持さえあれば大統領に選ばれる可能性が出てきたのである。もちろんこれはメディア,それも全国規模のカバレージをもつテレビ局の政治的存在価値を上げることにもつながった。もともと政治に関心の強かったメディア所有者たちがより野心的になり,あるいは有力政治家がメディア所有者たちに近づいていく要因となったと考えられる。

　しかし,大統領選にはまったく政党の支持なく立候補することも許されなかった。これには選挙の仕組みが関わっている。1999年に就任したアブドゥルラフマン・ワヒド第4代大統領はしばしば議会と対立し,結局,2001年に罷免された。この反省から大統領直接選挙では,立候補の要件として議会において20％以上の議席もしくは得票率25％以上をもった政党の推薦が必要となった。この規定は当然複数政党の相乗りでもかまわなかった。議会の総選挙から3カ月後に大統領選挙は行われる。総選挙前から選挙後議席が確定して正副大統領候補の立候補届け出締切までの間は,世論の動きも見つつ指名獲得レースが展開する。しかし,議会第一党といえども3割台の議席しか取っていない状況のなかでは,大統領選のため政党間のさまざまな駆け引きが行われることとなる。そのため小党であってもキャスティングボードを握ってしまえば大統領候補を立てることができる。これが個人政党の登場を招いた要因である。

かくして，アブドゥルラフマン・ワヒドの後，副大統領から昇格したメガワティの政権下で大臣を務めていたスシロ・バンバン・ユドヨノは閣外に出て，その国民的人気をてこに民主主義者党（PD）を結成し，大統領選に出馬したのである。これをきっかけにして個人政党の設立が相次ぐ。2006年には，ウィラント元将軍がやはり大統領職を展望するなかハヌラ党を起こした。そして，2008年にはスハルトの娘婿であり，本章でとくに中心的に取り上げるプラボウォ・スビアントがグリンドラ党を立ち上げた。2013年には，ゴルカル党の領袖としてアブリザル・バクリーとの確執に敗れたスルヤ・パロがナスデム党を結成した。

　こうした個人政党が成り立つ背景には，国民がゴルカル党や闘争民主党（PDI-P），民族覚醒党（PKB），そして国民信託党（PAN）や開発統一党（PPP）といった，スハルト時代の政党会派に起源をもつ既成政党に対して飽き飽きしていたということが指摘されている（岡本 2015）。既成政党はアリランと呼ばれる宗教文化の違いから結集していたが[9]，個人政党はこうした制約をもたず，大統領職を目指す個人のパーソナリティに引きつけられた人々によって支えられていた。それだけに誰でも参加できる気楽さもあったと考えられる。逆にいえば，これら個人政党は大統領職の奪取自体が究極の目的であり，一貫した主義主張，イデオロギーを実現しようと努力しているわけではなかった。それだけにただでさえ乱立気味の政党にこれら個人政党が加わることで，合従連衡が常態化していった。

　こうした中央政治の状況は国民の多くをしてさらなる政治離れを呼ぶことになる。有力政治家たちは，まったくもって権力欲だけで立ち回っているようにとらえられたのである。象徴的存在はメガワティ・スカルノプトリであった。初代大統領スカルノの娘としての「売り」しかなかったメガワティは，反スハルトのリーダーとして担ぎ出されて以来，ずっと中央政界にとどまり続けている。2001年にアブドゥルラフマン・ワヒドが退陣を余儀なくされると，副大統領だったメガワティは第5代大統領に昇格した。その政権下ではむしろ民主化の動きは停滞し，決断力の欠如を露呈するなどして，支持率は低迷していった。

2004年の選挙でスシロ・バンバン・ユドヨノに敗れたメガワティであったが，返り咲きの思いは断ち切れず，2009年の大統領選にも出馬することになった。このときに副大統領候補として組んだのは，かつての政敵スハルトの娘婿であり，旧体制を代表する存在と見られていたプラボウォ・スビアントであった。プラボウォはスハルト政権時代，メガワティが党首をつとめていた旧民主党に内部工作をしかけ，彼女を党外に追いやった人物であった。権力を得るためには，昨日の敵とも手を組むというのは，彼女の評価をますます下げていくことになった。

しかし，そうした評価は逆にプラボウォについてもいえることになる。スハルト政権末期に民主化運動弾圧の最前線にいて軍の特殊部隊の指揮をとっていたプラボウォが，反スハルト権威主義体制の象徴であったメガワティと組むというのは，いかにもわかりづらい。しかも，後にプラボウォは現大統領のジョコ・ウィドド（通称ジョコウィ）と2014年の大統領選挙で戦うことになるのであるが，ジョコウィが大統領選に出馬することになるきっかけをつくったのは彼であった。すなわち，2012年のジャカルタ州知事選挙に候補としてメガワティ率いる闘争民主党にジョコウィをつないだのである。プラボウォはその際に，副知事候補として華人で元ブリトゥン州知事のバスキ・チャハヤ・プルナマ（通称アホック）を推しているが，アホックはプラボウォの個人政党であるグリンドラ党の党員であった。そして，2017年のジャカルタ州知事選挙で現職として立候補したアホックに対して展開されたネガティブ・キャンペーンの黒幕とも考えられているのが，このプラボウォである。

このように，つねに利害が錯綜するなか，その都度その都度最善と思われる相手を見極め，関係を構築していくというあり方は，一般の国民には理解しがたいところであろう。そこで必要となってくるのが，わかりやすいイメージであった。複雑な利害関係とは関わりなく，だれにでも受け入れられるような明確なイメージが求められた。2014年の大統領選挙がまさしくイメージ選挙とみなされるのは，こうした寡頭支配のなか，政治が国民から離れたところで行われているとみなされていたからであった。そして，そうしたイメージ選挙に拍

車をかけたのが，ジョコ・ウィドドという極めて特異なキャラクターの登場であった。だが，それについて触れる前に，もう3つ，イメージ選挙にいたった理由を確認しておきたい。

　ひとつは汚職やレントシーキングであった。スハルト体制下で進んだインドネシア社会の汚職気質は，スハルトがいなくなってもなくならなかった。だれしもがレントシーキングに走る風土は透明性や公平性を欠いた政策につながっていった。2004年，史上初の直接選挙によって登場したスシロ・バンバン・ユドヨノの政権と彼の個人政党である民主主義者党にはそうした雰囲気を一新してくれるものとの期待が集まった。しかし，2期10年間にわたって続いた同政権下でも汚職の摘発はとまらず，最後は民主主義者党幹部の収賄が発覚する。次の政権を目指す者は，こうした流れを変える印象をアピールする必要があった（岡本 2015）。

　もうひとつは，スシロ・バンバン・ユドヨノのパーソナリティと同政権を支える政党基盤の問題であった。民主主義者党は躍進したとはいえ議会では連立工作が必要となった。政権には主義主張の異なる複数の政党が参加し閣僚を送り込んだ。スシロ・バンバン・ユドヨノはみずからの支持基盤を安定化させるために，そうした政党間の利害を調整していく必要があった[10]。結果として玉虫色の判断をせざるをえず，元軍人ながら煮え切らない，決められない大統領との印象を強めてしまう。こうして国民は次の指導者に強い決断力を求めることとなる。

　そして最後は，政策の共通性であった。こうした前政権と一線を画すとなると自ずとやるべきこと，やれることの範囲は決まってくる。2014年大統領選挙では，プラボウォ候補もジョコウィ候補も特定セクターに保護主義的な姿勢をとっているし，インフラの拡大を目指しその財源は補助金改革で対応しようとしていた。投資環境の改善や汚職の撲滅も打ち出された。つまり政策的には，ジョコウィとプラボウォはほとんど違いがないのである（川村・見市 2015：78-79）。それだけにイデオロギー的な差異や候補者のパーソナリティがことさらに強調された選挙となった。したがって，メディアを動員したイメージ戦略

はとくに重要となったのである。
　こうして，もともとパーソナリティが前面に出される直接選挙も3回目になって，イメージキャンペーンは頂点に達する。誹謗中傷が飛び交う史上もっとも「汚い」選挙となった背景にはこうした要因があったのである。

3．2014年大統領選挙とメディア

3-1　エリート対庶民

　2014年の大統領選挙に最終的に残ったのは，スハルトの娘婿プラボウォ・スビアントとジャカルタ州知事ジョコ・ウィドドであった。現職のスシロ・バンバン・ユドヨノは3選禁止規定により立候補できない状況のなか，両候補は現政権の刷新を強く訴えた。しかし，両者のパーソナリティはまったく正反対であった。ひとことでいえば 強力なリーダーシップを取るエリートと気の優しい庶民派との違いである。
　プラボウォ・スビアント・ジョヨハディクスモは，1951年，著名な経済学者でありスカルノ政権でもスハルト政権でも経済閣僚を務めたスミトロ博士の長男として生まれている。祖父はジャワ貴族の末裔で国立インドネシア銀行初代総裁マルゴロ・ジョヨハディクスモである。父に連れられ幼少から海外で生活，英語やオランダ語にも堪能であるといわれる。しかし，彼のイメージを決定づけたのは軍人としての経歴であった。国軍士官学校を卒業後入隊，軍歴を重ねていく。陸軍特殊部隊の小隊長として東ティモール併合作戦に従事し独立戦線の武力弾圧を行ったことでも知られている[11]。政治家への転身を後押ししたのは，スハルト大統領の娘との結婚であった。自らが軍出身であったにもかかわらず，息子たちはひとりとして軍人の道も政治家の道も歩まなかったスハルトは，娘婿をかわいがったという[12]。プラボウォはスハルトの信頼を受けて軍内部の反対勢力の押さえ込みに力をつくしたほか，東ティモールのゲリラ勢力の掃討を指揮した。異例の速さで出世したプラボウォは，戦略予備軍司令官などの要職に就いた。1998年のスハルト退陣直前に起きたジャカルタ暴動の際は，

デモの鎮圧にあたって学生の射殺を指揮したことで，後に糾弾される。また，その配下に私的部隊（通称ニンジャ）をもち，スハルトに批判的な穏健派イスラム組織ナフダトゥール・ウラマの宗教家を暗殺したり，暴動の扇動を行っている。スハルト政権崩壊時には自ら部隊を動かして，クーデターをしかけようとしたともいわれる。その風貌からしても強面のイメージが非常に強く，国際的にもきわめて評判の悪い人物である。

特殊部隊での逸脱行為から軍籍を剥奪された後，プラボウォはヨルダンに渡る。実弟で実業家のハシム・ジョヨハディクスモがカザフスタンで手がけた石油開発事業に関わり，財をなした。3年間の外国生活の後，帰国して政治家を志す。スハルト時代の与党ゴルカルに近づくが警戒されると，自ら政党グリンドラ党を立ち上げ，大統領の座を目指す。

対するジョコウィことジョコ・ウィドドは1962年，中部ジャワ州スラカルタ（通称ソロ）の貧しい家具職人の家に生まれた。苦学して古都ジョクジャカルタの名門であるガジャマダ大学林業学部を卒業した後は，家具販売を手がけた。トラックに家具を積み込んで売り歩いていたという。政界への進出は，林業組合の役員からソロの市長になったことから始まる。ソロ市長時代にはさまざまな改革を行い，その活躍が全国に知られていく。ジョコウィは闘争民主党（PDI-P）の党員ではあったが，党の役職についたことはなかった。つまり，本来であれば中央政界からは遠い人物であった。だが，有力政党でありながら票の取れる政治家を抱えていなかった闘争民主党は，2012年のジャカルタ州知事選挙に彼を引っ張り出す。

このような経歴からタイのタクシンや韓国の李明博のようにCEO型政治家とジョコウィを評する声もあるようだが，たとえば東インドネシア地域で幅広く事業展開をしてきた副大統領候補のユスフ・カラのような著名企業家と比べると，企業人としてもあまりにも「小さい」ふつうの人であった。前述の寡頭制のなかの有力者たちのように，選挙を戦うための資金源となる企業グループもなかった。

保守派の現職を破ってジャカルタ州知事に就いたジョコウィは，ソロ市長時

代から培ってきた手法で改革を進めていった。歴代の知事たちがいわば先送りしてきた課題に次々と取り組んでいったのである。路上に店を出して渋滞の原因をつくっていた露天商たちの問題、大量のゴミや河川の汚染、雨季になる度に繰り返される洪水、そしてなによりも貧困対策、こうした諸問題に正面から取り組んでいく。そうした姿勢の象徴となったのがブルスカン（抜き打ち視察）であった。自ら現場に赴き、当事者と直接対話し、説得して解決にあたっていったのである。知事庁舎にどんと構えただけの前任者たちとはまったく違うリーダーであった[13]。

プラボウォとジョコウィのエリートと庶民、旧体制の象徴と改革派といった経歴の違いは、有権者に強くアピールされていった。

3-2　メディアの寵児としてのジョコウィ

2014年大統領選におけるイメージ選挙を盛り上げたのは、テレビ放送を中心とした従来型の主要メディアとソーシャルメディアであった。だが、そこまでの過程をふりかえってみると、単なる盛り上げ役ではなく、メディアこそがこの状況を作り上げたことがわかる。ジョコウィがソロ市長から首都の知事に転身、任期途中で大統領選の有力候補となるなど、地方の首長からたった2年間ほどで一気に中央政界の中心でスポットライトを浴びるようになったその過程は、メディアなくしてありえなかった。

2012年のジャカルタ州知事選挙では、現職のファウジ・ボウォ陣営が古いタイプの選挙活動を展開したのに対して、ジョコウィ陣営はふつうのジャカルタっ子が抱える一般的な問題に関わり、現場に直接赴いて住民たちと対話するいままでにないスタイルをとる。こうした活動は、ソーシャルメディアを通じてリアルタイムに拡散し、その後を追って主要メディアが報道していった。YouTube が先行し主要メディアが追いかける構造ができあがったのである。そして、ジョコウィ陣営には、ソーシャルメディアに随時情報をアップしていくためのボランティア集団が組織されていた（Tapsell 2015：39）。ネットという資産が民主化されることで、ボランティアのキャンペーンが新しくどんどん

増え，メッセージをより多くの受け手に少ない費用でもって伝えられるようになった。こうしてオンラインキャンペーンはリアルな選挙の世界で既存の主要メディアにも影響を与えていくようになるのである（Chen 2014：2）。

知事選を勝ち抜き首都のトップの座に就いたジョコウィは医療や教育の一部無償化など，貧困層への支援に力を入れる。それ自体，十分話題性のある政策であったが，前述のブルスカン（抜き打ち視察）は，映像のもたらす効果抜群であった。ジャカルタではまったくの貧困層は別としても，ふつうの庶民であればカメラ付きのスマートフォンをもつ者は少なくない。とつぜん目の前に現れた知事の姿は庶民によってSNSに上げられ拡散していった。

また，知事が現場に赴けば，当然のことながら行政の末端の担当者もかけつける。その場で役人に指示する姿は，日頃から役所の非効率に苦しめられてきた庶民に強くアピールした。この庶民に寄り添う政策と反エリート主義ともとれる姿勢が，ジョコウィをしてポピュリストと評される所以となる。

そして，ブルスカンは予告なく午前中に行われた。州知事公舎前には中継のためにテレビ局のクルーが張りついて，出てきた知事の車を追いかけた。知事の中継といえば，堅苦しい行事におけるおきまりの，型は決まっているが中身のないあいさつをカメラワークも単調にたんたんと伝えていくのが常であった従来の報道とはまったく違っていた。もちろんこうしたスタイルは計算されていたものであった。たとえば，午前中にブルスカンが行われたのは，昼のニュース，夕方，夜のニュースと繰り返し報道されることをジョコウィ自身が意識していたからだという[14]。

ジャカルタへの全国メディアの集中は，ジョコウィを「全国区」に引き上げていった[15]。都知事の活躍は直接的には地方の住民にとって関係がない。だが，ジャカルタのメディアがジョコウィのブルスカン（抜き打ち視察）を取り上げることで，彼の人気は全国に広がっていったのである（Tapsell 2015：41）。

けっして飾らない庶民派の姿と改革派首長のイメージは，重厚感・安定感はあるけれど政治的駆け引きに余念がなくなかなか動かないリーダー像とは対極にあった。こうしてジョコウィはジャカルタ州知事就任後，わずか5カ月で大

統領候補としてメディアに持ち上げられていった。
　前節で見たように，2期10年間にわたって続いたスシロ・バンバン・ユドヨノの政権は彼自身はとりあえず清廉であったものの，政治家や政府高官の汚職にまみれていた。国会に議席を有する大半の政党の支持をとりつけた大連立の安定政権は，一方で政権に参加する政党の利権誘導を招いていた（岡本 2015）。こうした状況に国民が嫌気がさしていたところに現れたジョコウィという存在は，それまでのインドネシアの政治家のイメージを根底から覆すものであった。そうしたイメージにメディアは飛びつき，メディアによってそのイメージはさらに膨らんでいったのである。

4．ネガティブ・キャンペーン

4-1　イメージ戦略

　プラボウォ，ジョコウィ両陣営が，2014年大統領選において展開したイメージはどのようなものであっただろうか。インドネシアの選挙では総選挙でも大統領選挙でも候補者・政党に数字が割り与えられる。識字率を意識して候補の名前を記入する方法ではなく，投票用紙に示された候補者・政党の写真ないしロゴマークに錐で穴を空ける方法がとられる。政党であればロゴマークと数字を強調するところであるが，候補者個人を選択する大統領選ではとくに数字が強調される[16]。両候補，両陣営は数字の数だけ指を立てて，支持を訴えた。
　それだけでなく，さらに視覚に訴える工夫がなされていく。プラボウォは基本的に白の上着に黒いイスラム帽を着用した。ときにサングラスをかけ，力強い口調での演説に徹していた。白い色にこだわったのは，それが国民の8割を超えるイスラムを意識させる色だからである。イスラムのなかでもとくにコアな層に対して，自分がいかに敬虔なムスリムであるかアピールする狙いがあったものと思われる。強い指導者のイメージで意識したのはスハルト時代に攻撃し後には連携をとり，そして今は対抗馬ジョコウィの背後にいるメガワティの父親であるスカルノであった。演説の名手であった初代大統領を彷彿とさせる

姿は，ナショナリストのイメージを強調するに十分であった。

このナショナリストとしてのイメージは，演説における排外主義的言説につながっていく。外国という「他者」がインドネシアの発展を阻害しているという言説がくりかえされていく（本名 2015：26）。

テレビでも流されたというビデオを見ると[17]，そこで強調されているのはスミトロ博士の長男であるという血筋の良さと軍歴である。国のリーダーとしての資質が強調されている。同時に，タイの元首相タクシンの姿に学んでつくられたという，弱者によりそうポピュリストとしてのイメージも強調された（Mietzner 2015：18）。プラボウォを応援するべく出版された本は，彼のエリートとしての華やかな経歴を強調しつつ，そのタイトルは「プラボウォ・スビアントはしっかりと人民に寄り添う」であった（Soedarmanta 2013）。

対するジョコウィのシンボルカラーは赤と青，そして白が混じったチェックのシャツであった。多様性を意識したとされるシャツは，非ムスリムにアピールすることはもちろん，表面上はムスリムであっても実際には土着の信仰や文化にどっぷりはまった層を引きつけるものであった。彼らはイスラム的な規範を認めつつも，そこに息苦しさを感じるような層であり，おそらくは有権者のかなりの部分を占めていた。

ジョコウィの弁舌はかならずしも力強いものではなく，かといって原稿棒読みの堅苦しいものでもない。その風貌ともあいまって，どこか近所のおじさんのような柔らかい印象が前面に出されていた。どちらかといえばやせて貧相にすら見えるその姿は，ジャワの伝統文化において強調される wong cilik[18]，インドネシア語でいう orang kecil（直訳すれば「小さき人」，すなわち庶民の意）に結びつくものであった。プラボウォの恰幅の良さが orang besar（「大きな人」，富裕層や社会的影響力の強い人を指す）のイメージを呼び起こすのとは対照的であった。

そして，ジョコウィがプラボウォをはじめとするポピュリストと異なるのは，「他者」批判をしない点である。プラボウォにおける「外国」のような集合的敵を措定することで大衆にアピールするといった手法はとらない，すなわち対

抗軸を示さないのがジョコウィの特徴であった。プラボウォに対しても泥仕合を嫌って必要以上の攻撃は避けたという[19]。

同時に，「インドネシアのバラク・オバマ」とも称されたジョコウィは，一方でエレキギターを下げてヘビメタロックを愛好するイメージを売っていった。若い有権者を意識して自分の趣味を強調していたといってよい。

両者の対立するイメージのなかで，とくに留意しなければならないのはイスラム的な記号である。これを強調するプラボウォと控えめなジョコウィという対比は，それ自体大きな対抗軸を形成していくことになる。

そして，こうしたイメージ選挙の推進にあたって，テレビ放送は強力なツールとなっていく。特に政治広告が登場してから，政治的アイデンティティと差異化が次第に重要になってきた。政治や経済についての込み入った話を30秒とか60秒の広告に圧縮するという誰にとっても簡単でない仕事をする代わりに，候補者たちは有権者が直感的に理解する指導者の公的イメージをつくりあげるのである（Prasetyawan 2012：318）。

4－2　偏向報道

ジョコウィの知事としての活躍ぶりを持ち上げていた主要メディアの一部は，大統領候補として決まると彼を無視するようになった。前述のように大メディアの所有者たちは政治に極めて近く，彼ら自身がなんらかのかたちで大統領選に関わっていたからであった。後にジョコウィ側につくメトロ TV ですら，7月の大統領選挙に先行して行われた4月の総選挙では，ジョコウィの母体である闘争民主党よりも社主スルヤ・パロの政党ナスデム党に関する報道に力を入れていた（Tapsell 2015：46）。

大統領選が近づくにつれて，報道の違いは際立っていった。スルヤ・パロが支持に回ったため，24時間ニュースチャンネルであるメトロ TV ではジョコウィの露出が大きくなった。対してプラボウォ候補についたのは，アブリザル・バクリーが所有する tvOne であった。多く指摘されるのは，両局が両陣営に関して報道した回数や報道時間の偏りであるが，とくに tvOne について

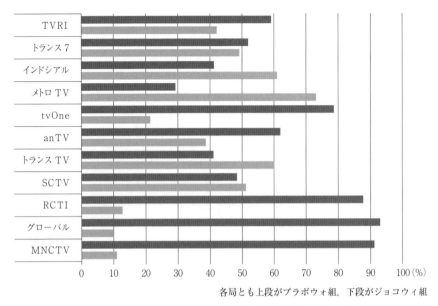

図 4-1 局別にみた正副大統領候補に関する報道量割合

各局とも上段がプラボウォ組，下段がジョコウィ組

は，ジョコウィ組に対するネガティブな報道が激しく[20]，放送の監視監督を行うインドネシア放送委員会（KPI）から注意処分を受けている[21]。

国営放送からかわって公共放送となったインドネシアTV（TVRI）やSCTVのように中立を保つ局もあったが，2014年大統領選挙の際の放送界は2分されていた。図は主要テレビ放送の放送時間比較を行った結果である[22]。

報道の割合だけでみれば，tvOneやメトロTVよりも偏っている局はある[23]。にもかかわらず，この2局の偏向ぶりが注目されたのは，両者がともにニュースを中心とした番組編成をしているからであろう。

4-3 ネット上の誹謗中傷

2014年の選挙ではプラボウォ，ジョコウィ両陣営ともさかんにSNSなどのソーシャルメディアを活用したことが知られている。傾向としてはプラボウォ陣営はフェイスブックを，ジョコウィ陣営はツイッターを重視していた（Leon

2014)。そのほかにも両陣営とは直接関わりのない個人，組織によってさまざまなコンテンツがネット上にあげられていった。なかにはCameo Projectのように，中立の立場から両候補をおもしろおかしくパロディ化する動きもあったが[24]，全体としては後述のようにジョコウィ陣営を攻撃したものが多かった。誹謗中傷ともとれる内容のポイントは，インドネシア社会のなかに澱のように溜まった差別意識に関わるものであった。

　第1に，宗教に関わる誹謗であった。ジョコウィは紛れもなくムスリムであるが，イスラムに対する敬虔さが足らないと見られ，本当は「クリスチャン」であるとするものである。宗教間の分断にもつながるこの誹謗は，あきらかにヘイトの次元に属する。

　第2に，シンガポール系華人疑惑である。中華系に対する差別意識は公共の場では見られなくなったが，長い年月のなかで続いてきた反華人意識は封印されつつも残っている。そこにうったえかけようというものである[25]。Mietznerは第一の要素ともあいまってこのシンガポール系クリスチャンであるといった攻撃がジョコウィ陣営に大きなダメージを与えたと見る（Mietzner 2015：41）。

　第3に，共産主義者疑惑である。スハルト政権は，1965年の9月30日事件とその後に起きた共産党員ないしそのシンパの大虐殺を利用して，共産主義者＝悪，恐怖の対象との図式を国民に植え付けていった。その恐怖を呼び起こそうというものである。

　第4に，指導者としての資質である。外交に携わる大統領としては英語の能力が低いのではないかと揶揄される[26]。

　そして第5に，支持基盤があげつらわれた。もともと自らの再出馬を考えていたメガワティであったが，そのあまりの不人気から周囲の説得に折れ，ジョコウィを大統領候補にかつぎだした経緯があった。このことからジョコウィに対してはメガワティの「子ども」「人形」といった批判が強かったのである[27]。

　これらのなかでも，差別意識にかかわるものは，スハルト時代にはSARAと呼ばれて厳しく封印されていたものである[28]。長年擦り込まれてきたタブーを払拭することは容易ではない。誹謗中傷のキャンペーンはそこに目を付けた

ものであった。

　ジョコウィ側にも人権を蹂躙した過去を非難したりとプラボウォを攻撃する動きがなかったわけではない。だが、ネット上の匿名のものも含めた、事実に基づかないブラック・キャンペーンは主にジョコウィ陣営に対して向けられていた[29]。そして、こうしたキャンペーンの発信元はあきらかにプラボウォ陣営であったという（本名 2015a：31, 本名 2015b：108）。

　以上のように、主要なテレビ局が主に報道量の違いによって指示陣営を明確にしていたのに対し、ネットの世界では事実かどうかの検証もない誹謗中傷が飛び交っていた。

5．ジョコウィの辛勝とイスラム保守

5-1　僅差の勝利とゴルプット

　2014年大統領選は、ジョコウィの勝利に終わった。とはいえ、2014年4月の時点で29％も上まわっていたジョコウィ組の支持率はどんどんプラボウォ組によって追い詰められ、7月の勝利は53％対47％の僅差となってしまった。急速な追い上げの要因をブラック・キャンペーンの効果のみに帰することはできないものの[30]、その効果が小さくなかったのも確かであろう。結局、終盤になってジョコウィが巻き返しを図ることができたのは、ボランティアたちによる戸別訪問やソーシャルメディアの活用だった。草の根の活動に全国で100万人が参加したともいわれる[31]。

　本名（2015a：34）の分析によれば、2014年選挙でプラボウォを支持した主力は都市部の若年層であったという。本名は都市、高学歴層、高所得層、イスラム保守をキーワードとして、プラボウォの支持基盤の核を示している。Mietzner（2015：44-45）もプラボウォは上層階層に属する有権者を引きつけたとし、彼らが求めるリーダー像は世界で通用する指導者であって、「田舎者」ではなかったとしている。

　つまり、こうした層はジョコウィという「庶民派」大統領が現実のものとな

るにしたがって，大衆嫌悪を強めていったのである。いってみれば反大衆主義がイメージ選挙によって呼び起こされていったのである。本名（2015a：34-36）は，スシロ・バンバン・ユドヨノの2期10年におよんだ治世のなかで富裕層と貧困層の格差が広がったことと，宗教的寛容度の低下を背景要因として示しつつ，「大衆の勃興からエリート層の既得権益を守ってくれる」という期待がプラボウォに寄せられたと分析する。

　他方，2014年選挙で注目されたのは，ゴルプットと呼ばれる棄権者層であった[32]。政治に対して批判的とも無関心ともとれる彼らは，スハルト後の選挙で急増し，その動向が注目されるようになってきている。スハルト時代には，投票がほとんど強制に近い形で行われており，その比率は1割に満たなかった。それが，2009年の大統領選挙では約28％，14年4月の議会選挙では約25％であったのに対し，7月の大統領選挙では30％を超えた[33]。先進国の状況からすれば，とくに問題とも思えない数字ではあるが，前述のようなわかりづらい政治の構図など現状に対する批判と読み解く見方は多い[34]。

　プラボウォは自陣営に近い調査会社に自陣営に有利な開票速報を流させたり，投開票のプロセスに不正があったと憲法裁判所に訴えるなど，最後まであがいたが，結局負けを認めざるを得なかった。しかし，彼の野心は消えることはなかった。2019年の大統領選を目指して，プラボウォが次に照準を合わせたのは，17年のジャカルタ州知事選であった。

5-2　強化される宗教カード

　2年の任期を残して大統領に転出したジョコウィの後，ジャカルタの州知事になったのは副知事であったバスキ・チャハヤ・プルナマ，通称アホックであった。史上初めて登場した華人のジャカルタ知事は，そのアグレッシブな性格からも精力的に仕事をこなした。華人でクリスチャンながら，その成果に対する市民の評価は高く再選は確実と思われていた。

　流れが変わったのは，2016年9月末，ジャカルタ特別州内のプラウ・スリブでアホックが行った演説がネット上でねじまげられて拡散されてからであった。

この演説でアホックは「コーランを使ってだまされる」ことに注意を喚起したのであるが、この「使って」の部分が落とされ、あたかも「コーランにだまされる」とアホックがいっているかのごとく歪曲された動画がYou Tubeに投稿され、拡散されたのであった。

これがイスラムへの「冒涜」にあたるとの声がまたたくまに広がり、アホックは窮地に立たされていく。ついにインドネシアでもっとも権威があるインドネシア・ウラマー評議会がこれを「冒涜」と認定するに至り、10月後半には抗議行動が繰り返されるようになっていった。

このデモ行動の中核を担ったのが、急進派イスラムの運動組織であるイスラム防衛戦線（FPI）とプラボウォ率いるグリンドラ党などの野党勢力であった。2016年11月4日と12月2日には数十万人におよぶ大規模な抗議行動が行われた。ソーシャルメディアにもヘイトスピーチが蔓延した。アホックが華人であること自体が攻撃の材料とされたのはもちろんのこと、クリスチャンであることから「反イスラーム」の刻印が押された。コーラン冒涜のフェイクニュースが加熱していく。こうして、アホックは2017年2月の知事選第1回投票ではトップに立ったものの、4月の決戦投票ではアニス・バスウェダンに大差で敗れた。そして、5月には宗教冒涜罪の有罪判決を受けてただちに収監された（以上、見市 2018）。

このときのソーシャルメディアの動きを分析したLimは、フェイクニュースの横行とともに、ネット上の動向と実際の選挙結果はかならずしも一致しなかったことを指摘している。総じて親アホック派の方がネット上での存在感が大きかったと分析した上で、反アホック派の街頭動員の力の強さが指摘される（Lim 2017：419）。つまり、アホックの場合、ボランティアのネットワークが十分な広がりを見せなかったということになる。とくにジャカルタの底辺を支える下層にどれほどアホックの支持が広がったか。むしろ劣悪な居住環境にあるカンポン（低所得者居住地域）を浄化しようとアホック知事が追い立てた住民が、FPIに参加したといった見方をLimは紹介する（Lim 2017：419）。そもそもアホックは、ジョコウィと違ってエリート臭がつよい人物であった。政治姿勢に

第4章　インドネシアにおけるポピュリズムとメディア

も強引さが感じられ，知事になってからの政策から反貧困層とのレッテルも貼られていた（Lim 2017：421）。ジョコウィ＝アホックとプラボウォ＝アニスといった対立構図はわかりやすいが，かならずしも有権者の見方をしっかりなぞっているとはいえない。

ネット上で展開する部族ナショナリズム（Lim 2017）は，リアルな世界にあるさまざまな利害の構図を単純化して人びとに提示しているだけでなく，実際の権力闘争によって際立っていくようである。

結語にかえて――ポピュリズムとメディア

プラボウォとジョコウィは主張する政策においてはいずれもポピュリスト的であった。だが，その性格はきわめて対照的であった。Mietzner (2015) は，プラボウォを教科書的なポピュリストに属する超ナショナリストとしてとらえる。プラボウォ自身は明らかにエリート層出身であるが，中東から帰国後の浪人時代に，農民組合，漁業組合，そして伝統的市場商人の組合など，より市井の人々に近い組織の長を歴任して，大衆に寄り添うイメージを培ってきた。彼の功績をたたえた本のタイトルには「しっかりと人民の側に立つ」と記されている（Soedarmanta 2013）。だが，プロモーションビデオを見る限り，彼はあきらかに自らがエリートの出身であることを強調している。もちろん，タイのタクシンのようなポピュリストもそうであったように，自身がエリートであることとポピュリストであることは多くの場合なんの矛盾もない。しかし，プラボウォは単なるエリートではなく，スハルト時代に権益を得ていた既得権層の代表である。彼が本気でそうした階層の利益に反する政策を実行していく可能性は大きくはない。富裕層の支持がコアにあるとするなら，単純に底辺の貧困層を引きつけるポピュリストとも思われない。そして，この矛盾が，敗因につながったとの見方もある（Aspinall 2015：25）。

ジョコウィはどうであろうか。大衆迎合的政策と反エリート主義，そして大衆扇動がポピュリズムの特徴であるとするなら，少なくともジョコウィは大衆扇動家ではない。彼は感情的批判の応酬になんの利益もないとみていた。また，

既存の官僚システムの非効率に対して批判的であるが，それを正面からぶちこわしていこうということもなく，むしろ1期目5年間の政権運営は側近の老獪さも手伝ってかなり調和を重視しているようにみえる（見市 2017：224-227）。

　本章では，両者がいかにメディアを利用してきたかを見てきた。インドネシア特有のメディア所有の構造やブラック・キャンペーンの裏側にあるのは寡頭制支配の構造であった。それに挑んだジョコウィはメディアによって「つくられ」，最後は草の根ボランティアの力もあって大統領の座に就いた。いまのインドネシアが分断状況にあるとしたら，その醸成にメディアが大きく貢献してきたことは確かであるし，すくなくともメディアなくしてジョコウィ政権はなかったであろう。民衆に寄り添うブルスカンにしろ SARA にしろ，メディアはそのときどきのアジェンダを明確化しようとする。

　だが，アジェンダ設定に力を入れるあまり複雑な権力関係を読み解く努力を怠るとメディアは次にやってくる状況変化を予測することができなくなるし，自らが描き出した構図にからめとられてしまわないだろうか。「プラボウォの下層へのアピールはしばしばつくられたものだが，民主主義への嫌悪は本物である」（Mietzner2015：22）という。首長の直接選挙制を廃止すべきとするプラボウォの主張が通ったら，言論状況はスハルトの時代にもどってしまう。また，はびこるイスラム主義もメディアにとっては悩みの種でなかったか。急進主義的な活動家は相対的に少数とはいえ[35]，イスラムはインドネシアの政治に大きな影響をもたらしてきた。「民主主義は豚肉より危険である」と主張する FPI は反民主主義的勢力の代表であった。彼らにしてみれば，民主化のなかでもたらされた表現の自由こそがポルノグラフィや同性愛，背教的価値観を広めているのである。しかし，日常において，ましてや主要メディアがイスラムの価値に真っ向から対抗的な言説を張ることは不可能である。イスラムとどのように向き合いどのように報道していくかは，この国のメディアの最重要課題である。

　自らが作りだしあおり立てた構図によって潰される危険は，分断をあおってきた権力者たちも同じである。プラボウォはジョコウィとの対比のなかで敬虔なムスリムであることを強調するが，彼自身どこまでイスラムに帰依している

といえるのだろうか。たとえば彼の有力な資金源である実弟ハシム・ジョヨハディクスモはムスリムではないし，過激な主張を繰り返すFPIにいつ牙をむかれないとも限らない。

2019年はふたたび選挙の年である。前回までと異なるのは，国会の総選挙結果をまたずしてすでに前年の内に大統領選の立候補者の登録が終わっていることである。現職ジョコウィに対して，プラボウォが挑戦する構図となっている。現職有利が伝えられるなかで，プラボウォはさまざまな工作を試みているが，果たしてそのもくろみどおりに逆転を果たせるかどうかはわからない。

(注)

1）本章では，ネガティブ・キャンペーンを対抗馬のネガティブな側面をあげつらうものととらえ，なかでも事実に基づかない攻撃をブラック・キャンペーンとする。
2）tvOneは，小売業で財をなしスハルト時代に閣僚も務めたアブドゥル・ラティフが所有していたLativiを前身とする。2007年にバクリーが取得し，翌年からtvOneに改名した。
3）以上，メディアの所有構造については，たとえばAgus Sudibyo & Nezar Patria2013，Tapsell2015などに詳しい。
4）'Indonesia, Pengguna Facebook Terbanyak ke-4 di Dunia', Kompas.com, 2 March 2018. https：//tekno.kompas.com/read/2018/03/02/08181617/indonesia-pengguna-facebook-terbanyak-ke-4-di-dunia（最終閲覧日：2018年12月31日）ほかにインドネシアのフェイスブック事情を紹介したものとして，メタ・アストゥティ（2013）。
5）官公庁の内部の連絡にWhat's Upが使用されているほどである。
6）正義党（略称PK）は，現在の福祉正義党（PKS）につながる改革派イスラム系政党である。
7）そもそもインドネシアを含む東南アジアでは，90年代初めから携帯電話が普及していった。固定電話が多くの積滞を抱えていたことも，かえって携帯電話の普及を早めたと考えられる。なお，インドネシアは日本のようなポケベルの段階を経ずして，一気に携帯電話の普及へ向かった。
8）Mietzner（2015）は，スハルト後のインドネシア政治をとらえる枠組みとして寡頭制，カルテル，そして多元主義の3つを上げているが，カルテルアプローチにしても多元主義アプローチにしても，寡頭制状況を前提とした議論である。
9）闘争民主党とゴルカルが世俗政党であるのに対して，民族覚醒党，国民信託党，開発統一党はそれぞれ異なるイスラム勢力を基盤としていた。同じ世俗政党でも，

ゴルカルはかつてスハルトによって組織され，いまだに財界と近いのに対して，闘争民主党はスハルト時代の野党，民主党から分かれ，庶民の支持が強い特徴をもつ。
10) これは大統領選挙が米国同様，正副のペアによる戦いという形をとっていることにも影響されている。だが，二大政党制の米国と違って多党乱立が続くなか選挙選を有利に進めるには，副大統領候補を他党から選出することで支持を広げる戦略をとることになる。現在の政治状況が続く限り，大統領は常に政権のスタートの段階から他党に対する配慮を求められる。

ちなみに，2014年選挙ではプラボウォ（グリンドラ党）の副大統領候補としてイスラム系政党である国民信託党（PAN）からハッタ・ラジャサが，ジョコウィ（闘争民主党）の副大統領候補としてゴルカル党反主流派のユスフ・カラが立候補した。
11) 1978年，プラボウォの小隊は革命戦線最高指揮官であったニコラウ・ロバトを射殺した。また，1992年には戦略予備軍司令官として東ティモール民族解放軍司令官のシャナナ・グスマン（後のティモール・レステ大統領）を逮捕している。
12) 息子たちの多くは親の威光を頼ってビジネスの道に進んだ。いわゆるファミリー・ビジネスである。また，政治家としては長女シティ・ハルディヤンティ・ルクマナ（通称トゥトゥット）が親の寵愛を得て閣僚についている。
13) プラボウォとジョコウィの経歴については，川村（2015：76-78）などを参考にした。
14) Tapsell 2015：42。ほかにいかにジョコウィがメディアを意識してきたか，ソロ市長時代の様子からマーケティングの観点に立って分析，紹介したものとして，Retno 2014。
15) 首都へのメディアの集中は多くの国で見られることであるが，インドネシアは2004年放送法によってネットワーク化が定められているにもかかわらず，ジャカルタに本拠地をおく民放局が実質的に全国型の放送を展開している。こうした現状を批判したものとして，Ade Armando 2011がある。
16) 2014年選挙では抽選でプラボウォに1，ジョコウィに2が割り当てられた。
17) 現在でもこのビデオは YouTube で見ることができる。YouTube：Sang Patriot Prabowo Subianto, https：//www.youtube.com/watch?v=_cgNJhLcD4o（最終閲覧日：2018年12月31日）
18) Jonathan Chen もジョコウィについて wong cilik という形容を与えている（Chen2014：11）。
19) Mietzner2015：26。ジョコウィ自身はガトラ誌のインタビューに応えて，「ブラックキャンペーンは気にしない」としている。'Joko Widodo：Mari Kita Adu Gagasan', Gatra, 4 Juni 2014：18-19.
20) インドネシアを代表する有力紙コンパスは電子版で，tvOne はジョコウィをネガティブにフレームづけているのに対し，プラボウォを愛すべき人物として誇大に示しているとする Remotivi の調査結果を示している。同局はジョコウィが大統領

候補になることに賛成しないと語る副大統領候補ユスフ・カラのビデオを流したり，ジョコウィ組の街頭選挙運動で渋滞が発生していると報道したとされる。前者は正副大統領候補が決まる前のユスフ・カラの発言を流して陣営の不協和音を示す意図があったものと思われる。Remotiviは2010年に設立されたテレビ放送を調査する市民団体である。Remotivi："TV One" Bingkai Jokowi Negatif, Memulas Prabowo Figur Dicnitai, 4 July 2014. https：//nasional.kompas.com/read/2014/07/04/1346035/Remotivi.TV.One.Bingkai.Jokowi.Negatif.Memulas.Prabowo.Figur.Dicintai..（最終閲覧日：2018年12月31日）

21）6月4日の報道内容についても処分を受けている。Teguran untuk Siaran Jurnalistik Pemberitaan Pasangan Capres di TV One, Komisi Penyiaran Indonesia, 9 Juni 2014, http：//kpi.go.id/index.php/id/lihat-sanksi/32105-teguran-untuk-siaran-jurnalistik-dan-pemberitaan-pasangan-capres-di-tv-one（最終閲覧日：2018年12月31日）

22）Akhirul Aminulloh 2014：5で紹介されたKPI（インドネシア放送委員会）の報道時間量データである。同論文では，KPIの資料とされるだけで出所詳細が不明であるが，本章筆者はKPI職員より同委員会の資料である旨，確認を得ている。

23）たとえば，Jokowi寄りだったメディアとして，Tapsell（2015：47）はメトロTVのほかにダーラン・イスカンのジャワポス・グループ，Berta Satu局やJakarta Globe誌を所有するリッポー・グループ，そして英字紙ジャカルタポスト紙を上げている。だが，これらはメトロTVを除けば全国メディアではない。プラボウォ陣営には，tvOneのほかMNCグループなど全部で5局がついていた（本名2015a：31）。

24）これもYou Tubeで視聴可能である。プラボウォについては人権活動家の抹殺に関わったことから，彼に関わると「消える」というギャグやその短気な性格を揶揄したもの，軍人としての匂いから外交に対しても強硬な姿勢をとると考えられることから隣国マレーシアが描かれていない地図を部屋に掲げていると言ったパロディが展開されている。対するジョコウィは人柄の良さが能力の低さと結びつけられたり，メガワティの傀儡（人形）であることがおもしろおかしく示されている。https：//www.youtube.com/watch?v=hITLHh0flPo（最終閲覧日：2018年12月31日）

25）よく知られているのは，議会選挙中に広がったジョコウィの「死亡広告」である。華人名があしらわれている。https：//www.merdeka.com/politik/pdip-laporkan-kasus-selebaran-isu-jokowi-meninggal-ke-bareskrim.html（最終閲覧日：2018年12月31日）

26）たとえば少年たちがプラボウォとジョコウィを演じるパロディにもこの点がよく表れている。Prabowo vs Jokowi-Epic Rap Battles of Presidency, 1 July 2014, https：//www.youtube.com/watch?v=bZY3Mg4gtQM（最終閲覧2018年12月31日）

27）大統領就任後のジョコウィは闘争民主党との距離をたくみにとるようになり，メガワティの影響を最小限にとどめようとしてきた。

28）スハルトはこの SARA を口実に言論の自由を抑圧し，自らに対抗する者たちを排除していた。SARA とは Suku（民族），Agama（宗教），Ras（人種），Antar golongan（社会集団，階層間関係）の略称である。

29）コンパス紙電子版は，選挙監視団体 Matamassa の調査結果として，SARA に関するブラック・キャンペーンとして報告された69件がジョコウィ組を標的としていたのに対し，プラボウォ組のそれは12件にとどまるとしている。https://nasional.kompas.com/read/2014/07/23/19390581/Matamassa.Selama.Pilpres.Jokowi-JK.Paling.Sering.Diserang.Kampanye.Hitam.dan.Isu.SARA（最終閲覧日：2018年12月31日）。また，テンポ誌は，「ブラックキャンペーンが候補者を攻撃」と題した記事で，2014年5月中に，プラボウォについてはヨルダン国籍であるとか，人権侵害や誘拐事件の首謀者，家族の不仲，激高しやすい性格，多額の負債など5点にわたって批判，中傷されているとしているのに対し，ジョコウィに対しては実に22種類もの誹謗中傷が確認されたという情報を紹介し，ソーシャルメディアにおいてはジョコウィ組の方がより多く攻撃にさらされているとしている。同記事によれば94.9%がジョコウィ組を攻撃するものであり，プラボウォ組はたった13.5%にすぎないという。'Kampanye Hitam Menyerang Calon',TEMPO, 15 Juni 2014

30）Mietzner（2014）は，プラボウォ陣営が利益誘導型の選挙運動を合わせて行っていたことを指摘している。つまり，地域の指導者たちに金をばらまき，当選したら補助金や開発プロジェクトを配分することを約束したのである。

31）本名2015：110-111。また，このボランティアによるキャンペーンを記録したものとして，Mok 2015。

32）golput は golongan putih の略で「白い集団／カテゴリー」の意である。つまり，本来は選挙で白票を投じる人たちのことを指すが，実際には棄権者も含めて論じられる。

33）中央選挙管理委員会の発表による。Partisipasi Pemilih di Pilpres 2014 Menurun, Ini Penjelasan KPU, 23 Juli 2014. https://news.detik.com/berita/2646389/partisipasi-pemilih-di-pilpres-2014-menurun-ini-penjelasan-kpu（最終閲覧日：2018年12月31日）

34）Ian Wilson はゴルプットの背後にイスラム主義的な価値観の広がりを見ている（Wilson 2015：39）。

35）Ian Wilson は全国レベルでの活動家をおよそ10万～20万人とみている（Wilson 2015：34）。

引用・参考文献

Ade, Armando (2011) *Televisi Jakarta di atas Indonesia: Kisah KegagalanSistem Televisi berjaringan di Indonesia*, BentengPustaka.

Agus, Sudibyo & Nezar Patria (2013) "The Television Industry in Post-authoritarian Indonesia", *Journal of Contemporary Asia*, 43:2, January.

Akhirul, Aminulloh (2014) 'Relasi Media dan Komunikasi Politik pada Pilpres 2014 dalam Perspektif Ekonomi Politik Media', https://www.academia.edu/9494842/ (最終閲覧日：2019年3月12日)

Aspinall, Edward (2015) "Oligarchic Populism: Prabowo Subianto's Challenge to Indonesian Democracy", *Indonesia* (Cornell University), No.99, April.

Chen, Jonathan, and Adhi Priamarizki (2014) "Popular Mandate and the Coming-of-Age of Social Media's Presence in Indonesia Politics Post-*Reformasi*", RSIS Working Paper No.268, S.Rajaratnam School of International Studies.

Hill, David and Krishna Sen (2005) *The Internet in Indonesia's New Democracy*, Routledge, London & New York.

本名　純 (2013)『民主化のパラドックス——インドネシアにみるアジア政治の深層』岩波書店

本名　純 (2015a)「インドネシアの選挙政治における排他的ナショナリズム——2014年プラボウォの挑戦」『アジア研究』第61巻第4号

本名　純 (2015b)「ジョコ・ウィドド政権の誕生——選挙政治と権力再編」川村晃一編『新興民主主義大国インドネシア：ユドヨノ政権の10年とジョコウィ大統領の誕生』アジア経済研究所

Johansson, Anders C., (2016) *Tweeting for Power : Social Media and Political Campaigning in Indonesia*, Stockholm School of Economics Asia Working Paper, No.43.

川村晃一・見市健 (2015)「大統領選挙——庶民派対エリートの大激戦」川村晃一編『新興民主主義大国インドネシア：ユドヨノ政権の10年とジョコウィ大統領の誕生』アジア経済研究所

Lane, Max (2015) "Indonesia's 2014 Legislative Elections The Dilemmas of "Elektabilitas" Politics", in Ulla Fionna, ed., *Watching the Indonesian Elections 2014*, Institute of Southeast Asian Studies, Singapore.

Leon Andretti Abdillah (2014) "Social Media as Political Party Campaign in Indonesia", *JurnalIlmiah MATRIK*, Vol.16, No.1.

Lim, Merlyna (2017) "Freedom to hate : Social Media, Algorithmic Enclaves, and the Rise of Tribal Nationalism in Indonesia", *Critical Asian Studies*, Vol.49, No.3.

メタ・アストゥティ (2013)「インドネシアにおけるフェイスブック現象」倉沢愛子編著『消費するインドネシア』慶應義塾大学出版会

Mietzner, Marcus (2014) "Indonesia's 2014 Elections : How Jokowi Won and Democracy Survived", *Journal of Democracy*, Vol.25, No.4.

Mietzner, Marcus (2015) *Reinventing Asian Population : Jokowi's Rise, Democracy, and Political Contestation in Indonesia*, East-West Center, Honolulu.

見市　健 (2018)「庶民派大統領ジョコ・ウィドドの『強権』」外山文子・日下渉ほか編著『21世紀東南アジアの強権政治──「ストロングマン」時代の到来』明石書店

Mok, Elwin et al. (2015) *Kampanye 2.0 : Voter Generated Content*, Kepustakaan Populer Gramedia, Jakarta.

内藤　耕 (2016)「インドネシアにおける地方テレビ放送の隆盛」『ジャーナリズム＆メディア』日本大学新聞学研究所，第9号

内藤　耕 (2001)「スハルト政権爛熟期のテレビ放送とナショナリズムの表象：独立50周年記念番組の分析から」『静岡英和女学院短期大学紀要』第33号

岡本正明 (2015)「ユドヨノ政権の10年間──政治的安定・停滞と市民社会の胎動」川村晃一編『新興民主主義大国インドネシア：ユドヨノ政権の10年とジョコウィ大統領の誕生』アジア経済研究所

Prasetyawan, Wahyu (2012) "Image Construction in Politics : Political Advertisement in the 2009 Indonesian Election", *SOJOURN ; Journal of Social Issues in Southeast Asia*, Vol.27, No.2.

Retno Wulandari (2014) *Media Darling ala Jokowi :MenjadiSosok yang Disukai Media*, GramediaPustaka Utama, Jakarta.

Soedarmanta, J.B. ed. (2013) *Prabowo Subianto : TegasMemihak Rakyat*, Literatur Media Sukses, Depok.

白石　隆 (1996)『新版インドネシア』NTT出版

Tapsell, Ross (2015) "Indonesia's Media Oligarchy and the "Jokowi Phenomenon"", *Indonesia* (Cornell University), No.99.

Wilson, Ian (2015) "Resisting Democracy : Front Pembela Islam and Indonesia's 2014 Elections", in Ulla Fionna,ed., *Watching the Indonesian Elections 2014*, Institute of Southeast Asian Studies, Singapore.

第5章

日韓関係をめぐる日韓両国民の意識とメディア

奥野　昌宏

 キーワード

日韓関係，メディア，ジャーナリズム，韓国，対韓意識，対日意識，歴史認識，慰安婦合意，相互交流

1．日韓関係の動向と日本人の対韓意識

　昨2018年は小渕恵三首相と金大中韓国大統領によって共同宣言〈21世紀に向けた新たな日韓パートナーシップ〉が発表されてから20年を経た節目の年であった。1998年10月の金大統領来日にあわせて発表されたこの宣言では，日韓パートナーシップや善隣友好協力関係がうたわれ，従軍慰安婦問題はなお未解決のままながら，日本の植民地支配への反省とお詫びも明文化されたことで，新時代に向けた日韓関係の再構築に一筋の明かりが灯された。一連の協議を通じて，両国関係の深化のためには政治，経済の分野ばかりでなく，人的，文化的な交流が重要であるとの認識も共有した。これに伴い，韓国側から韓国における日本の大衆文化の段階的開放の方針が打ち出され，また，これに呼応するように，日本でも「冬ソナ」現象に象徴される「韓流」ブームが起るなどして，2000年代初めには日本人の間に韓国への親近感が高まった。2002年のサッカー・ワールドカップの共催も双方の親近感に寄与したといってよいだろう。

　しかし2005年には，小泉純一郎首相の靖国神社参拝や歴史教科書問題，あるいは島根県の「竹島の日」制定などが韓国側の反発を招き，慰安婦問題も絡ん

で日韓関係は一挙に冷え込んだ。盧武鉉(ノムヒョン)大統領の「外交戦争」発言は、この時期の日韓関係の厳しさを象徴するもので、関係冷え込みに拍車をかけることになった一件でもあった。首脳会談の開催も滞り、灯りかけたろうそくの火は逆風にさらされたのである。

　盧政権の後を受けて2008年に保守系の李明博(イミョンバク)政権が発足すると、同政権が当初対決姿勢を避け未来志向を強く打ち出したこともあって、日韓関係は回復の兆しをみせた。日本国民の韓国に対する親近感も好転し、内閣府調査によれば、2009年以降3カ年にわたって「親しみを感じる」人が60％を超えた（図5-1：以下同様）。しかしこの時期、韓流ブームや韓国への親近感の向上と表裏をなす形で、「嫌韓」意識や「嫌韓流」なる反韓言説が併存していたことも指摘しておかなければならない。インターネットなどを通じた「嫌韓」の動きは、先のサッカー・ワールドカップ共催の頃からすでに始まっていたが、それ以降その動きが表面化して勢いをいっそう増していたのも現実である。それでも2011年までは韓国に「親しみを感じる」人が多数を占めていた。しかし、2012年8月の李大統領の竹島（独島）上陸と天皇への謝罪要求で、日本国民の

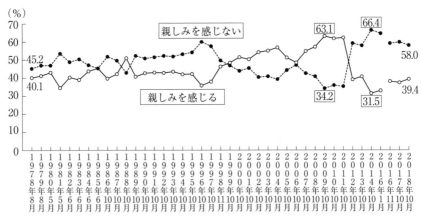

（注）調査対象者は平成27年度以前は20歳以上、28年度以降は18歳以上である。

図5-1　韓国に対する親近感

（出所）内閣府政府広報室「外交に関する世論調査」（平成30年版）（概略版）
　　　https://survey.gov-online.go.jp/h30/h30-gaiko/gairyaku.pdf（最終閲覧日　2019年2月27日）より作成。

第 5 章　日韓関係をめぐる日韓両国民の意識とメディア　　　　203

対韓意識は劇的に悪化する。2011年には「親しみを感じる」人が62.3％,「感じない」人が35.3％あったのに対して，上陸直後に実施された2012年調査では「感じる」が39.2％,「感じない」が59.0％と逆転する[1]。日本国内における韓国への親和ムードは一変するのである。大統領の行為や発言には政権末期の支持率回復や功名をねらったスタンドプレイである，との批判や疑問が韓国内からも出たほど唐突なものであった。一方で，日本国民の対韓意識がムードに支えられた外因的で他律的なうつろいやすいものであることが，あらためて明らかになった。相手に対する意識が内省的な性格を持っていないがゆえに，相手の出方次第で大きな振幅を生じるのである。

　次に政権を担った朴槿恵(パククネ)大統領と安倍晋三首相との関係も冷え込み続けたため，親近感の悪化はさらに進み，2014年には日本人のじつに 3 分の 2（66.4％）が韓国に「親しみを感じない」と答える結果となり，翌年も同様の状況が続いた。日韓基本条約締結から50年になろうとする節目の時期に首脳会談さえまともに行えず，両国関係は冷え込んだままであった[2]（玄武岩　2016：2 - 3 ）。2015年11月になってようやく 3 年半ぶりの首脳会談開催が実現し，2015年12月にはアメリカの意向も反映した形で，安倍首相と朴大統領の間で長年の懸案であった従軍慰安婦問題の解決に向けた合意文書が取り交わされた。これによって両国が新たな道を歩むかにみえたが，スキャンダルで失脚した朴大統領に替わって登場した文在寅(ムンジェイン)大統領は，先の日韓合意は元慰安婦の人たちの意向を十分に反映しておらず，韓国国民としても心情的に受け入れがたいとして，日本政府に対応の再考を要請した。これに対して日本政府は合意の履行を要求するのみであり，この問題はいまだ本格的解決には至っていない。さらに文政権が合意の目玉として設立した「和解・癒やし財団」を解散したこともあって，この問題は解決の道筋さえ立っていない。

　革新（進歩）系の支持を背景に登場した文在寅政権は北朝鮮との関係改善に意欲を示し，その結果として2018年 4 月には板門店において文大統領と金正恩(キムジョンウン)朝鮮労働党委員長との間で11年ぶりの南北首脳会談が実現した。金正恩体制になってからは初めての首脳会談である。懸案は北朝鮮（または朝鮮半島）の非

核化と朝鮮戦争の終結である。さらに同年6月にはトランプ米大統領と金委員長がシンガポールで初めての米朝首脳会談を行なった。会談の評価は一様ではないが，それぞれの政治的思惑も手伝って交渉はなお継続中である（2019年2月，ハノイにおいて第2回米朝首脳会談に開催されたが，非核化で合意に至らず，文書の調印はなされなかった）。対北朝鮮について安倍政権は，「対話より圧力」だとする外交政策をとり続けてきたが，関係諸国，とくにアメリカ政府の対応の変化に呼応せざるを得なくなった。すなわち，振りあげた拳を多少とも下げざるを得なくなったのである。この間の日本国民の対韓意識は少しだけ好転したが，「親しみを感じない」がいまだ過半数を占める。

このように日韓両国民の相手国に対する意識は，しばしば両国の政治・外交の実状を反映して，接近と離反，友好と反目の振り子現象を示してきたといってよかろう。

2．日韓両国民の相互意識の現状

2−1　相手国に対する意識

以下，日韓関係をめぐる日韓両国民の意識の実状をいくつかの調査結果を参照しつつ探ってみたい[3]。

まずは相手国に対する「親近感」についてであるが，先にふれた内閣府調査とは質問文や回答選択肢が異なるので単純に比較はできないが，日韓双方とも相手国への「親しみ」を欠いているという現実がみてとれる。たとえば，読売新聞社と韓国日報社が2018年6月に実施した共同調査（YOMIURI ONLINE 2018：以下「YH2018」と記す）によると，相手国に親しみを「感じる」人が，日本32％，韓国20％であるのに対して，「感じない」が日本で55％，韓国では73％にのぼる。日韓関係が膠着状態にあった2015年の両社調査（読売新聞 2015：以下「YH2015」と記す）では，「感じる」が日本40％，韓国24％，「感じない」が日本64％，韓国78％であったので，幾分好転しているようにみられる。また朝日新聞社と東亜日報社が2015年5月に共同実施した調査（朝日新

第5章　日韓関係をめぐる日韓両国民の意識とメディア

聞2015：以下「AD2015」と記す）によれば，それぞれ相手国民に対して親しみを「感じる」（「大いに」＋「ある程度」）割合が，日本28％，韓国29％である一方，「感じない」（「あまり」＋「まったく」）が，日本で67％，韓国で65％と，それぞれ全体の3分の2に及んだ。以上の結果に鑑みると，相手国に対する親近感はやや改善の兆しはみえるものの，なお多くの人が親しみを感じられずにいる状態であることがわかる。

相手国に対する「印象」という点では，双方とも半数前後の人が「良くない印象」を抱いており，「良い印象」を上回っているという報告がある。言論NPOと東アジア研究院（EAI）が2018年に行なった調査（言論NPO 2018：以下「GE2018」と記す）によれば，相手国に「良くない印象」（「良くない」＋「どちらかといえば良くない」）を持つ人が「良い印象」（「良い」＋「どちらかといえば良い」）を持つ人を上回り，日本で46.3％，韓国では50.6％を占める。2015年以降の推移をみると，韓国の国民の間で日本に対する印象が改善してきている一方，日本国民の韓国に対する印象は大幅な改善がみられない。とりわけ「良い印象」を持つ人が2016年以降減少傾向にあることは相互意識という点で懸念材料となろう（図5-2）。

GE2018で「良くない印象」を持つ理由として多く指摘されるのは，日本では（韓国が）「歴史問題などで日本を批判し続けるから」（69.3％），韓国では（日本が）「韓国を侵略した歴史について正しく反省していないから」（70.0％），「独島をめぐる領土対立があるから」（65.3％）である（複数回答）。つまり，「良くない印象」の主要な理由として両者に共通するのは，歴史認識や領土問題をめぐる認識の食い違いであり，かつそれが相手方の行為や態度への批判や否定的感情だということである。すなわち，相互の不信や不満が相手に対する印象を決定し，それが印象をさらに悪化させるという負の連鎖に陥る危険性をはらんでいるのである。相手に対する認識が相互の心理的距離感の源になっていることは別の調査結果でも明らかにされる。調査の時期も内容も異なるが，日本リサーチセンターとGallup Koreaが2007年に実施した調査がその一例を提供する。同調査によると，両国ともに，相手国で「反日（韓）感情が強い」ことを

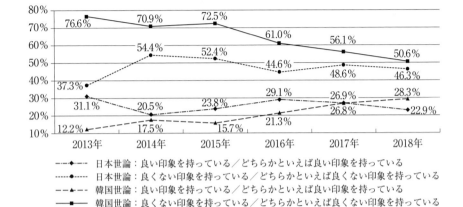

図5-2　相手国に対する印象（6年経年変化）
（出所）言論NPO・東アジア研究院「第6回日韓共同世論調査 日韓世論比較結果」
https://www.genron-npo.net/pdf/180617.pdf（最終閲覧日 2019年2月27日）より作成。

「親しみを感じない」理由にあげる人が多い（日本64.3％，韓国72.1％：複数回答）（日本リサーチセンター 2007）。同時にこの調査でも，韓国では多くの人が「歴史認識が違う」（77.4％）ことや「領土・領有問題が生じている」（84.1％）ことを理由としてあげており，韓国の人々の対日意識を決定づける要因として，歴史認識や領土問題が長年にわたって大きな位置を占めていることがわかる。

　相手に対するこのような負の心理状況は信頼の欠如とも相互連関しているといえよう。相手国を信頼できるかどうかを尋ねた調査では，「信頼できる」（「大いに」+「多少は」）との回答が，日本38％，韓国20％に対して，「信頼できない」（「あまり」+「全く」）が，日本で60％，韓国では79％を占める（YH2018）。しかし，「信頼できる」が日本18％，韓国15％，「信頼できない」が日本73％，韓国83％であった2015年（YH2015）に比べると，とくに日本国民の対韓信頼度が好転していることが示されているのは好材料といえる。とはいうものの，依然として両国民の間には相互不信の関係が存在するのも現実である。その際，相手国への信頼度を決めるうえで相手国首脳に対する意識が少なからず影響していると考えられるが，この点について両国民の意識はどうであろうか。

第 5 章　日韓関係をめぐる日韓両国民の意識とメディア　　　207

　YH2018によれば，安倍首相に対する信頼度は，日本では「信頼できる」(48%)と「できない」(46%)が拮抗しているのに対して，韓国では「できない」が大半(93%)を占める。一方，文在寅大統領については，日本で「信頼できない」が3分の2(66%)を占めるのに対して，韓国では「信頼できる」がほぼ8割(79%)に達する。また，相手国首脳の印象を聞いたGE2018では，文在寅大統領に対する日本国民の印象は「どちらともいえない」が31.6%でもっとも多く，これに「わからない」「関心がない」を加えると65.2%に達し，相手国首脳への意識が明確に表れていない。一方，韓国では安倍首相に対して「悪い」(「大変」+「どちらかといえば」)印象を持つ人が74.6%を占め，「良い」印象は2.0%にすぎない。これが実績に基づく評価なのか，たんなるイメージや先入見によるものなのか，この調査結果だけから即断することはできない。しかし，韓国において安倍首相は，「信頼」という点でも「印象」という点でも好評価を得ておらず，指導者としては残念なことである。

　これら一連の調査結果は，調査方法や時期の差異を超えて，両国民の相互意識がいまだ楽観視できない状態であることを表している。すなわちそれは，日韓両国民の間に心理的隔たりが存在し，それが政治家の言動や時々の政治状況によってさらに拡大する可能性をはらむ，いわば綱渡り的状況にあることを示しているのである。

2－2　日韓および近隣諸国との関係に対する意識

　日韓関係の現状に対する評価では，「悪い」という受けとめが多数を占めるが，2018年の結果を前年と比較すると，やや改善の兆しがみられる。たとえばYH2018では，関係が「悪い」(「非常に」+「どちらかといえば」)という見方が，日本63%，韓国69%と，ともに6割以上を占め，「良い」(「非常に」+「どちらかといえば」)を大きく上回る。選択肢の設定がやや異なるので単純な比較はできないが，GE2018でも同様に「悪い」(「非常に」+「どちらかといえば」)が，日本で4割，韓国では半数あまり(54.8%)を占める。同調査では「どちらともいえない」という判断保留者が35～40%(日本35.3%，韓国40.6%)にのぼり，

肯定的評価は日本9.5％，韓国では2.6％にすぎない。とはいえ，評価改善の兆候も垣間見える。読売新聞・韓国日報調査で2017年／2018年の比較をすると，「良い」が日本で20％→33％，韓国では15％→26％で，それぞれ10ポイントあまり肯定的評価が増加する一方，「悪い」が日本で77％→63％，韓国では81％→69％と，否定的評価が10ポイントあまり減少している（YOMIURI ONLINE 2017, 2018：2017年調査については，以下「YH2017」と記す）。言論NPO・EAI調査でも似た傾向がみられる。「良い」は一両年でさほど変化はないものの，「悪い」という評価は日本が57.7％→40.6％，韓国では65.6％→54.8％と，否定的評価が減少している。しかし，過去の推移をみると，こうした改善傾向がさらに進むかどうかは定かではない。政治状況の変化で簡単に揺れ動くからである。

　日韓関係の重要性については，GE2018によれば，「重要である」（「どちらかといえば」を含む）と考える人が，日本では半数を超え（56.3％），韓国では8割を超える（82.4％）が，双方とも前年よりも減少している。また，対中関係との比較でみると日韓両国民の間には微妙な意識の差がみられる。日韓（韓日）関係も日中（韓中）関係も「同程度に重要」が両国とも半数近くを占めもっとも多い（日本45.7％，韓国48.1％）が，「対中関係がより重要」と考える人が，日本では23.2％であるのに対して，韓国では38.2％であり，韓国の人々が対中関係重視にやや傾斜していることがわかる[4]（澤田克己 2015：11-12）。「日韓／韓日関係がより重要」との考えは両国とも少数派である（日本7.3％，韓国7.3％）。中国について，軍事的脅威を感じる人の割合は，日本で45.7％，韓国47.2％である（複数回答）。なお，韓国では日本に軍事的脅威を感じる人が3割を超える（36.0％）。中国に対する信頼性という点では両国民ともに評価が低く，「信頼できる」（「大いに」+「多少は」）（日本21％，韓国25％）よりも「信頼できない」（「全く」+「あまり」）（日本78％，韓国74％）が多数を占める（YH2018）。韓国の人びとは中国に対して「対中関係が重要」と考え，また「中国に親近感を覚え」ながらも，同時に「軍事的脅威を感じる」という複雑な心理状態にあるともいえる。

次に，北朝鮮について両国民はどうみているのであろうか。GE2018によれば，軍事的脅威という点では，脅威を感じる国として「北朝鮮」をあげる人が日韓両国とももっとも多く（日本75.3％，韓国67.4％（複数回答）），その点では一致しているものの，韓国では前年よりも大幅にその割合が減少している（2017年83.4％）。それはこの調査の実施時期とも関連していると思われる。調査時期が南北首脳会談の1カ月後，米朝首脳階段の直前であり，韓国の人々の間に期待感が高まったことの表れであろう。日本国民の間では一両年の変化はあまりない。同年の1カ月後，米朝首脳会談直後に行われたYH2018では，軍事的脅威を感じている国として「北朝鮮」をあげた人は，日本ではGE2018とほぼ同じ77％でありトップであるのに対して，韓国では49％とさほど高いとはいえない（複数回答）。これは「中国」（50％）とほぼ同じ割合である。1年前のYH2017では「北朝鮮」をあげた割合が日本で88％，韓国では77％であったことに照らすと，どちらの国でも南北および米朝接近の影響がみてとれるが，当然ながら韓国においてその傾向が顕著である。

　北朝鮮に対する両国民の意識の違いはYH2018の関連質問にも表れている。「北朝鮮の核やミサイル」について「脅威を感じている」（「非常に」＋「多少は」）人の割合は，日本が82％，韓国が53％であり，韓国では「感じていない」（「全く」＋「あまり」）が46％と，「感じている」に拮抗している。また，北朝鮮に核やミサイルの開発を放棄させるために「対話」を重視すべきか「圧力」を重視すべきかという点については，日本では「対話」と「圧力」がともに46％で均衡しているのに対して，韓国では60％の人が「対話」を重視すべきだと答えている。韓国における「対話重視」が首脳会談実現の影響であることは想像に難くない。因みに，2017年には「対話重視」が日本とほぼ同じ（日本41％，韓国44％）であった（YH2017）。ただ，韓国においては「圧力重視」は日本と比べてもともと多くはなく，2016年40％→2017年30％→2018年20％と，着実に減少してきた（図5-3）。

　米朝首脳会談については両国民ともに「評価する」人が多数を占めながらも，その割合は異なっている（日本59％，韓国83％）。また北朝鮮の非核化について

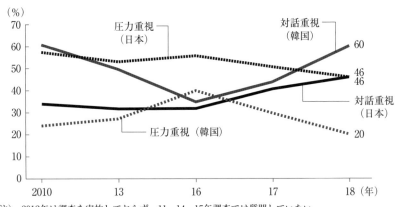

(注) 2012年は調査を実施しておらず，11，14，15年調査では質問していない。

図5-3 対話と圧力のどちらを重視すべきか

(出所)『読売新聞』2018年7月5日付朝刊13面より作成。

は双方とも楽観視してはいないが，ここでも両者に差がみられる。「近い将来，北朝鮮から核が完全になくなる」と「思わない」人の割合が，日本では83％であるのに対して，韓国では66％である。やや異なる質問と回答の設定ではこの問題についての日韓の差異がさらに顕著となる。「北朝鮮の核兵器開発問題はいつ解決するか」という問いに対する答えを2017年と2018年とで比較すると，日本では「解決は難しいと思う」という回答が両年ともほぼ3分の2を占めている（2017年68.9％→2018年65.1％）のに対して，韓国では「2年後には解決すると思う」（1.3％→13.8％）と「5年後には解決すると思う」（7.7％→21.6％）が大幅に増加し，「解決は難しいと思う」人が激減している（71.3％→23.2％）（GE2018）。「10年後には解決すると思う」はあまり変化がない（19.7％→21.4％）ものの，「今年中に解決すると思う」（3.8％）を加えると，韓国では6割の人が10年後までにはこの問題が解決すると考えていることになる。また，朝鮮半島の近未来（10年後）の姿についても，日本では「現状の不安定な状況のまま」という見方がもっとも多い（34.4％）のに対して，韓国では「韓国と北朝鮮は関係を改善する」との見方が62.7％でもっとも多い（GE2018）。対北朝鮮について，韓国の人々は現実の厳しさを受けとめながらも，核問題の解決や南北関

係の改善に期待感を膨らませているのである。一方で，日本では拉致問題やミサイル発射，政府の北朝鮮への強行姿勢などがあいまって，より厳しい見方が支配的であるようである。とはいえ，「圧力」一辺倒の政府方針が喧伝されるなかでも，「圧力重視」が減少して「対話重視」の考えが増加し，2018年には「対話重視」が「圧力重視」に匹敵するところまで増加したことは注目してよかろう（図5-3）。

2-3 日韓関係における歴史問題に対する意識

日韓両国を「近くて遠い国」にし両国民の意識を隔絶する要因は何か，関係改善のためには何が必要なのだろうか。GE2018によれば，関係改善のためにすべきことについて，両国民は次のように考えている。日本国民は，まず「歴史認識問題の解決」（54.7％）をあげ，「従軍慰安婦問題の解決」（42.2％），「竹島問題解決」（38.7％）と続く。一方韓国では「竹島（独島）」がもっとも多く（82.1％），「歴史認識」（78.1％），「従軍慰安婦」（73.5％）がこれに続く。日韓両国とも上位は領土や歴史をめぐる問題であることは共通しているが，それらを課題にあげる人の割合には大きな差がある。また，日本では3割あまりの人が指摘する「政府首脳レベルでのコミュニケーションと信頼関係の向上」（32.1％）や「民間対話や多様な交流を通じた国民レベルでの信頼関係の構築」（31.1％）は，韓国ではあまり多くない（複数回答）[5]。これら結果は，関係改善に向けた行動をとるに際して何を重視すべきかという点で，両者間にずれを生じ，そのことが新たな火種になる可能性があることを示唆している。

歴史問題で解決すべきこととして，日本では「韓国の反日教育や教科書の内容」（64.0％）がもっとも多く，「歴史問題に対する韓国人の過剰な反日行動」（57.0％）がこれに次ぐ。韓国では「従軍慰安婦問題」（65.3％）と「日本の歴史教科書問題」（65.1％）が多く指摘され，「侵略戦争に対する日本の認識」（58.2％）がこれに続く。日本における「従軍慰安婦問題」の指摘は第3位で39.1％にとどまる（GE2018）。このように，歴史問題で解決すべきは互いに相手の側にある，と考えていることが調査結果から浮かびあがる。ここに問題点のひとつが

内在する。それはそれぞれに内省的観点に欠けるという点である。相手への批判と同時に自らを点検するという姿勢が関係改善には求められるのではないだろうか。もう一点考えなければならないことがある。相手国の教育や教科書に問題あり、と考える人がそれぞれ3分の2ずついるわけであるが、これらの人たちのなかで相手国の教科書を実際に確認している人がどれほどいるのか、という点である。おそらくそうした人は少数であり、少なからぬ人々がその判断をマスメディア等、他者の言辞に依拠しているのではないかと推測される。この点についてもマスメディアの伝え方を含めた自己点検の必要があろう。

　2015年12月、長年の懸案であった従軍慰安婦問題の解決に向けた日韓両政府による合意が成ったが、両国民はこれをどう評価しているのであろうか。図5-4はGE2016〜2018の結果をもとに両国民の3カ年の評価を図示したものである。日本では「評価する」人の方が「評価しない」人よりも多い、とくに合意成立から約半年後に行われた調査GE2016では、半数近く（47.9％）が「評価する」（「非常に」+「一定程度」）と答えている。しかし時を経るにしたがって、「評価する」人が減り、「評価しない」人や「どちらともいえない」と評価をしかねる人が増えてきている。朴槿恵政権末期から文在寅政権の時期にかけて、韓国内で合意そのものを問い直すべきとの声が高まることで、日本国民の評価にも揺れが生じてきたと考えられる。一方韓国では当初から合意への評価が高くない。合意成立の半年後の調査GE2016でも「評価する」人は3割に満たない（28.1％）。とくに翌2017年には「評価する」が減り、「評価しない」（「全く」+「あまり」）人が半数を超えた（55.5％）のであるが、それには韓国内の政治状況が関係しているとみてよい。韓国では2016年秋に朴槿恵大統領に絡む政治スキャンダルが急浮上して、文在寅氏を代表とする共に民主党を中心に政権に対する責任追及の動きが加速し、そのまま大統領選挙へと突入することになった。そして2017年5月、文在寅候補が大統領選に勝利し政権交代となったのである。一連の過程で、文在寅氏らは合意のあり方を批判し、政権樹立後は合意の検証を行うと表明するなど、合意に疑問符を出し続けた。合意の内容やその進め方に対して韓国内で疑念や批判が大いに噴出したのである。こうした事態が合意

第5章 日韓関係をめぐる日韓両国民の意識とメディア　　213

に対する国民の評価に影響したと考えられる。

　この政府間合意で慰安婦問題が解決したかという点については,「解決した」(「すべて」+「ある程度」) と考えるのは少数派 (日本28.9%, 韓国22.5%) であり,「解決されなかった」という人が日本でも半数近く (48.2%) おり, 韓国ではじつに70.5%にのぼる (GE2018)。ただし前年と比べると日韓両国とも多少ながら「解決された」が増え,「解決されなかった」が減っている。とはいうものの, 両者が納得する解決策はそう簡単には見出せそうにない。その後の状況からは解決がさらに困難になったかにみえる。慰安婦問題の解決方法として, 日本でもっとも多く支持されているのは「2015年の日韓政府間の慰安婦合意を最終的な解決として受け入れる」がもっとも多い (33.9%) のに対して, 韓国では「政府間合意修正のために再協議する」が半数近く (48.2%) を占め, 次いで「既存の合意を認めるが, この合意を補完する措置を講じる」が39.0%で続く。これらをあわせると9割近く (87.2%) におよび, 政府間合意を「最終的な解決として受け入れる」はわずか3.6%にすぎない。質問と回答の設定が異なるが, ほぼ同様の結果がYH2018でも明らかになる。まず「日韓合意について, 再交渉を行う必要があるか」について, 日本では68%の人が「必要ない」

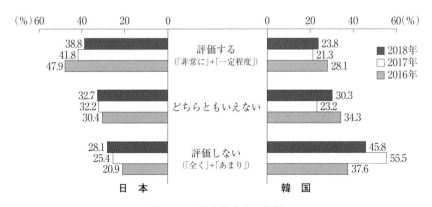

図5-4　慰安婦合意の評価

(出所) 言論NPO・東アジア研究院「(第4回～第6回) 日韓共同世論調査 日韓世論比較結果」2016～2018年
　　 https://www.genron-npo.net/pdf/170721.pdf および180617.pdf(最終閲覧日 2019年2月27日)より作成。

とし，韓国では73％の人が「必要ある」と考えている。また「日本は，元慰安婦の問題で，さらに謝罪する必要があるか」については，日本では77％が「必要ない」，韓国では91％が「必要ある」とする。さらに「元慰安婦を象徴する少女像などを設置すること」については，日本では84％が「反対」，韓国では80％が「賛成」と答え，まったく反対の意向を示す。

　このように，慰安婦問題をめぐっては日韓両国民の間にいまだ大きな意識の隔たりがあること，と同時に，両国民が示す考え方がおおよそそれぞれの政府の主張を映し出したような内容であることなど，まだまだ検討を要する点が少なくない。政府間合意に先立って同年に行われた調査では，元慰安婦の補償問題は日韓基本条約などで法的に解決済みだとする日本政府の立場とこの問題は未解決だとする韓国政府の立場について，日韓ともに7割以上（日本74％，韓国78％）の人が自国政府の立場を「支持」し，相手国政府の主張に対しては大半（日本77％，韓国89％）が「納得しない」との認識を示した（AD2015）。自国政府の立場や主張に沿う意識のありようは，両国政府が歩み寄りの姿勢をみせない状況のもとでは反目へとつながりかねない。「植民地支配の過去を持つ日韓の間で，歴史認識で折り合うのは容易ではない」が「相手のものさしを理解する努力」（古田富建 2015）を地道に積み重ねる必要があるのは確かである。また加えていうならば，AD2015は次のような日本の現実を明らかにしている。2015年当時，日本国民の4分の1（26％）が韓国併合や植民地支配の事実を「知らなかった」と答えていることである。もとより「知っていた」人が多数をなす（69％）が，しかし日本が直接かかわった重大な史実を3割の人が知らない，というのは驚くべき事態だといえよう。これは今から3年あまり前の数値であるが，この数値が示す状況がどれだけ改善されたかはなはだ心許ない。過去の歴史における自らの加害性をなるべく薄めようとするこの国の近年の状況下では，「知らなかった」という人がむしろ増えているかもしれない。

3．人的往来とメディアの位置

3－1　人的往来と情報源・影響源としてのメディア

両国の人的往来は，日韓基本条約が締結され国交正常化が成った1965年当時は年間1万人にすぎなかったが，その後着実に増加し，2004年には400万人を超え，2012年には550万人を上回った（図5-5）。日本政府観光局（JNTO）の発表に基づけば，その後2015年に584万人，2016年739万人，2017年には945万人となり，1000万人に達する勢いである。多少の増減はあるものの全体としてはほぼ一貫して増加傾向にあるといってよい。とくに韓国からの訪日者数の増加が近年顕著であり，2015年400万人（対前年比45.3％増），2016年509万人（同27.2％増），2017年には714万人（同40.3％増）を数えた。2010年以降では東日本大震災のあった2011年を除いて，毎年，その前年実績を上回って増加してきた。一方，日本人の訪韓者数は，1998年の共同宣言後の融和ムードやその後の韓流ブームの影響もあって，ほぼ着実な増加を示していたが，2012年の352万人をピークにその後は減り続け，2015年には200万人を切って184万人にまで落ち込んだ。その背景には，2012年8月の李明博大統領の竹島（独島）上陸と天皇への謝罪要求，その後政権についた朴槿恵大統領と安倍首相との冷え込んだ関係

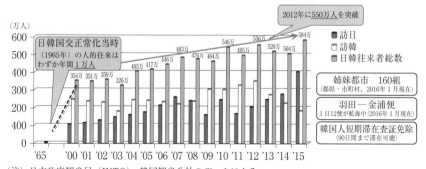

図5-5　日韓の人的往来の推移

(注) 日本政府観光局（JNTO），韓国観光公社のデータによる。

(出所) 外務省北東アジア課「最近の日韓関係」2016年
https://www.mofa.go.jp/mofai/files/000033344.pdf （最終閲覧日 2019年2月27日）より作成。

などの政治的要因とそれを反映した国内の対韓意識の減退などがあった，と考えられる。2015年12月の慰安婦合意やそれによる日韓関係の好転を好感してか，2016年には230万人，2017年には231万人と回復基調にはあるが，往時の勢いはなく，相互往来という点では日韓の間で偏りがあるといってよいだろう。実数においても伸び率においても，人的往来については韓高日低が現状である。

　この実績を反映するように相互の渡航経験にも差がある。GE2018によれば，相手国に渡航経験がある人は，日本が21.7％，韓国が38.6％であり，韓国人の方が日本人よりも2倍近く相手国への渡航経験をもっている。渡航時期については，日本人は「11年以上前」が4割を超え，現在に近づくほどおおむね減少するのに対して，韓国人の場合は「最近5年以内」が7割をこえる。総じて相互往来実績に見合う結果である。ここから類推的に考えると，韓国の人々はより多くの人がより新しい現地日本像を描いているのに対して，日本ではより少数の人の比較的古い現地像に基づく韓国イメージが再生産されている可能性があるのかもしれない。とはいえ，韓国の人々の場合も日本に知り合いがいるという人はごく少数であり，「相手国の人に知り合いがいない（いたことはない）」という人が9割（90.7％）を占める。日本人の方が知り合いがいる人が多少多く，「親しい友人・知人がいる」と「多少話をする友人・知人がいる程度」を合わせると20％を数えるが，それでも「いない（いたことはない）」がほぼ8割を占めるのである。

　以上のように，両国民の相互往来が増え，相手国への訪問経験をもつ人も一定程度はいるが，渡航経験者は全体からみるとまだ多数派とはいえないし，まして相手国にその国の知り合いがいる人は少数であるというのが現実である。「親しい友人・知人がいる」人は両国とも5％にすぎず，パーソナル・チャネルはまだまだ密とはいえない。こうした実状においては，相手国の情報を得る際には必然的にメディアへの依存度が高まることになろう。

　日韓両国民の相互意識が形づくられるうえでの重要な要因はメディアである，としばしば指摘される。それを裏づけるように，メディアが情報源や影響源として大きな位置を占めていることが調査結果からも明らかとなる。情報源とい

う角度からは，GE2018が，両国民とも9割以上（日本94.8％，韓国94.6％：複数回答）が相手国に関する情報を「（自国の）ニュースメディア」から得ており，とりわけテレビに依存していると指摘する。このほか「（自国の）テレビドラマ・情報番組，映画作品」を韓国では6割近く（57.8％）の人が，日本でも3分の1以上（35.7％）の人が情報源としてあげている。「ニュースメディア」ばかりでなく多様なメディア内容が情報源として利用されているようである。また韓国では「家族や友人・知人の経験（ネットやSNSを含む）」を4割以上（43.5％）の人が情報源として利用しており，マスメディアだけでなくパーソナル・チャネルも活用されていることがわかる。日本ではパーソナル・チャネルの活用度は低くマスメディアへの依存度が高い。この結果は同内容の調査が始まった2014年（GE2014）以来変わっていない。影響源という点でもメディアが重要であることをAD2015が示唆する。すなわち，相手国のイメージ形成に主に影響を与えたものとして，日韓ともに「メディア」がもっとも多い（日本78％，韓国65％：2つまで回答）のである[6]。また日本のみの設問であるが，もっとも影響を与えたメディアとしては「テレビ」が68％でとくに多い。情報源や影響源としてメディアが重要な位置を占めていることの意味を，メディアとしても重く受けとめる必要があるだろう。

　日韓両国間には歴史問題や領土問題等の論争点が現にある。そしてこれらの争点をめぐって政治対立が浮上し，両国首脳間の離反や反目が生じることもある。こうした時にメディアがいたずらに友好を強調しすぎることは必要な論点を隠すことにもつながり，むしろ無益であろう。しかし，必要以上に差異を強調し，相手を極端に論難することはさらに無益である。まして結論ありきでは議論にならない。両国間の政治対立がメディアによって増幅され，これが両国民の意識に投影されていないか，折に触れて考えてみる必要がある。たとえば元慰安婦への対応について，多数の人が自国政府の立場を支持し，相手国政府の主張に納得していない，という傾向がある。すなわちこれは，双方とも国民が自国政府の言い分にひたすら賛同し，相手国政府の主張にもっぱら批判的であるようにもみえる。2015年に行われた調査（AD2015）で，慰安婦問題解決

の一環としていわゆる「アジア女性基金」が設立されたことや，元慰安婦に首相のお詫びの手紙が渡されたこと，あるいは償い金が支給されたことなどを，「知らなかった」人が日韓ともに多数を占めた（日本64％，韓国77％），という結果が明らかにされた。とくに韓国では4分の3以上の人が知らなかったのである。同基金については両国内に当初から批判や異見があったのは事実である。しかし，存在自体が周知されていないなかでの自国中心的な見方には疑問も生じる。こうした事態にメディアがかかわっていなかったか，軋轢の媒介・増幅の装置として働いていなかったか，メディア自身が点検する必要があるだろう。

　どれだけ自国政府への批判が強い時でも，歴史問題と領土問題をめぐる対日政策では政府もメディアも国民も対日批判で一致する，といわれる韓国では，この調査で示された結果も珍しいことではないのかもしれない。知韓派として知られた若宮啓文元朝日新聞主筆はかつて次のように語った。韓国のメディアが「日本とのあいだの歴史認識の違いや領土問題がからむと，言論も報道もナショナリズムで一色に覆われてしまいます」（若宮啓文 2012：291）と。その傾向は現在も基本的には変わっていないであろう。しかし，同氏が指摘する次の点を私たちも考える必要があろう。それは「日本の言論は，多種多様ではあるけれど，ナショナリズムに関する問題では，一部の人たちに火がつきやすい」（同上：294）との指摘である。この発言から何年か経ったが，この間日本でも歴史問題や領土問題についてナショナリスティックな論調が目立つようになり，韓国との関係でもしばしば対韓批判に収斂する傾向が高まっているようにもみえる。最近では韓国に対して少しでも支持や理解を示すと，すぐさま「反日」のテッテルを貼り徹底的に排除・攻撃する傾向がある。「嫌韓」ムードの進行とともに意見の多様性自体が虐げられてきているのである。たとえば慰安婦問題についても，かつて朝日新聞が慰安婦の強制連行説を撤回した際には，一部のメディアや政治勢力によるすさまじいほどの朝日攻撃や記者たたきがあった。近年，慰安婦問題に対する韓国側の攻勢が加速し，日本のメディアがこれを大きく扱うことで，結果として日本国民の意識が政府支持（韓国批判）の方向に水路づけられたとも考えられる。ともあれ，日韓関係は危惧すべき状況にある

といってよかろう。

3-2 メディアの日韓関係

　知日派メディア研究者のひとりである金政起(キムジョンキ)は，かつて日韓のテレビニュースの比較分析をした際に次のように指摘した。すなわち，両国のメディアは客観的な言語表現をとりながらも，その表現の背後にそれぞれ固有の「神話」を内在させている，という指摘である。韓国側の対日神話は，「野蛮な倭国」にとって韓国は「文化の先達」であるという神話，一方日本の対韓神話は「植民地支配の夢」の継続である，と。双方のニュースがこの「神話」を基礎にして作られているため，「現実」との間に乖離が生じる，したがって，両国のメディアがこの「神話」から抜け出すことが必要だ，と説くのである（金政起 2005：7-31）。両国のメディアは現在この「神話」のくびきから抜け出せているのであろうか。むしろますます強く「神話」にからめとられているのではないだろうか。現在においてもなお重い問いかけである。

　かつて筆者らは日韓両国のジャーナリストの意識について比較調査を行い，その結果に基づいて筆者は次のように指摘した。すなわち，「双方とも相手国メディアの報道に公正さを認めていない。…日本のジャーナリストは，韓国の新聞やテレビが日本のことを公正に伝えていると考えておらず，また韓国のジャーナリストも，日本のメディアにたいして同様の考えを持っている。…両者の間には相互不信の構図が存在する」（奥野昌宏ほか 1994：146）と。

　この調査から30年近くが経った。この間に両国のジャーナリストの意識に変化があったのかどうか，確たる判断材料をもちあわせていない。しかし，相手国駐在の特派員や特派員経験者に聴き取りをした結果からは，この意識のずれがいまだに解消し切れていないと判断される。しかしこうした現状については，一般の人々の間に厳しい見方も表れてきている。少なくとも，メディアの公正さをめぐって，メディア側と人々の意識のあいだに微妙なずれが生じているのである。GE2018によれば，「日韓関係の報道に関して自国のメディア報道は客観的で公平」かという問いに対して，韓国では「そう思わない」という人が，

4割を超え（44.1％），「そう思う」（25.4％）という人よりもおよそ20ポイント多い。日本では「どちらともいえない／わからない」が半数を超える（51.8％）が，「そう思わない」という人も3割近く（27.2％）おり，客観的で公平だと思っている人は2割（20.9％）にとどまる。この結果が，単なるイメージや風評によるものなのか，確たる根拠に基づくものなのか，この評価がいかなるメディアあるいはメディア内容を想定しているものなのかは定かではない。また，日本と韓国ではメディア界の状況や世論のあり方も異なっており，この結果を同一のものさしで測ることには難しさも伴う。しかし，メディア報道は今日それぞれの国民の一部からは厳しい目を向けられているのは確かである。人々はメディアを情報源としその影響を受けつつ，同時に覚めた目も持っているということだろう。相互に自省的な目が育つよう期待したい。

さて，別稿でも指摘したことであるが，日韓両国のメディアやジャーナリズムのスタイルには基本的に違う部分がある。ジャーナリストの拠って立つところが異なるといってもいい。それはすなわち，「事実」に基づく正確な報道を重視する日本のジャーナリズムのスタイルと，まず「論」ありきでストーリーを先行させる韓国のジャーナリズムのスタイルの違いである。事実を重視する「報道型ジャーナリズム」と意見に重きをおく「言論型ジャーナリズム」の違いであるといってもよい。韓国ではジャーナリズムは「言論」であり，メディアは「言論社」なのである。何を語るべきかが先行する。これは韓国社会が歩んできた歴史にも起因しているであろう。日本の植民地支配や戦後長らく続いた軍事政権下での言論弾圧が，必然的にジャーナリズムを言論中心にしたのだと考えられる。この伝統が，語るべきストーリーが重要で，そのストーリー中の細かい構成要素に多少の正確さを欠くところがあっても許容される，との考えにつながっている。しかしこうした実状に対して，東京駐在経験も豊富な韓国のあるベテラン・ジャーナリストは筆者のインタヴューのなかで次のように語った。すなわち，両国のメディアには体質の違いといえるようなものがあり，事実を重視する日本のメディアに対して，韓国のメディアは主義主張，大義名分を重視する，そして新しいネットメディアが台頭するなかで，とくに苦境に

第5章　日韓関係をめぐる日韓両国民の意識とメディア　　221

陥っている新聞は，読ませる記事にするために感情的で，刺激的な記事を作る傾向にある，その結果，事実の確認も甘くなりがちである，と。その背景には組織上・人事政策上の問題もあるという。韓国のメディアは人員不足も手伝ってスペシャリストの養成ができておらず，またこれまでも同様であった，日本の記者はソウル特派員から帰任した後も韓（朝鮮）半島の問題を継続して担当することも多いが，韓国のメディアでは東京特派員を終えた後にまったく違う分野の担当になることも珍しくなく，経験や知識が個人としても組織としても蓄積されにくい状況にある，というのである（奥野昌宏 2016：208-209）。

　しかし，事実を重視する日本のメディアにも問題がないわけではない。それは事実を重視するがゆえの落とし穴であるといってもよい。すなわち，細かな事実に拘束されすぎることで論点の本質が見えにくくなるという問題である。1本1本の木に気を使いすぎることで森を見失う恐れがあるということである。最近の若い記者はことがらの本質を見抜けず，たとえば政治家の問題発言などがあっても事の重大さに気づかない，というベテラン記者の声も聞かれる。これは経験の積み重ねの違いによるものなのかもしれないが，しかしそればかりではないように思える。客観的ファクト主義という取材・報道のスタイルが，ともすれば発表もの依存の悪弊に陥り，その結果としてジャーナリズムに期待される権力監視の役割遂行が希薄になり形骸化する，という日本のメディアが抱える今日的問題が逆照射されるのである（同上）。

4．日韓関係とメディアの今後

　日韓両国の主要メディアは表5-1および表5-2のとおり，相手国に常時特派員を駐在させ相手国に関する取材報道活動を行っている[7]。

　日本のメディアの韓国特派員は，当初は現地スタッフの言語力に頼って取材をするケースも少なくなかったが，80年代頃からは事前に韓国朝鮮語を習得してから着任することが恒例化し，現在では自力取材が当たり前になっているという。そして近年は，まず現地で記者としての経験を積んだのち，多くは2度

目以降の赴任時に支局長職に就くことが一般化しているという。実際のところ筆者の聴き取りに応じてくれた人たちもおおむねそうであった。これは、自分の目で見、自分の耳で聞いて、自分の言葉で語る、というジャーナリズムの基本が実現可能な体制が整ってきているということであり、経験と知識が、個人としても組織としても蓄積しうる状況になっているということでもある。しかし一方で、コリア・ウォッチャーの中心をなす特派員経験者の一部に、韓国に対するある種の「疲れ」や若干のいらだちが垣間見えるのも事実である。彼ら彼女らの経験と知識が日本における正確な韓国理解を促進する方向で活かされるよう期待したい。

　しかし日本国内には反韓・嫌韓論を増幅する出版物やインターネットなどのメディアがなお存在し、一定の支持と市場を形成しているのも現実である。そこにはメディア側の営利主義も透けて見える。こうした状況について韓国ウォッチャーとして長い経験に裏打ちされた辛口の記事や著書で知られる黒田勝弘はかつて次のように述べた。「夕刊紙や週刊誌、月刊誌など雑誌を中心に

表5-1　日本メディアの韓国特派員数

新聞	朝日新聞（2）毎日新聞（2）読売新聞（3）日本経済新聞（3）産経新聞（2）北海道新聞（1）中日新聞（2）西日本新聞（1）
通信	共同通信（2）時事通信（2）
放送	NHK（4）NNN（2）JNN（2）FNN（3）ANN（2）TXN（1）（以上、ソウル）
このほか釜山駐在、西日本新聞（1）水産経済新聞（1：現地通信員）	

（出所）『日本新聞年鑑 2018』（2017）日本新聞協会、404-405ページより作成。

表5-2　韓国メディアの日本特派員数

新聞	朝鮮日報（3）東亜日報（2）中央日報（3）韓国日報（1）ハンギョレ（1）京郷新聞（1）ソウル新聞（1）毎日経済新聞（1）韓国経済新聞（1）
通信	聯合ニュース（3）
放送	KBS（3）MBC（3）SBS（2）YTN（1）　　　　　　（以上、すべて東京）

（出所）The Korean Press 2015, Korean Press Foundation（韓国言論振興財団）：Seoul, 2015：74-78より作成。

韓国叩きの反韓記事があふれている。ネット世界などもっとそうだ。雑誌は反韓特集をやれば売れるという。…この反韓は，当初は韓国における執拗な反日現象に対する反発だったが，今や…韓国のあらゆることが気に食わないと，韓国のこきおろしになっている」とし，「韓国（とくにマスコミ）にとっては昔から『日本の失敗やミスは韓国の喜び』だった。どうやら日本の反韓も今や『韓国の失敗は日本の喜び』になったようだ。筆者はこの風景を『日本の韓国化』と皮肉っているが，これは日本にしてはいささか切なくて，見苦しい[8]」（黒田勝弘 2014：24-25）と。かねてから韓国に厳しいまなざしを向けている黒田にも現状は合点がいかないのであろう。

　主要メディアには偏狭なナショナリズムに陥ることのないよう，今後とも地道な活動を求めたい。偏狭なナショナリズムは他者を排除・攻撃することに奔走し，自由で多様な社会を崩壊させる。自国第一主義や自民族中心主義が跋扈する社会はけっして健全ではない。メディアには，いたずらにコンフリクトを拡大するのではなく，相互が話し合いの場につけるように方向づける役割が求められるのである。

　一方，韓国のメディアが対日報道においては一色化する傾向にあることは先に指摘したとおりである。それは，異論，異説を許さない状況であり，自由と寛容を排除した状況である。また，時に情報の正確さを欠くこともあるという。そこには国民感情をおもんばかる形での商業主義が内在し，これがまた感情的なまでの一色化を助長してきた。メディアと国民感情とが相乗的に形成する対日批判の激情である。

　もとより健全な相互批判は必要だし，それがあってはじめて相互理解も達成される。しかし過度な論難や感情的訴求はむしろ健全な相互批判の妨げとなる。韓国のメディアには情報の正確さと意見の多様性を確保することが望まれる。そして，現にこうした社会的要請に応えようとする動きもある。日韓関係が冷え込んでいた2013年末にある東京特派員への聴き取りをした際に語られたことであるが，当時韓国の東京特派員の間で，韓国に関する日本国内の動きに感情的に対応するのをやめようという話し合いがなされたとのことであった。週刊

誌面などに連日煽情的な「嫌韓」記事が躍っていた時期であった。彼らは，従来のようにこれらの記事にいちいち反応しないようにしている，とのことであった。過剰なまでの批判合戦は「反日」と「嫌韓」をいたずらに高まらせ，往く着く先は無益な「炎上」のみである。このことに気づいたのである。韓国のジャーナリストたちが冷静な対応をとり，日本社会と真摯に向かい合おうとする姿勢を支持したい。また彼ら彼女らは，日本社会と冷徹に向き合うことが，翻って韓国社会の現実を冷静に見定めることにつながるのだ，と考えている。さらに慰安婦問題等の懸案解決に向けて日本の市民が支援活動を行ってきたことも知っている。しかし一方で，こうした特派員たちの真摯な思いや誠実な試みが本社側でどう実現されるかという課題はいまだに残っている。ステレオタイプ化された日本イメージの記事を求める担当デスクら本社側との間で葛藤する現場の特派員の姿も見えてくる[9]（吉野太一郎 2015）。真の相互理解を指向する彼ら彼女らの試みやそれと同時に生まれる葛藤の積み重ねのなかから新しい道が拓かれていくのであろう。そうなることを期待したい。

　「近くて遠い国」を「近くて近い国」に組み替えていくことは，現実にはそう簡単なことではない。しかし，相互の違いや健全な相互批判を認めつつ，互いに理解しようとする意識が醸成されること，そのための情報源・影響源としてメディアが機能することをあらためて望みたい。また，民間交流の必要性がジャーナリストらによっても語られている。こうした市民レベルの相互交流を促進することもメディアの重要な役割であろう。多くの困難はあっても両国民の意識は変わりうるはずだし，そのためにメディアができることもあるはずである。

　2018年秋頃から日韓両国の間にはさまざまな問題や軋轢が生じた。
　自衛艦旗（旭日旗）の掲揚自粛を求められた日本がこれを拒否して韓国主催の国際観艦式への参加を取りやめた（2018年10月），元徴用工をめぐる裁判で韓国大法院（最高裁）が原告勝訴の判決を下し，これに対して日本政府は1965年の請求権協定で解決済みと反発した（対新日鉄住金　判決　2018年10月，対三菱重工　判決　2018年11月），2015年の日韓合意により元従軍慰安婦救済のために

設立された「和解・癒やし財団」を韓国政府が解散すると表明，これに日本政府が反発した（2018年11月），自衛隊の哨戒機に対して韓国軍の駆逐艦からレーダーが照射されたと問題視した日本側に対して，韓国側は自衛隊機の威嚇飛行が原因だと反論した（2018年12月），韓国国会議長の文喜相(ムンヒソン)氏が「慰安婦問題は天皇が謝罪すれば解決する」「天皇は戦犯の子」などと発言しことが問題となった（2019年2月）など，半年足らずの間に多くの出来事が発生した。まるで負の連鎖のようである。これらの出来事に際してその都度，日韓両国の首脳や関係者たちが非難合戦ともいえる舌戦を繰り返し，コンフリクトは拡大していった。メディアも大筋において自国側の主要な主張や立場に依拠した報道をしており，国民感情もそれに引きずられるように推移してきた。

　これまでの日韓関係は決して平坦ではなかったし，これからも同様であろう。実際のところ現在の状況はこれまでで最悪だ，ともいわれる。2019年3月1日には三一独立運動の100周年記念行事がソウルで開催された。そこでの韓国首脳の発言が新たな火種となる可能性もあったが，文大統領の演説が抑制されたものだったこともあり，最悪の事態はひとまず回避された。「近くて近い国」にするのはそう容易ではないとしても，少なくとも「より遠い国」にならないよう，関係がこじれている時であるからこそ互に冷静かつ真摯に向き合う必要がある。

【注】

1）その後も「親しみを感じない」という人が多数を占める状況は変わっておらず，むしろ増大の傾向にある。また2016年11月調査からは調査対象の範囲が「20歳以上」から「18歳以上」に拡大されたが，状況に大きな変化はない。近年の状況は，両国関係がもっとも悪化したといわれた2005年よりも韓国への親近感ははるかに減退し，かつそれが恒常化している。

2）この一連の動きを踏まえて，玄武岩は，1965年締結の日韓基本条約とその後の日韓関係について次のように述べている。「日韓関係の戦後体制といえる『六五年体制』（日韓条約体制）は，朝鮮半島の植民地支配という『過去』を清算して新しい時代をもたらしたのではなく，時の権力の政治的・経済的・軍事的要請によって取り繕われたのである。（中略）日韓が国交正常化から五十年目にして『最悪』の状

態に陥り，しかもそれが『反日』と『嫌韓』の表象をともないながら展開している。(中略)『反日』と『嫌韓』は『六五年体制』を成り立たせていたメカニズムが立ち行かなくなることで発生する不協和音によるところが大きい」と。そのうえで「日韓が『六五年体制』を成立させるために先送りしたものが，植民地支配をめぐる歴史認識や戦後補償問題であることは明らかだ」とし，「日韓国交正常化五十年を規定した『六五年体制』とは異なる関係性の構築が必要である」と説く。すなわち，日韓関係の現在の厳しさは日韓基本条約に内在する問題に端を発しているのだという。

3）ここで主として参照するのは，日本の言論NPOと韓国・東アジア研究院による第6回日韓共同世論調査（2018年）および両者がこれまでに行った第1回調査（2013年）～第5日調査（2017年），読売新聞社・韓国日報社の「日韓共同世論調査」(2018年）および両社が1995年以来共同実施してきた調査，ならびに朝日新聞社・東亜日報社の共同調査（2015年）およびそれ以前の調査などである。

4）これに関連する現状認識として次の見解を紹介しておく。論者は毎日新聞外信部長・前ソウル支局長澤田克己氏である。氏は2015年当時，日韓関係悪化について次のように述べている。「最大の要因は，韓国社会の意識変化だ。安倍首相や朴大統領は火に油を注いでいるに過ぎない。そうした変化をもたらしたものは，冷戦の終結や中国の台頭による北東アジアの国際秩序の変化」であり，「台頭する中国に向ける日韓の視線の違いが無視できないほど拡大してきた。今や，日韓で最もすり合わせが難しいのは，歴史認識などよりも対中認識ではないかと思えるほどになっている。それがまた，日韓関係に深刻な影響を与えているのである」，と。

5）質問と回答選択肢が異なるが，YH2017においても同種の結果が示されている。関係改善のために優先して解決すべき問題としての問いであるが，ここでも「竹島（独島）をめぐる問題」が日本（68%)，韓国（75%）とともに第1位にあがり，韓国では「従軍慰安婦問題」(67%) がこれに次ぐ。なおYH2018にはこれに対応する質問はなされていない。

6）韓国では「メディア」に次いで，3分の1（34%）の人が「学校教育」をあげており，日本（15%）の2倍あまりにのぼる，という特徴もある（AD2015)。

7）各メディアは表5－1および表5－2に示す特派員のほか，現地スタッフを雇用して業務体制を整えている。

8）ネット事情に詳しい中川淳一郎はネット世界における反韓ムードの盛り上がりについて同誌で次のとおり述べている。「韓国を叩くような題材はネトウヨを含め，韓国にあまり良い感情を持っていない人には拍手喝采となり，即ちサイトの運営主体はPVを稼げる。現在のネットビジネスは，いかに多くのPVを稼ぎ，それに伴う広告費を稼ぐかが勝負である。だからこそ煽情的な見出しで韓国叩きを誘発し」，その結果として「一般の人々も韓国への憎悪を募らせていったという側面がここ数年はネット上で発生した」のだと（中川淳一郎 2014：48）。

9）この座談会は日韓関係が極度に冷え込んでいた2015年6月に行われたものである（本文中に開催時期の明記ないが，上記URLや発信時期，あるいは発言内容などから）と考えられる。座談会参加者は進行役の吉野氏と京郷新聞，朝鮮日報，ハンギョレ新聞の当時の東京特派員各1名（実名）である。各社の論調はそれぞれ異なるし，各紙が特派員として東京に赴任した経緯も違うが，3氏の発言はその立場に拘束されず，きわめて率直になされている。観察眼や指摘も的確であり傾聴すべき点も多い。

■【引用・参考文献】
＜著書・論文＞
玄武岩（2016）『「反日」と「嫌韓」の同時代史 ナショナリズムの境界を越えて』勉誠出版
古田富建「相手のものさし 理解する努力を」『朝日新聞』2015年6月22日付朝刊
金政起（2005）「韓日両国のテレビジョン・ニュース言語の問題：その神話と現実の間の距離」『韓日放送ニュースの相互報道比較分析』（コミュニケーション・モノグラフ 2号）韓国外国語大学校言論情報研究所，7-31（原文韓国語）
黒田勝弘「『民族の鬱積』が残り続ける理由」『新潮45』2014年12月号，23-29
中川淳一郎「ネットが増幅させる『嫌韓』」『新潮45』2014年12月号，42-48
奥野昌宏（2016）「日韓両国民の相互意識とメディア」奥野昌宏・中江桂子編『メディアと文化の日韓関係 相互理解の深化のために』新曜社，195-214
奥野昌宏・柳井道夫（1994）「日本・韓国・中国のマス・メディアと国際関係——3国のジャーナリスト及び専門家有識者の意識——」内川芳美・柳井道夫編『マス・メディアと国際関係 日本・韓国・中国の国際比較』学文社，127-252
澤田克己（2015）『韓国「反日」の真相』文春新書
若宮啓文（談）（2012）「＜研究会＞東アジアのメディアとは何か？——アジアメディア研究者・ジャーナリストがメディアを語る——」李相哲編『日中韓の戦後メディア史』藤原書店，282-311
吉野太一郎（2015）「韓国の記者は『嫌韓』や日本社会をどう見つめているのか 特派員座談会」HuffPost News 日本版（2015年7月7日）https://www.huffingtonpost.jp/2015/06/30/korean-correspondant-talks_n_7695732.htm （最終閲覧日：2018年10月2日）
＜資料・統計データ＞
内閣府大臣官房政府広報室「外交に関する世論調査」（平成30年10月調査）2018年10月25日，https://survey.gov-online.go.jp/h29/h29-gaiko/index.html （最終閲覧日：2019年2月27日）
外務省北東アジア課（2016）「最近の日韓関係」https://www.mofa.go.jp/mofaj/files/000033344.pdf （最終閲覧日：2019年2月27

日）
日本政府観光局（JNTO）「訪日外客・出国日本人数データ」等 https://www.jnto.go.jp/jpn/（最終閲覧日：2018年10月15日）
「朝日新聞・東亜日報 共同世論調査」『朝日新聞』2015年6月22日付朝刊
「読売新聞社・韓国日報社 日韓共同世論調査」『読売新聞』2015年6月9日付朝刊
「読売新聞社・韓国日報社 共同世論調査」『読売新聞』2018年7月5日付朝刊
YOMIURI ONLINE「2017年5月『日韓共同世論調査』」
　　https://www.yomiuri.co.jp/feature/opinion/koumoku/20170613-OYT8T50005.html（最終閲覧日：2018年10月2日）
YOMIURI ONLINE「2018年6月　日韓共同世論調査」
　　https://www.yomiuri.co.jp/feature/opinion/koumoku/20180703-OYT8T50002.html（最終閲覧日：2018年10月2日）
言論 NPO・東アジア研究院「第4回日韓共同世論調査」（2016年7月）
　　http://www.genron-npo.net/world/4thjapankorea160720.pdf（最終閲覧日：2019年2月27日）
言論 NPO・東アジア研究院「第5回日韓共同世論調査」（2017年7月）
　　http://www.genron-npo.net/pdf/170721.pdf（最終閲覧日：2019年2月27日）
言論 NPO・東アジア研究院「第6回日韓共同世論調査」（2018年6月）http://www.genron-npo.net/pdf/180617.pdf（最終閲覧日：2019年2月27日）
日本リサーチセンター・Gallup Korea「日韓関係についての国際比較世論調査（2007年）」http://www.nrc.co.jp/report/070517.pdf（最終閲覧日：2018年9月30日）
『日本新聞年鑑2018』（日本新聞協会：2017）
The Korean Press 2015,（Korean Press Foundation 韓国言論振興財団：Seoul, 2015）

第 6 章

タイテレビ業界における米国および日本メディアの影響

ウォラワン・オンクルタラクサ

 キーワード

テレビメディア，オンラインメディア，アメリカメディア，日本メディア，日本文化，アニメ，ローカライゼーション，子どもへの影響

はじめに

　テレビ番組は急速に普及が進む文化商品のひとつとして考えられ，国から国への番組の売買は両国の文化の紹介方法だけではなく，売る側と買う側の両国のテレビ業界および経済にも大きな影響を与えるものである。

　本章は，米国および日本より輸入されたテレビ番組の基本情報に関し，過去の研究資料等，さまざまなデータを利用し，海外テレビ番組の影響および現代のタイにおける総合的なテレビ番組をより詳細に把握するものである。そして，その結果を用いて，米国と日本のテレビ番組がタイに輸入された経緯の調査およびその結果を比較する目的で作成したものである。

　本章では，タイメディアの歴史概要から始まり，米国メディア・日本メディアのタイ進出の経緯とその影響，タイの児童に対する「テレビメディア」の影響とその研究方法，タイに輸入された米国および日本のテレビ番組に関する情報研究の結果を示す。また最後の節では，本研究の結果まとめおよび今後の課題を述べる。

1. タイメディアの歴史概要

　タイにおける最初の新聞は1841年7月4日にダン・ビーチ・ブラッドレイのアイデアで作られた。この新聞ではタイの新聞としては最初の広告も掲載されていた。また，この新聞では，カンポンフェットの王子が英国鉄道の広告モデルを参考に，タイ鉄道の広告を行う等，タイにおけるさまざまな事業の広告に利用して大いに成功した。その後，彼はサイアム・アドバタイジングという広告事業会社を設立し，この会社を通じてナイラート・デパートメントストアがタイにおいて初めて広告を利用した。

　1950年代はテレビが欧米で普及し始めた時期であったが，タイでは一部の広報局の職員がテレビの重要性に気がつき，テレビ放送の実現を求めた企画を当時の政府へ提案したので政府もテレビに対し関心をもつようになった。1952年7月14日にプレーク・ピブーンソンクラーム政権がテレビ放送開始を決定し，先ず1953年に政府がテレビ送受信装置を購入，テレビ放送の専門家を育成し，何回かテレビ放送の実験を行ったことで，国民から大反響を呼んだ。政府は4番バンクンプロムというチャンネルでテレビ放送を行うために，1955年にタイテレビ株式会社を設立し，現在もそのチャンネルによる放送を継続している。それ以来，毎年6月24日はタイのテレビ放送記念日となった[1]。

　いつの時代も，「テレビメディア」（アナログテレビおよびデジタルテレビ）はタイでもっとも主要なメディアであり，地域を問わず全国の視聴者の心を摑んでいる。その為，多くの商品はテレビ広告に大きな投資を行っており，過去10年（2008年〜2017年）のテレビ広告への投資額は大幅に増加した。しかし，2016年から国内治安が不安定となった影響もあり，「テレビメディア」だけでなく，タイ広告業界は全体的に縮小している状況である。こうしたなかで，以下の主な2つの要因が，タイのテレビメディアの特徴に影響していると考えられる[2]。

第6章　タイテレビ業界における米国および日本メディアの影響

1－1　アナログからデジタルへ

　タイ国家放送通信委員会が2013年にデジタルチャンネルの入札を行い，2014年から放送実験を始めた結果「アナログテレビ時代」から「デジタルテレビ時代」への進化が見られた。それにより，既存の6チャンネルから24チャンネル（ビジネスチャンネル）に増加し，チャンネル数が「多すぎる」との意見もある。一方，制作側では，コンテンツ作成費用，内容および人材不足に問題があるという意見もある。この点に関しては以下の1－2．の要因にも関係があると思われる。

1－2　デジタル化の影響

　タイでも「デジタルテレビ」が誕生し，「オンラインメディアの時代」に突入した。「テレビメディア」が政情不安の影響とオンラインメディア時代の影響を受け，製造業のみならず多くの企業が広告費を削減し，広告予算を増やさない状況になったので，制作された広告作品がオンラインチャンネルにもシェアされることもあった。テレビメディアはオンラインプラットフォームの拡大を含め，人手，コンテンツ，技術等において大きな投資が必要な状況となっており，最終的に資金力のあるチャンネルしか生き残れないと思われる。
　上述のように，タイにおける「アナログテレビ時代」から「デジタルテレビ時代」への進化（チャンネル数6チャンネルから24チャンネルに増加）は，アナログの地上放送受信からデジタルシステムへ切り替える技術のみに止まらず，タイのテレビ業界の組織にも影響を与えた。過去から今日まで半ば政府の独占市場であったタイのテレビメディアが自由競争市場に変わり，新たな民間企業が多数参入してきた。こうした企業間競争状況で集客や顧客基盤を作り上げるために，開発や制作に力を注ぎ，魅力的な「テレビコンテンツ」を充実させ，アジア地域の各国を含めた海外マーケットにも新しい作品を販売している。過去の事例では，タイがラオス，カンボジア，ベトナム，ミャンマー，中国等の近隣国にドラマやゲームショー番組を販売したことがあったが，現在のコンテンツの進歩は，制作者がその状況に合わせ，番組コンテンツの多様化，品質お

よび新鮮度を特に強化しなければならず,コンテンツ,視聴者の方向性をはっきり打ち出せるチャンネルこそさらに有利になる。したがって,番組制作者の一部は,対象とした視聴者に合わせた情報提供方法の開発や番組の企画変更等,さまざまな手段を提示・企画する必要がある。また,スポーツ番組の生中継等,人気番組の著作権購入もチャンネルの認知度を上げる方法のひとつである[3]。

2. タイに進出した米国メディア・日本メディアの進出経緯およびその影響

第二次世界大戦後,米国は世界のリーダーとして君臨し,アメリカ文化はさまざまなメディアからタイに入り,タイ人の生活に多くの影響を与えた。この点に関しては,特にハリウッド映画が情報受信の「方向」およびタイ人の「信じ方」の良い例として考えられる。海外メディアまたは海外から著作権を購入して制作された映像作品および他のメディア作品を日常的に見るタイ人は,自然にその文化,考え方,規則および好みを受け取ってしまうと思われる[4]。

チャットチャイ・チャンシー（2001）[5]が「ハリウッド映画からみたアメリカ文化」という研究において,ハリウッド映画はタイに非常に溶け込み,多くの視聴者に良い影響をもたらしていると述べている。映画はコミュニケーションツールのひとつで,国際文化を伝える方法でもあり,ハリウッド映画の内容や場面はアメリカ人の生活,価値観および理想像を映し出すものだと考えられる。彼は,映画は「人々の文化性,考え,慣行に影響するメディアの効力を表すものであり,最も効力のある広告手段」とも述べている。

他方,「タイで普及した日本文化は,ひとつの商品として見れば,和の風味が入っている商品のようなもので,文化という商品にその国の文化が込められているものまたはサービスだ」とタマサート大学経済学部のランサン・タナポーンパン教授が述べていた。彼によれば,各々の商品に含まれた文化の違いこそが消費者にとってその商品を購入する理由となるのである[6]。かつて,1980年代後半に日本文化の流行がタイの社会に入ってきた。当時,『おしん』という日本のテレビドラマが非常に人気となっていた。『おしん』という女性

が貧乏な生活を送りながらも，さまざまな困難にも負けず乗り越え，家族を支えた人生を描いた内容である。このドラマでは，日本文化に含まれた「おしんの考え方」を学ぶことができる。また，ドラマを通じて，近代日本の歴史，社会，政治経済，生活習慣を学ぶことができる。

現在，日本のドラマの多くはタイのフリーテレビ（無料チャンネル）で放送されている。その中で，Thai PBS[7]というテレビ局が子供の想像力を伸ばす良いドラマを放送している。多くの日本発のドラマは仕事への努力，成功までの努力について語っており，タイの視聴者への良い見本になると考えられる。たとえば，『Chef～三ツ星の給食～（Bon Appetit!）』『八重の桜（Yae's Sakura）』等である。

オンウサー・ウンシーウォンが書いた『テレビドラマにおける職業による主人公または物語づくり』という研究によると，この10年間（2002～2012），職業をドラマの中核に置いた作品がタイでは非常に人気がある。この研究では，9つのドラマ（チャンス，グッド ラック，ごくせん等のドラマ）を対象としている。その一部はタイでも放送された。そのほとんどが主人公が成功するまでの努力について語っている。また，各々の職業の特徴を特定化し，主人公の性格，能力，スキル，生活環境等を分析している。男性の主人公は，警察官または探偵，神経科医，政治家，医者，物理学者，ライダー，ホッケー選手およびパイロット等の職業であり，女性の主人公は，教師やＯＬといった職業の場合が多い。主人公と準主人公は概ね異なる性別で設定され，それぞれに関係があり，互いに支える役割でもある。過去10年間のテレビドラマの分析によると，ドラマ制作でもっとも人気のある職業は警察官または探偵であり，全体の40％以上を占める。また，日本社会における職業では集団主義を大事にしていることから，自分の仕事に対する真面目さが多数取り上げられていることが明らかになった[8]。

3．タイの児童に対するメディアの影響

本章ではこの点に関して以下の主な3つのメディアについてその概略を述べ

る。

　周知のように，子どもたちはメディアから多くの影響を受けるし，とりわけテレビメディアによって社会的価値観や信念や思考方法を変えられることもある。ドラマ，リアリティ・ショウ，ミュージックビデオ，ニュース等のテレビメディアからの情報は文化を伝える手段である。その視聴を通じてタイの社会，人々の価値観および文化が気付かないうちに変わってしまうこともある。その一例が，韓ポップ（KPop），欧米トレンド等である[9]。このような影響の方向性は具体的に推測できないが，一部の特定の人に対してある程度人気がある作品から誕生することが多い。研究結果[10]によると，若者向けのテレビ番組が視聴者の行動に影響を与えていることが分かった。有名人又はアイドルを真似るバンコク市内のタイ若者の行動に関する研究調査では，若者がタレントを真似る行動は81.10％，番組出演者およびゲーム参加者を真似る行動は73.14％，ニュース及びドキュメンタリーを真似る行動は66.50％，アナウンサーを真似る行動は47.19％あり，その他が8.99％という調査結果であった。たとえば，「シタッタ　エメラルド」の参加者が「タイランド・ゴッドタレント」に出演した時に，無礼な態度や下品な言葉使いをすると出演者および番組制作者等に対し，視聴者から否定的な反応が多数寄せられた。なぜならば，そのような不適切な行動を見た人，特に若者たちがその不適切な行動を真似る可能性が高いと思われているからである。同じくこの研究調査結果によると，一人でテレビ番組を視聴する人が35.69％おり，その内68.13％がバラエティー番組を視聴し，75.57％がリアリティー番組／技術演出番組を視聴し，79.10％がドラマ／映画を視聴していたが，これがもっとも多い数値であった。

　テレビ番組はタイの若者たちに人気が高く，前述したように「日本のドラマ」もそのひとつであり，内容は助け合いに関するものが多い。2017年のスパーワン・ワンタナスパグンの研究では[11]，日本のドラマは助け合いの気持ちを大切にするように描かれ，家族的な内容で面白くリラックスできる内容だと分かった。スパーワンによれば，アジア3国（日本，台湾，韓国）の番組が人気になった理由は以下の通りだと思われる。

第6章　タイテレビ業界における米国および日本メディアの影響　　235

（ⅰ）ドラマ

1）アジア独特の問題に関する話が多い。たとえば，男性社会の下にいる女性たちの問題，家族や周囲の大人から人生を社会規範に添うように強制された人の話等である。それは，主な視聴者である若者に関係する問題であり，それぞれの課題に対する対策方法やアドバイスをそのドラマから学ぶことができる。

2）テレビ局が競争状態にあり，放送方針やマーケティング活動などの刺激で，タイがアジアドラマの輸入のリーダーとなっている。

3）メディア業界によるタイにおける他の産業への関係づけは，タイメディア市場の中で新しい広告方法を用いて商品のイメージ・認知度アップを強化している。

（ⅱ）アニメーション

ドラマの他にいわゆる「アニメ」が昔からタイのフリーテレビで放送されており，多くのタイの子どもたちの考え方，心理および行動に影響を与えた。たとえば，『一休さん』，『ドラえもん』等のように善悪を教えるアニメがある。他方では，暴動，性的暴力等の子どもに悪影響を及ぼすアニメもある。この点について以下のようなアニメに関する考察がある。

ソムキット・プロードプロンの「日本アニメーションの教育的価値」[12]という研究では，1984年11月〜1985年5月の期間にバンコク市内で大手のテレビ局4局から放送された日本のアニメの影響を調べてみると，アニメは神秘的な力または緊張感を表現するものが多くあったので，子供には知識よりも内容の面白さしかメリットとして得られていないことが分かった。そこからいえることはテレビ局は倫理的道徳的に良い内容のアニメを選択し，放送すべきだということである。本研究において，取り扱った8つの日本のアニメを検討すると，『一休さん』は教育的価値があり，『忍者ハットリくん』，『サニベール』，『魔法のプリンセス』，『ミンキーモモ』，はあまり教育的価値がない。『ルパン』，『とんでも戦士　ムテキング』および『Dr.スランプ　アラレちゃん』はまったく教育的価値がなく，子ども向けではないという教師と生徒双方からの意見があった。

また，タイ人にとって，「日本のアニメ」は日本文化に対する最初の接点で

あり，日本の商品のこともアニメでよく知ることになる。鈴木紀之とピリヤ・ワンポーカーグンが執筆した，『タイ社会における「JAPANIZATION」：日本文化商品の消費及びタイ人の生活影響への研究』によれば，多くのタイ人が日本文化をさまざまな方法で受容しているが，その利用を間違えてということである。その理由は，制作者がその日本文化という商品を本物の日本文化らしく工房やメディアで創っているような場合である。すなわち，そこで表現されているものが日本文化の一部分であるにもかかわらず，あたかも日本文化全体のように表現されているので実際の日本文化が受け手に誤解されてしまうということである。タイ社会では，日本社会とタイに存在する日本文化の両方を理解しなければならない。展開の早い複雑な社会をより良く把握するには，相手文化の言語学習もまた文化を受容する有効な手段のひとつである[13]。

（ⅲ）音楽

テレビメデイアの他に「音楽」もタイの若者に影響を与えていると考えられる。「タイ社会から見た日本社会」[14]というチュラロンコン大学の修士論文集の中に掲載されたチュラロンコン大学　政治学部，ウィパーラット・パンリッドダム教授が書いた「タイの若者に影響する海外文化」によると，日本の音楽を聴く若者同士が住所や音楽情報や意見の交換を行っていることが分かった[15]。また，日本のアーティストは特徴のある「ユニーク」な服装，髪型および動作をして，自由に演奏をしているので，日本の音楽に興味がある人にとっては，彼らはヒーローのような存在である。彼らの音楽を聴く人はまるで自分が他の人より目立ち，新しいトレンドのリーダーになったように感じられるようである。日本の音楽の人気度および認知度はその時々のトレンド，視聴者の好みによって異なり，アイドルの可愛さにも関係する。たとえば，現在，タイでは日本のAKB48のライセンスを購入して，BNK48というアイドルグループを作っており，彼らはタイ人の好みに非常に合致した人気のアイドルグループになった。

上記の分析から，タイの若者にとって，日本の音楽は重要で非常に人気が高いものだということが分かった。

タイメディアを通じた日本文化の普及はメディア業界における内外の影響を受け，メディアのビジネスシステムにもっとも影響のある内部要因，すなわち日本文化がタイで大衆受けする理由はティダーラット・ラクプラユーンがまとめた論述内容にも記載された。一方，マーケットの重要性，スポンサー，社会の出来事および競合状況等は外部要因だと考えられる。したがって，音楽もタイメディアを通して普及したもっとも影響のある日本文化なのである。

4．研究方法

この節では，過去の研究データを含め，さまざまな研究資料，インターネットおよび官公庁公表データを用いて，2008年～2017年にタイに輸入された米国・日本のテレビ番組の歴史を調査し，下記の4つの基本的な情報について筆者が表6-1～6-3にまとめた。
1．放送時間
2．輸入目的・使用方法
3．番組の種類
4．番組の内容

表6-1　米国・日本から輸入されたテレビ番組に関する基本情報の収集結果

米国から輸入されたテレビ番組順

年	チャンネル	日時	番組名	タイ語の番組名	輸入目的・使用方法	番組の種類	番組の内容
2001年～2016年	Channel 3, Channel One	Channel One, 毎週日曜日, 午後12:00～	Family Feud	4トア4ファミリーゲーム[16]	リメイク	クイズゲームショー（クイズショー）	参加者4名，2チームがタイで調査したことについて質問に答える。
2002年	iTV（以前UBCで放送）	月曜日～金曜日, 22:25～22:55	Fear Factor	ゲームターシーウィット，クラアタルクア[17]	完成プログラム　完成プログラムというのは，番組がそのまま放送されるため，輸出国が明確に判明するものである。	アドヴェンチャラー系のリアリティーゲームショー	参加者は番組スタッフが用意した恐怖の場面及びものと戦う。

年	チャンネル	放送日時	番組名(英)	番組名(タイ)		種別	ジャンル	内容
2003年	Channel 3	毎週日曜日，午前1:00〜	World's Most Amazing Videos	クリップロークタルン[18]	完成プログラム		ホラー，エクサイティング系のリアリティーゲームショー	生活の中で発生する事故から学ぶため，リアルなビデオまたは映像を放送する。
2007年〜2010年	Channel 3	2007〜2008：月曜日〜金曜日，19:15〜19:45，2009〜2010：木曜日〜金曜日，18:00〜18:30，2010年4月22日〜2010年4月29日：木曜日，18:00〜18:30，最終回放送は2010年4月29日	Are You Smarter Than a 5th Grader?	タークンネア？ヤーベアデック（プラタム）(旧名：タークンネア？ヤーペアデックポーシー)[19]	リメイク		クイズゲームショー（クイズショー）	全国から応募し選ばれた小学4年生が，クイズショーに参加する。本番組は，アメリカのフォックステレビ及びマーク・バーネットプロダクション（現在，ユナイテッド・アーティスツ・メディア・グループ）から著作権を購入した。
2011年	米国エンタテインメント企業であるフォックス・エンターテインメント・グループがタイでアメリカシリーズの放送を（True visionで）開始する。[20]							
2015年	Channel 7, Channel 7 HD	毎週土曜日，16:15〜17:30	The Choice	The Choice Thailandルアクダイハイデート	リメイク		ゲームショーCelebrity Dating Game Show	アメリカで大人気のデーティング番組。参加者がスタジオで45分間，自己PRや演奏を行い，その「ワンチャンス」でセレブや大好きな芸能人とデートすることができる。
2015年	True4U	月曜日〜木曜日，19:00〜20:00	The Price Is Right	ラーカーパールイア[21]	リメイク		ゲームショー	参加者は景品を獲得するために，番組が用意した商品の値段を当てる。番組の内容は最終回を除き，ほぼアメリカと同じである。
2016年	Channel One	毎週土曜日，20:00	Bachelor..Battle of Love	ザ・バチェラスクラックサラソード[22]	リメイク		リアリティショー	アメリカのデーティングリアリティー番組で，男性参加者が結婚相手を探す。
2017年	Channel One	毎週土曜日，日曜日，	Hollywood Squares	スプターターア	リメイク		クイズゲームショー（クイ	参加者2名が「国内外の一般

第 6 章 タイテレビ業界における米国および日本メディアの影響　　239

		11:00～12:15		OX[23]		ズ番組)	知識」に関するクイズに答える。
2017年	Channel 340 True X-Zyte HD	毎週日曜日, 11:00～12:00	THE DR.OZ SHOW	THE DR.OZ THAILAND[24]	リメイク	健康に関するトークショー, ライフスタイル	THE DR.OZ SHOW は, 世界的に評価の高いトップの健康トークショー番組である。タイにとって新しい健康番組であり, タイ人の生活やライフスタイルの中で起きる病気のことを取り上げ, 重い病気のことでも軽快に語る番組である。

表 6-2　日本から輸入されたテレビ番組順

年	チャンネル	日時	番組名	タイ語の番組名	輸入目的・使用方法	番組の種類	番組の内容
1998年	Channel 3	月曜日と水曜日, 0:00	いきなり！黄金伝説	ココリコゲームグイ[25]	完成プログラム	バラエティゲーム	日本のテレビ朝日で放送されたバラエティゲームショー番組で, セレブまたは有名人が今まで誰もやらないことをやって伝説にする。例えば, 無人島でお金なしの生活等。
2000年	Modern Nine TV	毎週月曜日～金曜日, 19:00～19:30	TV チャンピオン	TV チャンピオンタイランド[26]	完成プログラム	ゲームショー	各々の分野のチャンピオンを探す。
2008年	Modern Nine TV	毎週火曜日, 20:40	仮装大賞	ゲームザーターグン[27]	完成プログラム	ゲームショー	参加者が想像力を発揮し, 新しい作品を作る。チームの協力体制を中心に審査する。
2009年	Channel 5	22:20	サスケ	ゲームヒンパランニンジャ[28]	完成プログラム	体育系のゲームショー	参加者が体型に関わらず体力で番組が用意した難しい場面, もとと戦う。
2012年～現在	Channel 7	以前, 毎週の水曜日,	アイロンシェフ	シェフガタレックブラ	リメイク	料理系ゲームショー	番組が決めた材料, 題名で少な

		23:00～1:00,現在每週土曜日, 11:35～12:50		テードタイ[29]			くとも新しいメニュー4つ開発し, タイのシェフが海外のシェフと戦う。
2014年	Channel 7, Channel 7 HD	毎週日曜日, 14:45～16:30	痛快なりゆき番組風雲!たけし城	ホードマンハープラテードタイ[30] Takeshi's Castle Thailand	リメイク	アドヴェンチャー系のゲームショー	毎回約100人の一般応募者（攻撃軍という。）からなる攻撃軍を谷隼人"隊長"が率い, 最終的に勝ち残り城主たけしを討ち落とした者が賞金100万円を獲得する。

2008年～2017年にタイに輸入された米国・日本のテレビ番組の歴史

5. 分析結果

上記の2カ国のデータ分析を通じて以下の表6-3に示される4点が明らかになった。

表6-3 米国・日本から輸入されたテレビ番組基本情報の収集結果

収集情報	米国	日本
1. 情報分析期間	2001年から	1998年から
2. 輸入目的・使用方法	著作権を購入し, 新しく制作すること (remake) が多い。	完成プログラム (finished program) の輸入が多い。
3. 番組の種類	ゲームショーが最も多い	ゲームショーが一番多い
4. 番組の内容	クイズ番組が最も多い	体育または体力で競争するゲームショーが多い。

表6-3で示された米国・日本から輸入されたテレビ番組の基本情報の収集結果は, 以下のように説明できる。

1. 情報分析期間

フリーテレビのテレビ局で放送され, タイ人の生活にもっとも影響を与えたものは, 最初に輸入された米国のテレビ番組である。

第6章 タイテレビ業界における米国および日本メディアの影響　　241

２．輸入目的・使用方法

米国から輸入されたテレビ番組は著作権を購入し，放送する国で新しく制作すること（remake）が多いが，日本から輸入されたテレビ番組は完成プログラム（finished program）を購入し，そのまま放送することが多い。また，日本から輸入番組を再輸入することもある。ただし，著作権を購入し，放送国（タイ）で製作すること（remake）を目的とした再輸入である。

３．番組の種類

米国・日本から輸入された番組は，トークショーの THE DR.OZ SHOW を除き，ゲームショータイプである。

４．番組内容の種類

多くの日本のゲームショーバラエティは，クイズ番組だけでなく，スキルの競争，体力の競争方式の番組が多くある。たとえば，『痛快なりゆき番組 風雲！たけし城』，『筋肉番付』，『SASUKE』，『いきなり黄金伝説』等である。一方，アメリカのゲームショーバラエティには一般知識のクイズや商品の値段当てクイズ等，さまざまなクイズ番組がある。

6．結果からの推論

以下の注目される課題が発見された。

6－1　輸入番組のタイプ

これまでの考察から，テレビ番組の中で輸入番組の多くは日米からのものである。そして，日米からの輸入番組は，前述したような以下の2つのタイプに分けられる。

（i）**著作権を購入し，新しく制作すること（remake）**

このような輸入は，著作者が番組の構造を決め，番組基準に沿って制作および方法を管理するが，番組制作の資源に関しては，原著作権所有国のものを利用することが多い。ただし，番組のテーマ，番組のデザイン方法，ゲーム

ショーの規則，アートデザイン，司会の出演範囲および役割等は放送対象国に合わせる場合がある。放送対象国の好みや諸規定，文化的適合性に合致させるため，番組構造の変更を希望する場合には原著作権者と著作権購入者との協議で変更することができる。したがって，場合により，著作権購入国に合わせることで，言語，司会者，文化の適切さ等がローカライゼーション（localization）され，当該番組はどこの国から輸入されたか分からなくなる場合がある。

（ii）完成プログラム（finished program）の輸入

このような輸入は，グラフィック，司会者，セリフ等が決まっており，翻訳または，倫理，道徳上の適切さの確認を行った上で，そのまま放送されるため，輸出国が明確に判明するものである。

タイにおけるテレビ番組の輸入は，現在，著作権を購入し，新しく制作するリメーク（remake）が，完成プログラム（finished program）の輸入より多くなっている。

番組制作技術の発展もあり，リメイク方法が人気になり，視聴者と異文化国との距離が縮まっているがそれは以下の点が主要な原因だと考えられる。

1）デジタルテレビ時代となった現在は，制作者側も視聴者側も，それぞれさまざまな影響を受けている。制作者側にとっては，人件費，時間等の投資が小さくなり，昔より制作サイクルが早くなっている。一方，視聴者側にとっては，番組の選択肢が多くなり，視聴習慣や好みもその影響で変化する。現在の視聴者は時間や場所を問わず，スマートフォン，インターネットで好きな時間に好きな方法で視聴することができる。昔は，テレビメディアは簡単に視聴できるものではなく，場所・時間およびコストなどの条件が限られていた。他方，現在は制作投資費用も少なくて済むし，視聴者も多様なメディアに容易に接触可能な時代である。つまり，デジタル化は制作者およびテレビ局にとってはビジネスチャンスでもあるといえる。

2）リメイク（remake）については，ローカル文化やローカルらしさのコンテンツを加えた方が視聴者の人気を得られ易い。また，異文化のテレビ番組がもつ違和感を減少させ，視聴者に番組との一体感を持たせる目的で，グローバ

ル的な内容の番組をローカル化した glocal 番組が生まれた。文化には，その番組に出た人物，使った言語，信仰，行動さらには服装等が含まれる。また，その番組に登場した人物が見慣れた俳優，女優，司会者ならば，リメイク（remake）されたものを見た視聴者はその番組に簡単に溶け込んで，異文化に対する違和感や拒絶感がなくなるので，慣習的な視聴者も多くなる。テレビ局の立場からみれば，多くの視聴者に支持され高い視聴率を誇る番組はより制作し易いのである。

　日本から輸入された一部のテレビ番組は最初には完成プログラムとして放送されるが，次回ではリメイク（remake）されることがある。たとえば，『痛快なりゆき番組 風雲！たけし城』という番組は最初に完成プログラムで放送された。その後，タイでヘリコニアエンターテイメント株式会社が著作権を購入し，ホードマンハープラテードタイ（Takeshi's Castle Thailand）[31] という番組名でリメイクした。

　私の意見では，リメイク（remake）する番組は著作国である日本と同様な制作能力を持っているタイで制作した方が，タイ人視聴者の好みに適合させることができ人気になると思う。たとえば，『Iron Chef』という日本のテレビ番組はヘリコニアエンターテイメント株式会社が株式会社フジクリエイティブコーポレーションから著作権を購入し，番組のロゴ，スタジオ，チームの分け方，最後の審判等を残し，タイで放送の際，番組のスタイルを色々の点で工夫している。この番組は2012年から現在まで，『シェフガタレックプラテードタイ』という番組名で放送している[32]。

　3）欧米から番組を購入して新しく制作すること（remake）は，デーティング，シングルコンテスト，モデルコンテスト等のコンテンツにローカルの参加者が出席し，その国ならではの番組に作り上げる必要があるため，上記の1）と2）の主な要因となる。

6-2　番組の種類

　米国・日本からの輸入番組は，ほとんどゲームショーであるが，『THE

DR.OZ SHOW』という番組だけはトークショースタイルである。『THE DR.OZ SHOW』は米国の一流健康番組であり世界的に話題となった。タイでの放送については，マヒドン大学付属シリラート病院の医師が著作権を購入し，タイ人の生活およびライフスタイルに近い病気の話題を取り上げ，重い病気の話を軽快にトークする番組とした。

今日では，夜間ドラマより視聴率が高いゲームショーは少なくない時代となったが，かつては，こんな事態は予想もしなかったであろう。

新時代のゲームショーが現代のタイ人に人気がある理由は以下の4つが考えられる[33]。

1．ストレスが多い現代に応えられる面白さがあり，ストレスが発散できる。
2．斬新なアイデアがある。たとえば，『The Mask Singer』という番組等。
3．シンキングコンテストの面白さが非常に強いので，全てのテレビ局においてこのような番組を欠かせない。
4．広報に力を入れ，放送前の予告を実施し，放送後にもソーシャルメディアで再放送する。

重要な点がもうひとつある。それはリアリティー番組は主にアメリカから輸入しているが，日本からは全く輸入されていないことである。

6-3　番組内容の種類

輸入された日本のゲームショー番組のデザインは，『痛快なりゆき番組 風雲！たけし城』のように，主に体力で競争する番組の方が普通のクイズ番組より多い。一方，アメリカの番組は主にクイズ番組を放送し，一般的な知識クイズ，謎解きクイズ，値段当てクイズといった伝統的なクイズ番組が多い。恐らく長く放送され続けた番組であるホイール・オブ・フォーチュン，いわゆる『ウィール』という番組からの影響だろう。テレビガイド（TV Guide）は，『ウィール』を2008年の最高視聴率の番組として選んだ[34]。また，外国へも普及し，「ゲーム・オブ・アメリカ」と呼ばれるほど人気が高かった。『ウィール』は，ハングマンのようなゲームと運勢を合わせたクイズ番組である[35]。し

かし，2012年以降の傾向としては，アメリカではザ・フェイス等，参加者の専門技術または知識に関わるリアリティゲームショーが多くなった。

＊ 本章の日本語については，編者の一人である小川が校閲した。誤用・誤記に関しては，小川が責を負うものである。

(注)

1) The Advertising Association of Thailand. (2016) Ad industry milestone. Retrieved from http://www.adassothai.com/index.php/main/about/milestone_detail/（最終閲覧日：2018年9月12日）
2) Brand Buffet. (2018) 10 years of advertising money "TV media – Newspapers – Magazines" from the best to worst. Retrieved from https://www.brandbuffet.in.th/2018/01/10-years-television-newspaper-magazine-media-spending/
3) Tweewitchakriya, N. (2016) The impact of digital migration on television content production in Thailand: Comparative studies of the US and UK experiences. Retrieved from https://www.tci-thaijo.org/index.php/NBTC_Journal/article/download/119158/91215/
4) Sutthirat, J. (2009) Influence of Hollywood films: relation to global matters. Retrieved from http://library2.parliament.go.th/ebook/content-ebbas/2552-hollywood.pdf（最終閲覧日：2018年9月12日）
5) Chansri, C. (2001) Portrayal of Hollywood films' American culture. Thesis of Master Program (Mass Communication), Faculty of Journalism and Mass Communication, Thammasat University.
6) MGR Online. (2014) 'Japanization' in Thai society: Consumption of Japanese cultural goods and its influence on Thai consumers' way of life. Retrieved from https://www.manager.co.th/QOL/ViewNews.aspx?NewsID=9500000032417（最終閲覧日：2018年9月12日）
7) Thai PBS. (2018) TV series & Films. Retrieved from http://program.thaipbs.or.th/programs/play（最終閲覧日：2018年9月12日）
8) Thai National Research Repository. (2012) Characterization and narration in Japanese TV drama with career theme. Retrieved from http://www.tnrr.in.th/2558/?page=result_search&record_id=9938921（最終閲覧日：2018年9月12日）
　Deewong, P. (2013). Fusion of foreign culture through TV media. *Executive Journal*, 33 (1), 87-93.
9) Deewong, P. (2013) Fusion of foreign culture through TV media. *Executive Journal*, 33 (1), 87-93.

10) Jamornmarn, S. & Mongkolvanich, P. (2013) TV-watching behavior and imitative behavior involving TV programs of Thai teenagers in Bangkok area. Retrieved from http://www.charm.siamtechu.net/news/STC-Poll/S1-09Poll.pdf （最終閲覧日：2018年9月12日）
11) Wattanasupakul, S. (2007) The attributes of Asian popular television drama: the case of Japanese, Taiwanese and Korean dramas in Thai television. Retrieved from https://www.researchgate.net/scientific-contributions/51478081_suphawrrn_wrrthnasuphkul （最終閲覧日：2018年9月12日）
12) Plodprong, S. (1985) A study of the educational values in Japanese cartoons on television. Retrieved from http://cuir.car.chula.ac.th/handle/123456789/22275 （最終閲覧日：2018年9月12日）
13) MGR Online. (2007) 'Japanization': More than mind and body. Retrieved from https://mgronline.com/qol/detail/9500000032417 （最終閲覧日：2018年9月12日）
14) Google Sites. (2018) Look through Japanese culture in Thai society. Retrieved from https://sites.google.com/site/patarawut1331/-mxng-wathnthrrm-yipun-ni-sangkhm-thiy （最終閲覧日：2018年9月12日）
15) Chulalongkorn University Intellectual Repository. (2002) The diffusion of Japanese teenage culture on media in Thailand. Retrieved from http://cuir.car.chula.ac.th/handle/123456789/5492 （最終閲覧日：2018年9月12日）
16) One 31. (2018) 4 Tor 4 Family Game. Retrieved from http://www.one31.net/番組 /番組の詳細 /13 （最終閲覧日：2018年9月12日）
17) MGR Online. (2004) Fear Factor. Retrieved from https://www.manager.co.th/Entertainment/ViewNews.aspx?NewsID=9470000084167 （最終閲覧日：2018年9月12日）
18) Fengjihuan. (2003) World's most amazing videos. Retrieved from fengjihuan.com/worlds-most-amazing-videos （最終閲覧日：2018年9月12日）
19) Thai Television Channel 3. (2010) BEC Tero announced three 'Triple E' TV programs. Retrieved from http://www.ch3thailand.com/news/promote/155 （最終閲覧日：2018年9月12日）
20) Matichon Weekly. (2017) Wirat Saengtongkam: American influence still persists. Retrieved from https://www.matichonweekly.com/in-depth/article_52529 （最終閲覧日：2018年9月12日）
21) True4U. (2015) The Price is Right Thailand. Retrieved from http://true4u.truelife.com/index.php?name=show&action=detail&program_id=60 （最終閲覧日：2018年9月12日）
22) Watch Back and Online TV. (2016) The Bachelor Thailand. Retrieved from http://www.siamhahe.com/ the-bachelor-thailand- スクラック - サラソー

23) One 31. (2018) Sup'tar Taa OX. Retrieved from http://www.one31.net/videos/2501（最終閲覧日：2018年9月12日）
24) MGR Online. (2017) Siriraj is collaborated with True X-Zyte HD in launching 'Dr.Oz Thailand' with aims to educate Thais about health. Retrieved from https://mgronline.com/entertainment/detail/9600000072536（最終閲覧日：2018年9月12日）
25) Watch Lakorn. (2010) Cocorico Creates a Legend. Retrieved from http://www.watchlakorn.in/いきなり！黄金伝説第1回-video-1567（最終閲覧日：2018年9月12日）
26) RYT 9. (2000) Announcement for the grand opening of 'TV Champion' on channel 9 MCOT. Retrieved from https://www.ryt9.com/s/prg/270518（最終閲覧日：2018年9月12日）
27) Facebook. (2008) Kasou Taishou. Retrieved from https://th-th.facebook.com/pg/ゲームザターグン-135059769859466/about/（最終閲覧日：2018年9月12日）
28) Thairath. (2009) 'Ninja Warrior', a challenge for grand prize. Retrieved from https://www.thairath.co.th/content/995（最終閲覧日：2018年9月12日）
29) Lakorn Asia. (2018) Iron Chef Thailand. Retrieved from https://tv.lakorn.asia/iron-chef-thailand-アイアンシェフ-国/3758（最終閲覧日：2018年9月12日）
30) RYT 9. (2014) Takeshi's Castle Thailand. Retrieved from http://www.ryt9.com/s/prg/2029637（最終閲覧日：2018年9月12日）
31) RYT 9. (2014) Takeshi's Castle Thailand. Retrieved from http://www.ryt9.com/s/prg/2029637（最終閲覧日：2018年9月12日）
32) H Group. (2018) Iron Chef Thailand. Retrieved from http://www.hgroup.co.th/heliconia/iron-chef-thailand/ http://www.hgroup.co.th/heliconia/iron-chef-thailand/（最終閲覧日：2018年9月12日）
33) Thai SMEs Center. (2017) Business of game show franchise from foreign countries: Investment to attract audiences in the era of digital TV. Retrieved from http://www.thaismescenter.com/海外著作のゲームショービジネス＿成功な投資_デジタルテレビ/（最終閲覧日：2018年9月12日）
34) TV Guide. (2008) Wheel of Fortune ups bonus round jackpot to $ 1M. Retrieved from http://www.tvguide.com/news/wheel-fortune-ups-16275/（最終閲覧日：2018年9月12日）
35) Wheel of Fortune. (2017) Wheel of Fortune begins 35th season celebration. Retrieved from https://www.wheeloffortune.com/news-and-events?news=season-35-is-here（最終閲覧日：2018年9月12日）

第7章
「文化 (the cultural)」の文脈化
―― あるいは雑種化と土着化 ――

小林　義寛

キーワード
オタク，コスプレ，オーセンティシティ，文脈化，翻訳

1. オタク発見――「はじめに」に代えて

　「文化のオーセンティシティ」や「文化の客体化」といったような議論が注目されてから久しい。サイードの『オリエンタリズム』，それをうけてのwriting culture等に展開された人類学や民族学での議論，そして観光や地理学などとも関係しながら多くの領域へと広がりをみせた，文化や他者を語る権利に関わる議論である[1]。しかし，議論がフェードアウトするかのような展開のなか，現実的には総体として「グローバリゼーション」と呼べる状況は着実に進行していった。上記の議論が着目されている最中，他方でウルグアイ・ラウンドからWTOへの過程で，コンテンツを中心に「文化 (the cultural)」は確実に経済的な問題として位置づけられ，グローバルな経済の流れのなかで捉える傾向が当然のことのようになっていった。そういった状況が現在なのではないだろうか。

　この小論は，上記のような状況認識を前提に，「文化」とりわけポップ・カルチュアとして，いくつかのメディア・コンテンツとそれに付随する現象に焦点をあて，複数の文化間の関係において，複合する諸文化要素との関わりのなかで，その現象について考えていくつもりである。その際，当然「ポップ」であるということは，対象が商品化あるいはコモディフィケートされていること

第7章 「文化 (the cultural)」の文脈化——あるいは雑種化と土着化——

との関連において存していることを意味する。そして，上記の状況認識を背景にすれば，それらは，移動，流通，通信，交流，交通，伝達などといった広い意味でのコミュニケーションとともに，広範に——情報環境の拡張を考えれば「素早く」もある——拡散していっている。

　一例として，オタクを考えてみよう。周知のように，これは，中森明夫によって1983年に使用され[2]，その後「幼女連続誘拐殺人事件」を契機に広範に流通するようになった。その際，今世紀初頭くらいまでの間は，強く負のイメージがともなっていた。いわゆる犯罪予備軍やサイコパスといったニュアンスが強くまとわりついて存在したといってよいだろう。現実的には筆者は，さらに女性ジェンダー化された意味も帯びていたと考えている。アニメ，マンガ，テレビ，雑誌などのようなものへの耽溺，それは「女こどものもの」とされてきたものに対する，青年，成人後の男性の愛好の様子を示していた。オタク男性中心としてコミケ（コミックマーケット）などに焦点があてられたりしたが，実際上コミケ自体は膨大な女性参加者によって支えられている側面が大きい[3]。それにもかかわらず，各種のメディアなどでは男性がフィーチャーされた。いいかえれば，男性のなかで女性化された存在がオタクであるともいえる。当然のように，男性のなかで女性化された存在は女性からも蔑まれ，疎まれた。

　このオタク像が90年代末とりわけ今世紀に入ってから秋葉原の街の変容とともに好転化されていく。クール・ジャパンやコンテンツ立国の中核をなす日本産コンテンツへの愛好が造詣の深さへとして高評価に変わっていく。それにあたっては，海外からのオタクへの視線が大きく影響していよう。

　アメリカでは，日本のオタクのような存在はナード（Nerd）と呼ばれる。場合によってはサイコパス等とされ，ジェンキンズ（1992）が「ホラー・ストーリー」というように，この言葉には強く負のイメージがともなっている。しかし，ナードと呼ばれることを忌み嫌っている人々がインターネットの一般への開放後，95年とりわけ98年以後，日本の「オタクを発見」する。OTAKU，OHTAKU，WOTAKUなど，いくつもの表記がみられたが，「オタクはすごい」と評価しつつ，ナードを避けるためも含め，自らもオタクと称するように

なっていく。われわれはナードではなくオタクである，と。こうして，インターネットを介してオタクが急速かつ広範に広がっていった。そして，海外からのオタクへの賞賛の視線，それが逆に日本のオタクへの評価の変化をもたらした。いいかえれば，日本のドメスティックな空間で被差別的な存在でしかなかったオタクがインターネットのグローバルな視線を介して，別な視線を与えられるようになった。しかも，海外のグローバルな世界では，ドメスティックな評価はとは異なった評価を得ていた。

「オタクの発見」には，それ以前からの日本のポップ・コンテンツの流通が影響している。『AKIRA』，『GHOST IN THE SHELL 攻殻機動隊』などとともにジャパニメーションまた，『美少女戦士セーラー・ムーン』やゲーム『ポケット・モンスター』の世界的席巻などによって多くから注目を浴び，知られるようになってはいたが，80年代の各種ゲームおよびゲーム機器，NECのPC98とエロゲーなど，それ以前の手塚治虫，石ノ森章太郎（石森章太郎），永井豪などのマンガやアニメなど，多くのポップ・コンテンツが広く流通していたことがその下地にある。そして，それらに異常なる造詣をもった存在として，尊敬のまなざしも含めて，オタクが発見された。

それでは，日本のポップ・コンテンツの広がりをどのように考えればよいのだろうか。以下，それについて若干の考察を展開していく。その際，とくにコスプレ（コスチューム・プレイ）に中心的な焦点をあてながら展開していく。

2．日本のポップ・コンテンツの広がり

2017年10月27，28日と，ニューヨークのブルックリンで「J-ANIME NIGHT」が開催された。それは，「ハロウィーンの仮装ナイトパーティーと，絶大な人気を誇る日本のアニメをミックスした全く新しいフェス」であり，「海外トップクラスのコスプレイヤーが集結するだけでなく，日本のアニメをテーマに，シンガー，ダンサー，パフォーマー，DJも出演」（http://j-animenight.com/jp.html（2018年12月現在））するイベント（日本で「イベント（event）」といわれ

第7章 「文化 (the cultural)」の文脈化――あるいは雑種化と土着化――　　251

るが英語圏ではコンベンション（convention）が普通）である。ここでは、日本のアニメ、マンガ、ゲームなどのコスプレをした参加者（コスプレイヤー）が多数集結し、イベントを楽しんでいる。同様のイベントには、2000年からパリで開催されている「ジャパン・エキスポ」を代表に、世界各地で多くが開催されており、世界各地から多数のコスプレイヤーの参加がみられる。また、2003年から名古屋で開催されている「世界コスプレサミット（コスサミ、WCS（World Cosplay Summit））」では、世界各地から選出されたコスプレイヤーの代表が年に一度名古屋に集結し、コスプレを競っている。

　このようにしてみると、日本のアニメ、マンガ、ゲームなどのメディア・コンテンツが世界中から注目され、それらを題材にしたコスプレが世界各地を席巻しているかのように感じられる。いいかえれば、コスプレを含めた日本発のメディア・コンテンツが世界を「侵略」し、アメリカでは「キリスト教に由来する」とされる「伝統行事」さえも一部変容させてしまっている、と。このような主張は、いわゆる「文化帝国主義」的な観点である。しかし、2004年12月26日朝日新聞の国際面（6面）には、「ジャポニスム　フランス再燃」として、その年のジャパン・エキスポをコスプレ写真付きで伝えながら、アンヌ・ガリク（仏ジャーナリスト）の「フランスをものみ込む米国の文化支配に対し、別の『極』である日本に目を向けて溜飲を下げている」という見解からもうかがえるように、一概に「文化帝国主義」という概念で捉えられない可能性もある。

　どちらにせよ、日本の「文化」が海外に影響を与えており、それにより上記の例のような諸種の現象が生じている。それを「文化帝国主義」と捉えるかどうかはある種の観点の相違ともいえる。ただ、日本の場合、1990年代以降の、コンテンツ立国構想やクール・ジャパン構想（後のクールジャパン機構）が提唱され実行されるまで、アニメ、マンガ、ゲーム、コスプレといったような「文化」に対して、実質的な政策あるいは国家や政府による文化戦略があり、それによってこれらの「文化」の海外への進出と展開があったとはいい難い。

　また、一般的には、大友克洋の『AKIRA』の衝撃、その後の『美少女戦士セーラー・ムーン』や『ポケット・モンスター』の世界的なブームを契機に、

90年代からの「ジャパニメーション」（2000年前後あたりからは単に「アニメ anime」で日本のアニメーションを指す）という言葉で知られた海外への影響，そしてそのような状況を前提にした，バブル崩壊後の「キラー」としての新たなる輸出産品との関係での先の構想，といわれる。とすれば，これらの「文化」あるいはコンテンツは，なんら国家や企業あるいは経済界などによる文化戦略や経済戦略もなくスピルオーバーし，拡散していったともいいがたい。ただ，事実としてみれば，文化戦略や経済戦略と関係することなく拡散していった側面のほうが大きく，それらの戦略は，現実的な現象を後追いしていったようなものである。というのも，たとえば英語圏での日本の影響に関して，ジル・ポイトラスは，ジャパニメーションやアニメとして注目されるようになる以前からをたどり，ファンダムの世代区分を行っている（Poitras, 2001, pp30-33）。すなわち，The Astro Boy Generation（鉄腕アトム世代），The Yamato Generation（The Star Blazers Generation）（宇宙戦艦ヤマト世代），The Robotech Generation（巨大ロボット世代），The Akira Generation（アキラ世代），The Sailor Moon Generation（セーラームーン世代），The Otakku Generatin（オタク世代），である。彼によれば，これらのファンは，60年代のアトムから始まり，70年代に緩やかに増加し，90年代には爆発的に増加し，それ以後へと展開した。

また，フランスでのアニメの影響としては，78年から79年に放映された東映制作の『GOLDORAK（ゴルドラック）』が有名である。日本でフジテレビ系で放映した，永井豪原作の東映制作アニメ『UFOロボ・グレンダイザー』であるが，フランスの当時のテレビ局の状況とはいえ，平均視聴率79％，最高視聴率100％と，驚異的な人気であった。フランスで日本産のアニメーション特に東映制作アニメが放映される契機については http://cenecio.hatenablog.com/entry/2016/09/25/171646（2018年12月現在）に詳しく掲載されているが，1969年にさかのぼる。『グレンダイザー』とあわせて，『キャンディキャンディ』，『宇宙海賊キャプテンハーロック』を代表に，フランス革命期が題材である『ベルサイユのばら』など，80年代以降アニメが大きく注目されるようになっ

第 7 章 「文化 (the cultural)」の文脈化——あるいは雑種化と土着化—— 253

た。

　すなわち，アニメ，マンガ，ゲームなどの日本産コンテンツの影響は事実上60年代から存在し，それが一挙に80年代末からのジャパニメーションや90年代末以降のアニメで知られるような状況になったのである。そして，それを後追いするかのようにコンテンツ立国やクール・ジャパンが構想されたと考えるのがより事実に近いであろう。そうして，底辺を支えるような人気の上に，「オタク発見」と合わせながら，ロリータやゴスロリ等の日本のストリート・ファッションなどとともに，コスプレなどにも大きく注目がむけられるようになったのであろう。

　ところで，このような日本産ポップ・コンテンツに関して，「無臭化」といった愚かしい議論がなされる。それらのコンテンツが「日本」を感じさせないことが人気や影響につながっているかのような議論である。はたしてそうであろうか。たとえば，先に引用したガリクは「日本に目を向けて溜飲を…」と語る前の部分で，「ロボットや携帯電話に代表される先端技術と，豊かな伝統文化という対照的な日本イメージ…（中略）人々がひかれたのは宮崎駿監督の『となりのトトロ』が描いた人間と自然の共存。伝統的に人間と自然を対置してきた西欧人には新鮮だった」と語っている（2004年12月26日朝日新聞の国際面（6面））。先端技術と自然や伝統との共存という典型的なテクノ・オリエンタリズムな主張だが，無臭化とはほど遠い主張でもある。とくに宮崎駿に注がれる視線の多くは，宮崎アニメには多くの問題があるとはいえ[4]，日本の自然と伝統の世界である。また，近年の世界的なヒット作である，新海誠のアニメ映画『君の名は。』や，その他諸コンテンツに導かれた「聖地巡礼」と呼ばれるコンテンツ・ツーリズムなどの現象はアニメの舞台である日本が意味をもつ。あるいは，その他のコンテンツやキャラクターなどの関連グッズも，「日本」であることが重要視される。たしかに，多くのコンテンツやグッズは無国籍であるかのような感覚をわたしたちに与えるが，それはわたしたち日本人の感覚である。それらは典型的に「日本」なのだ。無臭化としてしまうのは，わたしたちの感覚を前提にして一部分だけを取り上げ，その表層から語るからである。

無国籍性をも含めて「日本」であること，それは，実体でも実態でもなく，「日本」であり，海外の視線でもある。そこにはもはやオーセンティックな実体をもつ「日本」など存在しない。ある意味では，ディズニーランドのように，シミュラークルな「日本」なのだろう。それゆえに，それらが「日本」であることを考えることが海外からの視線を検討することでもあり，それを内面化するわたしたち自身を考えることでもある。

さて，「典型的に無臭化した」かに感じるコスプレ——日本を感じさせない多くのキャラクターの扮装——であるが，日本人も含め多くが日本発信のオタク文化のように受け取っている。しかし，現実的には，その始まりは日本ではない。だが，日本の中でカスタマイズされていったのが現在の姿である，ともいえる。以下，そのことを検討してみよう。

3. コスプレの文脈化

「コスプレは日本発祥の新しい文化」という見解が多くにみられる。ウィキペディアなどでも（https://ja.wikipedia.org/wiki/%E3%82%B3%E3%82%B9%E3%83%97%E3%83%AC（2018年12月現在）），江戸時代からの歴史的な連続で説明されている。しかし，筆者は，日本における歴史的連続性には疑問をもっている。古典期からあるいは江戸時代からの伝統に位置づけるのは，単にオーセンティシティを主張しようという意思にすぎないだろう。それは，マンガを「鳥獣戯画」や「北斎漫画」から辿るようなものである。日本に古くからみられる異装や仮装とは切断すべきである，と考える。

当然のように，この連続性を認めた場合，欧米はおろか世界各地の民族にみられる仮装，異装をどのように捉えるのだろうか。特に欧米の伝統的な儀礼にみられるマスカレードや，アメリカでのハロウィーンの仮装などとの連続性において，メディアとの関連で捉えたほうがより自然なのではないだろうか。もっとも，アメリカの現象にしても，単純な連続性はなく，断絶を前提に考えるべきである。

第7章 「文化 (the cultural)」の文脈化——あるいは雑種化と土着化——   255

　ただ，コスプレという言葉自体は和製英語であり，その言葉とともにある今日的な現象は，70年代中・後半から，とりわけ80年代以降の日本のなかで展開されたコスプレが世界へと影響している，といえよう。

　この現象の先駆的なものはアメリカである。アメリカでは日本語のコスプレはコスチューミング costuming と呼ばれ，R. ロゴウ（Rogow 1991：68-69とくに costuming の項目）によれば，コン（con はコンベンションの略であり，先にも記したが，日本のイベント）でコスチュームを着たと認められる最初の人物はフォレスト（フォーレスト）・アッカーマン（Forrest Ackerman）である。ロゴウに従って簡単に素描すると，以下のようになる。すなわち，アッカーマンから始まり，その後コスチューム・パレードがコンで普通におこなわれるようになり，60年代中頃にはガイドラインも作られるようになった。69年のロサンゼルスのコンでは，当時有名なコスチューマーであったペギー・ケネディ（Peggy Knnedy）がディヴィジョン・システム（コスチューマーのランクをいくつかに分ける仕組み）を公式化し，81年の世界 SF 協会にもそのシステムは認められた。また，85年に設立された国際コスチューマーズ・ギルド（International Costumers' Guild）といった国際的な組織もある[5]。

　アッカーマンが世界で最初にコスプレをした（39年といわれる）ことは SF に詳しい者の間では周知の事実である。彼は，SF やホラーの編集者であり作家でもあり，世界 SF 大会などのコンの常連としても知られている。その彼から始まったコスチューミングがアメリカでは60年代には公式化している。日本のコスプレはその影響下で誕生したものである，と考えるのが当然だろう。そうして，日本の SF 大会などでもコスチューミングがみられるようになっていった。

　コミケでコスプレがはじめて登場したのはコミックマーケット準備会の資料によれば，78年4月のコミケット8からである[6]。サークル参加数144，一般参加者数は推定2,000人という，今では考えられない小さなイベントに参加したコスプレイヤーから始まった。その後，80年代に『うる星やつら』のラムちゃん等のコスプレを代表にして，盛大になっていく。ただ，90年代になるま

でコミケ会場は晴海国際見本市会場（現在は有明ビッグサイト）に固定されていなかったため，「公序良俗に反する」といった地域の地方条例などとの関係で諸種の規定が設定されていったが，80年代前半には会場外へも自由に流出していたし，会場外から衣装を着て訪れる参加者もいた。その後，いくつかの規定も含め，コミケ会場内のスペースに限定されながらも，コスプレ参加者およびその鑑賞者などが拡大していった。その結果，実際に会場を訪れればわかるが，あたかも盛大な祭や踊りでの仮装や仮装行列と見紛う様相である。そのため，多くが江戸時代や民俗行事での伝統に言及するのだろう。しかし，先にも記したように，日本の現代マンガの原型が欧米発祥であるように，この現象はアメリカ発祥であり，日本の伝統行事とは一切関係ない。

　けれども，コスプレは，マンガやアニメあるいはゲームと同様に，海外発祥の文化事象だが，日本の中で独自の発展を遂げた。そして，その結果，「日本独自」の文化現象となっていったといえる。そうして，一部でオーセンティックな主張，すなわち歴史的な伝統のなかに位置づけ，その連続性のなかで理解するような主張が生じてきたのだろう。いってみれば，バリ島人の伝統ではないケチャがバリの伝統に位置づけられるのと同様なもの，といえよう。

　さて，コスプレという，コスチューミングの日本化を理解するに際して，諸種の相違点はあるとはいえ，A.アパドゥライ（アパデュライ）の議論が示唆的である（アパデュライ（1996＝2004））[7]。アパドゥライは，イギリスのクリケットが植民地下であるインドに導入され，それが次第に現地化された文化形態へと変化していく様子を考察した。すなわち，イギリスからインドへという文脈の変化および諸種の行為者の関わりのなかで，クリケットがオリジナルとは異なった新しい魅力をもったものへと変化した，という。コスプレについても同様に考えることができる。たしかに，植民地という状況など大きな相違点はある。しかし，ある文化形態が他の文脈に位置づけられることによって，その文脈のなかで変化し，その文脈において位置づけられたとすれば，同様に考えることができよう。いいかえれば，アメリカで誕生したコスチューミングだが，日本に導入され，その中で次第に文脈化され，日本的なコスプレへと変化し，

第7章 「文化 (the cultural)」の文脈化——あるいは雑種化と土着化——　257

日本のオリジナルな文化形態となった，と。そして，その後，逆に世界へと波及していった。しかし，コスプレサミットなどをみればわかるが，日本では禁止されていた被り物や長柄物なども多くみられるようになり，逆に日本のコスプレにおいても，それらが導入されるようになった。その意味では，コスプレはグローバルな文脈のなかで変化もしているのである。

4．グローバルな文脈のなかで——「結び」に代えて

　2012年，日本の協力でインドでアニメーションが制作された[8]。タイトルは『スーラジ　ザ・ライジングスター』(Suraj: The Rising Star)，日本のアニメ『巨人の星』のインド版であり，『巨人の星』が野球であるのに対し，インドを舞台に，競技はクリケットとなっている。アパドゥライの考察したクリケットであるが，これがさらに日本のアニメ化という状況において，どのように変化するのか，あるいは日本のアニメがインドの文脈に位置づけられていくのだろうか。問題があるとすれば，これが日本のクール・ジャパン戦略のなかで展開されていることだろう。単なる文化協力というよりは，文化帝国主義的な色彩がなくはない，とも思われる。とはいえ，作品は，現実的にはかなりインド化された様相を呈し，『巨人の星』でありながら『巨人の星』的ではなくなっている。そこには，「文化」の相互の文脈化と翻訳の過程があるゆえではないだろうか。

　そもそも，異質な文化の接触において，それぞれの「文化」が純粋な形態をもってオーセンティシティを保つことは可能なのだろうか。それは非常に困難なことだろう。そのうえで，近年のように広範かつ急速なコミュニケーションが展開するなかでは，諸種の文化形態がさまざまな接触のなかにあるといえる。そうした状況下で，純粋性を主張し，保ち得ることは，孤立的な文化状況あるいは閉鎖された変化のない文化・社会でしかない，と思われる。そのような状況のなかで，ヴァナキュラーな価値，プリミティヴ性，オーセンティックな独自性などを主張をすることは，ある意味，サルベージ人類学と同根だろう。諸

種の文化にさまざまな価値と意味があり，それを実体として保存することを主張する立場は，異常に保守的でもあるし，他の文化に属する者が主張する場合には，そのオーセンティシティに関する権利およびオリエンタリズム的な知の権力の問題を等閑視することにもなり得る。それはサルベージ人類学と同等である。他方で，ある文化形態が他の文化形態に対して大きな影響を及ぼし，一様に飲み込むかのような状況に対して，飲み込まれつつある他の形態を保持するかのような主張も，他の文化形態のオーセンティシティの問題として同等である。どちらにしても，実体としての純粋な文化形態が保持されることを主張しているにすぎない。それは，失われつつあるプリミティヴ性を嘆き，求めるようなもの，いいかえれば森に住む純粋な自然人の消失を嘆くルソーのような，素朴な人類学者だろう。また，異質な文化の接触を単純なアカルチュレーションとして描写する立場も，変容する前の状態があらかじめ純粋に保持されるかのような立場あるいは実体として思考するとしたら，結局は上記と同様に思われる。

　この小論でみてきたことは，取るに足りない愚かしいとされるようなポップなコンテンツであり，それゆえに「本来的」な純粋形態など想定し得ない文化形態である。それにもかかわらず，ときにそれに対してオーセンティックなまなざしと主張がなされる。けれども，筆者は，それらが多様に変化しつつ形成されながら変化している，というような様子を描写しようとした。多様に変化しつつ，その際には他の形態との相互の関係のなかで，である。すなわち，諸種の関係性とのなかで，「文化」を過程として思考しようと考えた。異質な文化同士の接触は，ハイブリッドな，相互に翻訳的な過程のなかで，それぞれが文脈化しながら，生成変化していく過程なのではないだろうか。

〔注〕

1) 単に人類学や民族学などにおける民族誌の記述をめぐる議論というだけではなく，民族誌的権威などを含め，異文化や他者を語ることに際する政治的，権力的な関係性自体を問題化する議論である。たとえば，太田好信（1998）を参照。また，太田の議論との関係で観光と地理学に関しては，たとえば荒山正彦（1995）。筆者のフィールドとの関係でいえば，ファンあるいはファンダムに関して，ロサルド（1889 (1993) =1998）による民族誌的権威をめぐる議論に示唆をえながら，ファンダムへのエスノグラフィックなアプローチを行った Jenkins（1992）などがある。
2) 『漫画ブリッコ』誌上での中森明夫の全文は現在ウェブ上で公開されているので，解説もあわせて参照されたい（http://www.burikko.net/people/otaku01.html（最終閲覧日：2018年12月1日））。
3) コミケの参加者数などに関して，90年代までであるがいかに女性参加者が中心的であるかに関して，小林義寛（1996）および（1999）を参照（とくに両論文中の図表）。図表作成の基にしたコミックマーケット準備会の資料（「コミケットマニュアル」『コミックマーケット56 参加申し込みセット』pp.12-15）には，81年の12月のコミケット19において「男性参加者数が過半数に」および1992年12月のコミケット43では「男性一般参加者数の増加」という記述があり，そこからしても基本的には女性が多いことがわかる。
4) 筆者は『もののけ姫』を題材に，宮崎アニメのもつ，自然との共存のあり方やマイノリティへの視線の問題点について，宮崎の主張なども交えて，レイ・チョウのいう「プリミティヴへの情熱」の問題として考察したことがある。小林義寛（2000）参照。
5) ウェブは http://costume.org/wp/ （最終閲覧日：2018年12月1日）
6) コミックマーケット準備会の『参加申込書セット』にある「コミケットマニュアル」による。なお，筆者が作成した図表（1999：187-189）も参照。
7) Appadurai の表記に関しては，アパドゥライ（2006=2010）の藤倉達郎による「訳者解説」（pp.195-231）に従い，アパドゥライを採用したが，アパデュライ（1996=2004）ではアパデュライとされているので，括弧を付しアパドゥライ（アパデュライ）とした。
8) この場合，アニメというべきであろうか，アニメーションというべきであろうか。制作には日本の制作会社も大きな役割をしており，手法的にはアニメ制作といえる。

〔引用・参考文献〕

Appadurai, A.（1996=2004）*Modernity at Large: Cultural Dimensions of Globalization*, Uviversity of Minnesota Press.（門田健一訳『さまよえる近代——グローバル化の文化研究』平凡社）

Appadurai, A.（2006=2010）*Fear of Small Numbers: An Essay on the Geography of*

Anger, Duke University Press.（藤倉達郎訳『グローバリゼーションと暴力──マイノリティーの恐怖』世界思想社）

荒山正彦（1995）「文化のオーセンティシティと国立公園の成立──観光現象を対象とした人文地理学研究の課題──」『地理学評論』日本地理学会，Vol. 68, No.12：792-810

藤倉達郎（2010）「訳者解説」『グローバリゼーションと暴力』世界思想社，195-231

Jenkins, H. (1992), *Textual Poachers:Television Fans & Participatory Culture*, Routledge.

小林義寛（1996）「from Folk to Filk──「密猟的文化」あるいは草の根の創造的活動の可能性にむけて──」『生活学論叢』Vol.1, 日本生活学会，97-106

小林義寛（1999）「テレビ・アニメのメディア・ファンダム──魔女っ娘アニメの世界」伊藤守・藤田真文編『テレビジョン・ポリフォニー──番組・視聴者分析の試み──』世界思想社，182-215

小林義寛（2000）「語られていながら語られていない歴史物語としての『もののけ姫』」『政経研究』第37巻第3号，日本大学法学会，175(539)-195(559)

中森明夫（1983）「『おたく』の研究」http://www.burikko.net/people/otaku01.html（最終閲覧日：2018年12月1日）

太田好信（1998）『トランスポジションの思想──文化人類学の再想像』世界思想社。

Poitras, G. (2001) *Anime Essentials: Every Thing a Fan Needs to Know*, Stone Bridge Press.

Rogow, R. (1991) *Future Speak: A Fan's Guide to the Language of Science Fiction*, Paragon House.

Rosaldo, R. (1993＝1998) *Culture and Truth:The Remaking of Social Analysis*, Routledge.（椎名美智訳『文化と真実──社会分析の再構築──』日本エディタースクール）

第8章
オーストラリア国家の成立とメディアが果たした役割

鈴木　雄雅

 キーワード

植民地，大英帝国（英国），多文化主義，白豪主義，フェアファックス，マードック，パッカー，SBS

1. オーストラリアメディア再考

　本章は，オーストラリア（1788年建国，面積＝770万㎢，人口＝2,496.6万人）という国家が成立し，成長する過程でメディアがどのように誕生し，歴史的変遷のなかで果たした役割と意義を論じることを目的とする。新大陸への移住，国家建設の観点から見るとアメリカやカナダと重なる面もなくはないが，ここでは他国と比較することは読者に任せることにしたい。

　長い間オーストラリアの代名詞とも言えた「白豪主義の国」はいまや消え，移民国家，多文化主義国家という存在感がかなり普通になっている。また先住民族アボリジニもオーストラリア社会では Indigenous Australians という呼び方に変わりつつあるが，研究者でない限り日本ではまだ一般的ではない。

　筆者はかつて，建国200年までのオーストラリアのジャーナリズムの形成と発展を「植民地ジャーナリズムの芽生え」「コミュニケーション状況の改善」「ジャーナリズムは変化と刺激を求めた」時代としたうえで，メディア産業の発展の中で寡占化の進行とマルチプル・メディア・オーナーの存在をオーストラリア的特徴と指摘した[1]。本章では，ひとつの社会が近代化を成し遂げる過程でメディア・コミュニケーションの導入と発展，メディア再編，通信・放送

メディアの融合，多様化などが進み，マス・メディアからメディアそしてサイバースペースを活用するコミュニケーションと社会の関係をいま一度問い直す材料を示したい。

2．オーストラリア国家の成立

2－1　植民地ジャーナリズムの芽生え

　歴史を紐解くまでもなく，オーストラリアは1788年英国の植民地となり，フランスやドイツの太平洋進出の中で，英国の刑罰（流刑）植民地として始まったことから，草創期から英国ジャーナリズムの影響が強い。

　1788年の第一次船団に積み込まれた印刷機が植民地最初の新聞 *Sydney Gazette and NSW Advertiser*（シドニー・ガゼット，～1842）を生み出したのは10年以上を経た1803年のことである。その間木製の印刷機は植民地政府の公告（public notice）や囚人監視のために派遣された兵士たち，役人たちの束の間の憩いのために行われた公演のビラなどを印刷した。こうした業務に携わった初期の政府印刷人はいずれも囚人もしくは恩赦を受けた元囚人であり，印刷機や活字，新聞用紙に至るまで，政府供与の中で新聞が発行されたのである。

　いわゆる官報独占のメディア〈Published by Authority〉から脱却する週刊新聞 *The Australian* が創刊されたのは1823年である。政府の手を離れ，独立した経営基盤（有料，広告収入）で刊行されたメディアは，「プレスの自由」という概念を植民地社会に投げかけ，「検閲」を廃止に追いやったものの，植民地政府とジャーナリズムとの間に「新聞紙法」「印紙税法」をめぐる論争を巻き起こした。対立相手は言うまでもなく本国植民地省官僚であった。

　19世紀半ばまでにオーストラリア全土の入植が進み，新植民地でのメディアは概ね政府印刷人による「半官」新聞が現れ，続いて独立の商業新聞が「プレスの自由」をめぐる論争を引き起こした結果，比較的短命な新聞の乱立の時代が終わる頃に登場した新聞が各植民地のオピニオンペーパーとして成長する。

　そのころには自由移民がこの新天地に多く入植するようになり，ゴールド

第8章 オーストラリア国家の成立とメディアが果たした役割　　263

ラッシュも追い風となり急激な人口増，すなわち新聞読者が増えたことを意味する。当然のごとく，彼らは母国・ヨーロッパのニュースを求めた。都市化が進み，経済的な進捗は植民地内，植民地間そしてヨーロッパとのコミュニケーションの改善に乗り出した。植民地ジャーナリズムの第二段階に突入したといえる。

　それは道路，鉄道網，駅馬車の整備，郵便制度といった社会的コミュニケーションのインフラの構築であり，本国との間に就航した蒸気船によるコミュニケーションの確立であった。1870年代に入り海底ケーブルと陸上線（Overland Telegraph）が開通すると，「旧世界」という言葉がもはや過去のものとなり，羊毛，貿易，製造業に携わる人々にとって，ロンドンのみでなく世界の動きをいち早く伝える新聞は欠かせない存在となる[2]。日刊の朝刊紙に加えて夕刊紙が登場する。オーストラリアは囚人を送り込む懲罰植民地ではなく，自由移民の流入による都市化が始まり，それは独立した自治植民地への格上げ機運を生む。

2－2　植民地ジャーナリズムの発展

　入植後半世紀余りを経て6つとなった植民地政府（ニューサウスウェールズ，タスマニア，ビクトリア，西オーストラリア，南オーストラリア，クイーンズランド）内，間の政治的闘争も顕著となった。それは統合化＝国家の樹立か，自治植民地からの独立かの方向性であった。なかでも，入植からわずかの19世紀半ばまでにゴールドラッシュによる急速な発展を遂げたのがビクトリア植民地である。NSW 植民地が農業，牧羊業中心で富裕層が力をもち，現在もなお続く *The Sydney Morning Herald* のような古豪の新聞や生んだ社会と異なり，ビクトリア植民地は工業化する勢いがラジカルなメディアを生み出した。それが *The Argus*（1846-1957）とサイム兄弟が経営を握った *The Age*（1854+）であった。

　19世紀後半，各植民地社会のオピニオンペーパーは，政治，経済，社会問題を追及した。なかでも『ジ・エイジ』はしばしば母国『タイムズ』を手本とす

る編集人が人気を博したが，最大の争点は連邦結成へ向けての動きだった。これは対外膨張を画するものでなく，いわば「内向きのベクトル」「内向きのジャーナリズム」ではあったものの，ドイツ（プロイセン），フランスらのヨーロッパ勢力が（南）太平洋に進出する状況のなかで，英国から独立する流れの争点は，広大な大陸の防衛能力をどうするかにあった。そうした社会の動きは半世紀の間にメディアの集中化現象を生み出し，1970年代までの約100年（長く見積もって），放送メディアの登場後も続く素地を形成したのである。

　ルパート・マードックの父親，キース・A・マードック（Keith Arthur Murdoch, 1885〜1952）がその中でもっとも代表的な経営者である。

3．ナショナリズムの高揚

　G. オズボーン・G. ルイスの『20世紀オーストラリアのコミュニケーション様式』[3]が1920年代までを新植民地国家時代ととらえているように，世界が第一次世界大戦に向かう中で，オーストラリア社会の中で国家意識，国民意識が形成されてゆく。20世紀に突入と同時に英連邦国家として植民地から格上げされた道を選んだオーストラリアは，1895年のスーダン戦役，1899年からボーア戦争（〜1902）に大英帝国（British Empire）の一員として出兵する。それは英国との一体化と世界の中のオーストラリアを意識する外向きのナショナリズムが始まったとみてよいだろう。20世紀までの内向きのナショナリズム（国家形成）はそのまま国民統合の方向としてあったから，相反する2つのナショナリズムをメディアが後押ししたともいえる。

　象徴的なひとつは，第1次世界大戦を迎え，徴兵制度を導入するかどうか，国を二分する国民投票（1916年，17年）が2回行われたにもかかわらず，いずれも僅差で否決されたことである。欧州戦線において英軍側につくことと，早急な勝利はオーストラリアの国益にかなうというメディア論調は多かったが，それを覆したのは当時現在以上に反英的なアイルランド移民が多かったこと（カトリック教会の反対）と，北からの脅威，すなわち日露戦争（1904〜05年）

第8章　オーストラリア国家の成立とメディアが果たした役割　　265

に勝利した日本のプレゼンス（脅威）をメディアが報じたからである。派兵よりも国防を選んだのである。本土防衛の問題は19世紀後半からの国家形成の流れでも大きな争点になったことだが，新たなる脅威がそれを増幅させた。

　もうひとつは，いまなお「ガリポリの戦い」（1915年4月）がオーストラリア社会にもたらすきっかけをメディアが作ったことである。この戦いは多くのオーストラリア・ニュージーランド連合軍（ANZAC：Australia and New Zealand Army Corps）の多くの兵士が命を落とした負け戦であったものの，英軍の撤退，その後の立て直しを助けたものとして，さらにはオーストラリアという（それまで英連邦下の小さな）国を世界に知らしめたとして，長く伝えられる[4]。ナショナリズムの高揚には打ってつけの出来事であった。

　ここに登場するのがルパート・マードックの父，K. A. マードックである。彼はD. サイムの知遇を得てジャーナリストの道に入り，検閲下にあった戦争報道をうまく潜り抜け（マードックは当時オーストラリアの二大通信社のひとつUCS（United Cable Service）のロンドン駐在編集局長という肩書もさることながら，政府要人とひそかに通じ非公式な戦争特派員として戦場におもむいた），ガリポリの戦闘の様子（ANZAC軍の敗退）をすっぱ抜き，軍部からにらまれることになる。それは，英豪軍の公的な戦闘報告には誤りが多いばかりか，誇張もみられたことを指摘したからであるが，彼の戦争報道がより事実に近いことが認められ，一躍世に名を馳せることになったのである。そうした彼の行動は英雄視され，第2次世界大戦時は情報長官の要職に就いている。

　他方，父マードックは高級紙『タイムズ』で隆盛を極めていたノースクリフとも深い親交があり，彼の報道スタイル（モデルはノースクリフ経営の『デーリーメール』『イーブニングニュース』といわれている。写真やヒューマンインタレスト記事を重視したが，決してセンセーショナリズムに走ったわけではない）をオーストラリア・メディア界に導入した先駆者となった。

　父マードックは読者を失いつつあったメルボルン『ヘラルド』の編集長に就くや，上述の編集方針を打ち出し，瞬く間に夕刊紙の雄に押し上げた。そこから「サウスクリフ」の異名をとる。1929年HWT（Herald and Weekly Times）

の専務取締になると，他州のラジオ，新聞の買収事業を進め，主要な州都市紙であるパースの *West Australian*，アデレードの *Advertiser*, *News*，そしてブリスベンの *Courier-Mail* などを傘下に収めた[5]。こうして父マードックは，1940年代までが「国家発展とメディア寡占化時代」[6]と称されるメディア時代に君臨する経営者となるが，HWTグループはその後1970年代まで大都市日刊紙市場の発行部数の半数以上を占めるまでに成長する。それは戦中，戦後をはさみ，息子のルパート・マードックが頭角を現す少し前まで続く。少し遅れて登場するのがパッカー一族である。

　第2次世界大戦は，オーストラリアにとって，それまで日英同盟（1902-23）の関係からともに連合国軍側についた日本と武力衝突を生むことになる。すでに日露戦争の勝利から対日恐怖（北からの恐怖）が芽生えていたオーストラリア社会だが，明らかに19世紀の対英依存から第2次世界大戦後の対米協調・依存期のはざまにあり，いわば日本の覇権期でもあった。そうした背景には19世紀後半から各植民地で始まっていた移民制限法が連邦結成時に集大成され「白豪主義」なるものが浸透し始めた。その白豪主義という名の人種差別政策は，第2次世界大戦後の移民政策の転換により大きなうねりに呑み込まれるまで続く[7]。

　1880年に創刊された *Bulletin* は2008年まで続いたオーストラリアを代表する政治・ビジネスを中心とした時事週刊誌である。時代によって多彩な編集人，寄稿家が誌面を彩り，オーストラリアの政治・文化の論評に優れたが，第1次世界大戦後からナショナリスト，親労働党，共和党寄りの記事が目立ち始めた。1960年からニュース誌に衣替えするものの，それまで「白豪主義」（Australia for the White Man）を表紙に掲げていた。

4．寡占化の進行と混乱の道，そして崩壊へ

　こうしてオーストラリア社会に新聞，雑誌が定着し，人々はそれらから得るニュース，情報を通して社会，世界を眺めることになる。新しく登場した放送

メディア＝ラジオとニュース争奪戦を演じることはあったが，たとえば1944年，商業ラジオのほぼ半数が新聞社の所有下にあったように，既存のメディア・オーナーの傘下に入っていた。「ラジオ・テレビ放送法」が幾度となく改正されてもメディアの寡占化傾向を止めることできなかった。

1970年代からいよいよマードックが第3の勢力として頭角を現して来る。パッカーのシドニー2紙を獲得，ACPを場外に追いやり，古豪のフェアファックスを抜き，すでにテレビ放送を中心に他産業の新興勢力が参入し始めていたメディア界が揺れ始めた。

マードックは1964年全国日刊紙 *The Australian*[8] を首都キャンベラで創刊したあと，英国，米国へ触手を拡張し新聞，放送メディアのM&Aを次々と行っており，父亡き後身ぐるみはがされ追い出されたHWTグループ獲得への執念に燃えていた。

1980年代後半までにマードックのHWT買収劇はついに終幕を迎え，古参のフェアファックス，マードックの二大帝国が完成するが，新興勢力もそこに食い込み，オーストラリア・メディア界は戦後の再編成という波をかぶりつつも，次の段階に入ろうとしていた。

インターネット社会に突入する前夜，オーストラリア・メディア界は内外からの波に襲われる。多メディア，多チャンネル，衛星放送というコミュニケーション技術の発展は，多様性を重んじる多文化主義に適切な社会的メディア装置の登場であった。それをどのように生かすかは社会そのものが決定する。建国以来移民制度，それも白豪主義の完成による国勢発展に陰りが見え，国是を転換しつつあるなかで，彼らを英国文化・社会に同化させることがオーストラリア・ファーストであった同化主義をやめ，原住民アボリジニを含めて移民の人種や文化を重んじるべきものに変容する。その代表として登場したのがSBS（Special Broadcasting Service），多言語・多文化放送の導入である。

ただ，1970年代からの多文化主義（Multiculturalism）は実際，ベトナム戦争への派兵や経済的不況という混乱を打開させる政策でもあった。当時のウィットラム政権はわずか数年で消え去った。後にも先にもエリザベス女王の名代の

総督が首相の首を切ったことはオーストラリア政治史に残る一幕として有名だが，その裏にメディア王へ突き進むマードックが介在していた。

　そして外からというのは，コンテンツの流入である。現在もなお続くオーストラリア（人，内容）制作を重視するポイント制はラジオ，テレビ放送の開始時から免許交付に審査の対象になっており，それはオーストラリアの国民統合やオーストラリア文化を尊重するものとしてアイデンティティ形成を促す流れの根底にあった。何ら疑問のなかったそうした国民統合力も，1980年代初頭までの「クロコダイルダンディー」のようなオーストラリア人，オーストラリア社会を笑いとペーソスで描くハリウッド映画が広まり，米国からの観光客が大量に訪れるという現象を巻き起こした事実もさることながら，1988年に建国200周年を迎える前後，映画「誓い（Galipoli）」（1984）[9]，それから10年後の2008年「オーストラリア」などは改めてオーストラリア（人）が自分たちのアイデンティティを見つめなおす機会をメディアが与えたといえるだろう[10]。

　もう一人忘れてはならないメディア経営者にパッカー一族がいたことを思い出さなければならない。

　HWTと対峙するマルチプルオーナーシップ企業 ACP（BPL）を創立したのが，1920年代隆盛した雑誌 *Smith's Weekly*（1919～50）を基幹として雑誌メディア界の雄となったR. C. パッカー（Robert Clyde Packer, 1879～1934）で，その二代目のF. H. パッカー（Sir Frank Hewson Packer, 1906～74）はシドニーの朝刊紙 *Daily Telegraph*，日曜紙 *Sunday Telegraph* や週刊誌『ブレティン』を買収獲得，最大の発行部数を誇るようになる女性誌 *Australian Women's Weekly* を創刊したりする一方，1957年テレビ放送が始まるとオーストラリア初の商業放送局（シドニー　TCN 9＝チャンネルナイン）の免許を獲得，のちメルボルンに進出して，三大ネットワークのひとつナインネットワークを構築する。それを引き継いだ三代目のケリー・パッカー（Kerry Francis Bullmore Packer, 1937～2005）がルパート・マードックと争い，メディア界を混乱の道に導いたのもまた事実であろう。

　もはや活字メディアから次の時代を見据えていたK. パッカーはオーストラ

リアの人気スポーツのクリケットのTV中継，カジノの経営，オーストラリアカップへの挑戦，資源開発企業の買収，CATVや通信事業体One.Telの設立といった多角的経営に乗り出し，「目先の利いたビジネスマン」といわれた。その過程でチャンネル9をはじめ彼の所有する媒体が海外コンテンツを積極的にオーストラリアに持ち込み始めた結果，英国／オーストラリア・コンテンツの貧しさが問われることにもなったのである。換言すると，米国文化，ハリウッドがオーストラリア市場に大きく食い込み始めたのである。

　この混乱は前述したように，内外の新規参入─食品産業の大手ハインツの総帥であったトニー・オライリー，英米加で全盛を誇ったコンラッド・ブラックのホリンガー・グループ，実業家のアラン・ボンド，ケリー・ストークス，タバコ産業の大手ウェストフィールドなどが土地転がしのようにメディアのM&Aを仕掛けた─が相次ぎ，20世紀後半のオーストラリア・メディア界は次の寄港地に近づく前に荒波にもまれる船のようであった。沈む者もいたし，生き残る者もいた。1903年から88年までの間で大都市日刊紙は26紙（1923）をピークに減り続け，16紙となり，所有主数も21（同）から5に減った。1988年から92年にかけて大都市夕刊紙は全て消え，シドニーとメルボルンのみ全日新聞（24-hour newspapers）に衣替えした。

　テレビ分野に目を向けると，1980年代のメディア再編でニュープレイヤーが登場したものの，その後西オーストラリア新聞を基幹とするセブン・ウェスト・メディア（K．ストークス）がチャンネル7，パッカーがチャンネル9，カナダ資本CanWestがチャンネル10の三大ネットワークを手に入れ，一旦は落ち着いたかのように見えた。しかし，21世紀に入り視聴率が最下位だったチャンネル10のCanWestが倒産すると，したたかにマードックが傘下のCATVのFoxtelをとおして参入，そして2017年マードック帝国再編の流れで，チャンネル10はアメリカの四大ネットワーク，CBSに売り渡された。2018年末にフェアファックス・メディアとチャンネル9との合併が連邦裁判所に認められ，オーストラリア最大のメディア社が誕生した。新会社の名前は「ナイン」（ナインが持ち株51.1%を所有）となり，ここに1841年SMHを買い取って以来，

オーストラリアのみならず，ニュージーランド・メディア界に君臨したフェアファックス一族が完全に消え去ったのである[11]。

5．多文化主義とメディア

　1972年に登場したウィットラム労働党政権は白豪主義から多文化主義への転換にあたり社会的基盤であるラジオ，テレビに多言語放送（SBS）を導入，以降自由党，労働党政権と交代するが，多文化主義は今日につながっている。

　19世紀半ば南オーストラリア植民地にドイツ移民が多数入ったことにより，オーストラリア初のエスニックプレス（独語）が誕生し，その後州都市を中心に移民のための母国語新聞が広まった。第1次，第2次世界大戦中，独語，伊語紙は厳しい検閲にあったものの，1956年に外国語紙の規制緩和を行うと，移民集団の数が増えればそれだけエスニックプレスも増え，彼らの定住地域が読者獲得につながった。その多くは週刊で，紙面は母国・オーストラリア間のニュース，英語でない母国語を共有する者たちの共同体（生活）情報で埋められたが，それはまた母国とのつながりを求める旧集団（old communities），あるいは新天地への窓口となるエスノオーストラリアンの両方をもつメディアであった。

　そうした葛藤はあったにしても，1980年代まで移民集団にとってエスニックプレスは自分らのアイデンティティを求められる唯一のメディアであった。政治的立場が鮮明だったイタリア語紙や，ギリシャ語紙のように75年の間に24紙も登場した新聞もあれば，ベトナム崩壊後のベトナム語新聞，香港の中国返還後の華字紙のように，オーストラリアを取り巻く世界環境の変化により増えたエスニックプレスもある。1991年ウーロンゴン大学が行った100紙のエスニックプレス調査では，シドニー55紙，メルボルン31紙と二大都市に8割が集中し，20年，30年の歴史を持つ新聞が4割を占めた[12]。

　しかし，1960年代までには「移民とホスト社会との間の社会相互作用の過程で重要な役割を果たすメディア」として位置づけられたエスニックプレスも，

70年代以降マルチカルチュラリズム政策の進展によりラジオ，テレビ・メディアが多言語放送を始めると，次第に社会的存在としてとってかわられるようになった。そもそも多言語放送は何も言語による特定のエスニック・コミュニティを対象とするよりも，オーストラリア全体のなかでのさまざまな価値や文化の多様性を認めるという政策のもとに繰り広げられたからである。

多文化主義へ転換する過程で FM 実験放送局から始まった SBS という社会的装置もすでに半世紀近く経ち，全土を結ぶネットワーク化，2010年代にはいりデジタルメディア化が進む。公共放送ではあるものの，資金難からのスポンサー導入による商業化（視聴率稼ぎ）やコストカットのため字幕スーパーの減少など抱える問題は少なくない。放送時間量が多い言語を母国語とする集団が，例外はあるにしても，実はオーストラリア社会ではマジョリティであり，決してマイノリティではないのである。多メディア，多チャンネル化はメディアの多様化（diversity）を生んでいるとはいえても，多元性（pluralism）社会のメディア装置になっているといえないだろう。間違いなく国家政策上の装置として発展した SBS をどのようにとらえるのか。

6．新聞メディアの凋落，サイバースペース上のメディア

20世紀末から始まったグローバリゼーションの大波に，オーストラリアも呑み込まれている。

第一の特徴は新聞発行部数の急激な落ち込みである。大都市日刊紙の発行部数は1970年代まで上昇傾向にあり，1976年に平日400万部強を記録したのをピークに2010年までに半減し，それからわずか10年足らずで120万部に落ち込んだ。日曜紙市場でもこの20年間で340万部から半分になってしまった（表8-1，表8-2参照）。

第二の特徴は，発行部数の減少にかかわらず，少数の所有主の寡占化は変わっていない。マードックとフェアファックスの二大グループが新聞市場で9割近くを占める。マードックのシェアが7割を超え，フェアファックスグルー

表8-1 主要新聞の発行部数の推移：1992-2018年

(単位：1,000部)

			1992年	2002年	2011年	2018年
全国	The Australian	M	150	157	157	89
	Financial Review	F	75	89	75	40
NSW州	Daily Telegraph	M	459	398	350	222
	Sydney Morning Herald	F	269	249	224	79
VIC州	Herald-Sun	M	584	546	488	303
	The Age	F	240	212	210	74
QLD州	Courier-Mail	M	258	238	212	135
SA州	Advertiser	M	220	216	185	112
WA州	West Australian	WA	263	233	216	128
			2,518	2,338	2,117	1,182

(出所) Audit Bureau of Circulation

表8-2 主要日曜紙の発行部数の推移：1996-2017年

(単位：1,000部)

日曜紙			1996年	2002年	2005年	2017年
NSW州	Sunday Telegraph	M	714	727	702	379
	Sun-Herald	F	585	560	519	164
VIC州	Sunday Herald Sun	M	522	570	618	350
	Sunday Age	F	207	199	202	115
QLD州	Sunday Mail	M	587	601	613	290
SA州	Sunday Mail	M	343	345	327	182
WA州	Sunday Times	WA	349	346	348	183
TAS州	Sunday Tasmanian	M	53	58	60	36
NT	Sunday Territorian	M	26	28	25	13
ACT	Canberra Times	R	40	39	36	16
			3,426	3,473	3,450	1,728

M＝マードック
F＝フェアファックス*
WA＝West Australian
R＝Rural Press（F）
*2018年12月民放三大ネットのひとつ Nine Entertainment Co. が買収。
(出所) Audit Bureau of Circulation

第8章　オーストラリア国家の成立とメディアが果たした役割　　273

プとあわせると9割近くとなる。

　第三の特徴は，サイバースペース上の活用でデジタル新聞の読者が増加しつつあることだ。最も熱心なマードックグループの『ジ・オーストラリアン』は2015年の7.3万人から2018年には2倍弱の13.5万人，同グループのシドニー『デイリー・テレグラフ』，メルボルン『ヘラルド・サン』もそれぞれ10〜11万人ほどのデジタル購読者がいる。マードックグループの8デジタル日刊紙の購読者数は2018年6月現在で53.8万人[13]。2015年（6紙）が4.2万人であったから，伸び率は著しいといえるだろう。

　新聞が読まれなくなっている（発行部数の減少）傾向とデジタル新聞の読者が増加しているのは先進国に共通することであり，何もオーストラリアばかりではない。加えてグローバリゼーションが何をもたらしているかを考えると，そちらの方が深刻だ。

　R.ティフェン・シドニー大学名誉教授は2010年5月，「（オーストラリアの）メディアは合理化，コストカット，収益性の増加にやっきとなっている。たとえば，オーストラリアのニュース番組（商業放送）は，この4年間で12.4％から9.2％に減った」と述べ，そうした傾向は，3つの悪影響を及ぼすと指摘した。第1に合理化による首切りや人員・給与の削減は働く人の士気を低下させること。第2はその結果，コンテンツの品質が下がり，消費者はそこから立ち去る。第3にジャーナリストに対してより圧力がかかり，ジャーナリストが十分な調査報道に時間をかける余裕がなくなり，発表ジャーナリズムに依存することになる。それは民主主義の根幹が脅かされることになる。

　同教授は同時に，こうした悲観的見方に対しインターネットは歓迎すべきメディアであり，恐竜の滅亡とどれほどの違いがあるのか，という楽観的な見方もあると言及したが，多様化，多元化が進むにしても，民主主義の観点から重要な問いかけをしている。それは今後，既存メディアが行ってきた大規模な報道（NYタイムズがイラク戦争報道に800万ドル費やしたなどの例）をどれほどできるか。ネットの進展により対話が進むというが，実はディスコミュニケーション状況化（バベルの塔）になってしまうのではないか。多様化が進む結果，互

いに共通する土壌がなくなってしまうという懸念を示した。偏見や差別がより強化されるという危惧も高まる[14]。彼の発言の背景には，すでに2008年フェアファックスが大量の人員整理を打ち出していたことやスウェーデン発祥の『メトロ』のような無料紙（commuter paper）が一時若者層をつかんだものの，そう長くは続かない陰りが見えていたからだろうか。

7．オーストラリア国家とメディア

　入植以来2世紀半，オーストラリア・メディアの発展を眺めてみると，最初の半世紀で社会に定着し，各植民地内の政治，経済の発展に物言う力をつけ始めた。次の半世紀は発展する植民地間の政治的，経済的軸に振り回されるようにもなる。19世紀後半の電信線の開発はこの地に母国ばかりでなく，世界を近くに見える窓を開いたが，それは吹き込む嵐，別の言い方をすれば，ニュースの植民地化を招いたのである。日本同様，極東，オーストラリア／ニュージーランドのニュースは大英帝国，ロイターに握られた。

　20世紀前半は国力の発信と北の脅威にメディアが著しく振れることになり，防衛や経済面はとくにパックスブリタニカからパックスアメリカーナの流れに乗らざるを得なかった。メディアがそれを特段注視していたとは思えない。それはベトナム戦争への参戦も国内で大きな反対運動は起きなかったように，オーストラリア国家の利益に忠実であったともいえよう

　戦後移民制度の転換の結果が出てくるのは1970年代頃である。労働党，自由党という二大政党がほぼ交替で政権をとっても，大きな政策転換で混乱することはなかったが，人種，文化，言語が異なる人々が社会に定着し，さらにベトナム戦争後に難民，ボートピープルが流入すると，社会状況は一変する。

　失業者が増え，経済的鈍化が見え始め，著名な歴史学者のアジアからの移民に対する制限論がでたりするようになると，D. ホーン『ラッキーカントリー』(1964) から反転して『ラッキーカントリーの死』(1975) やH. カーン＆T. ペッパーの『オーストラリアは大丈夫か』（原題：Will She Be Rights?　1981）

そして「脱欧入亜論」(キーティング労働党政権：1991〜96)が飛び出たりすると，それ自体論争の的としてメディアは取り上げたが，社会全体としての危機感がそれほどあったわけではなかった。しかし，徐々に社会的不安定さが国民に浸透し始めていたことにメディアは警鐘を鳴らそうとはしなかった。

多文化主義という標榜を掲げた反動は，SBSをはじめ国民保険制度，高等教育の無償化，数十もの公共言語サービスなどの社会福祉制度を充実させ，共生のための手厚い政策ではあったものの，実は高額な税金が投入されていた。それがハワード自由党政権 (1996〜2007) あたりからの顕著な新自由主義政策と世界的なグローバリゼーションの波がオーストラリア社会に一層の不安定要素を盛り込み始めた。共生から競生へのベクトルが社会に入り込んだのではないか。メディア界自身に起きた90年代までの外国資本の進出はその前兆にすぎなかった。皮肉にも，メディア界の名門フェアファックスがその長い歴史を閉じることになったのである。

今日まで20年以上にわたりオーストラリア経済は好況とはいえないまでも，大きな不況に落ち込まなかったにもかかわらず，トランプ米大統領就任が震源地となりポピュリズムの広まり，かつて悪夢（人種差別）を呼び起こし政界から葬り去られたと思われたワン・ネーション党（ポーリン・ハンソン）の復活，そしてターンブル前政権（自由党：2015〜18）のような「オーストラリアンズ・ファースト」を掲げる声が社会に渦巻始めた。2005年7月のロンドン同時爆事件や2015年11月のパリ同時多発テロ以降のフランス国内，ヨーロッパのテロが続発していることから，共有する難民，移民，宗教問題がオーストラリア社会，メディアを揺るがし，それらを後押ししている。

本章ではメディアを動かす人々や社会を追跡することで，オーストラリア国家とメディアの関係性を問うことを試みた。しかしながら，オーストラリア放送分野を管理監督する政府機関や組織，団体，メディアを監視する公共団体（APC：Australian Press Council）などについて，またミドルパワーの外交政策をうたうオーストラリアが湾岸戦争やアフガン，イラク戦争へ派兵している事実から，有事のメディア報道の実態，世論の動きさらには近年オーストラリア

社会でも問題となっているフェイクニュースなどについて触れることなく進めてきた。全方位的なところから国家とメディアを論じるべきであったと反省するが，それらについてはまた別の機会に譲ることにする。

(注)

1) 鈴木雄雅（1988）「オーストラリアのジャーナリズム」関根政美ほか『概説オーストラリア史』有斐閣，319-350
2) 鈴木雄雅（1988）「オーストラリアにおける電信の発達と通信社の成長」荒瀬豊ほか編『自由・歴史・メディア』日本評論社，199-218
3) Graeme Osborne and Glen Lewis, (1995) *Communication Traditions in 20th century Australia*, Oxford University Press.
4) 内部告発サイト「ウイキリークス」の創設者のオーストラリア出身のジュリアン・アサンジ氏が，2010年12月8日付『ジ・オーストラリアン』に載せた論考。第一次世界大戦中，英国政府が無駄死にに等しい戦いを続けるオーストラリア軍の戦況を隠そうとした「ガリポリの戦い」で，マードック氏の父キース・アーサー・マードック氏が事実を暴露し，壊滅的な被害を避けることができたことを引用したものだ。言うまでもなく公開することにより世論が動かされた事実を引用し，ウイキリークスの存在価値を主張している。
5) この時，シドニー新聞界を制していたデニソンのメルボルン侵攻をはねのけ，デニソン帝国の崩壊に導いたのもK. A. マードックの手腕であった。
6) Osborne and Lewis, *op.cit.*, 36-63.
7) 移民政策転換の最大の理由は，推定人口増の鈍化，すなわち労働力不足にあった。
8) News Ltd. *The Australian: A Pictorial of a great newspaper.* Canberra, 1964.
9) P. ウィアー監督，メル・ギブソン主演：第一次大戦のガリポリの戦いに参戦する2人のオーストラリア青年を描く。
10) B. ラーマン監督，ニコール・キッドマン／ヒュー・ジャックマン主演：第二次大戦前のオーストラリアに英国から移住した主人公（キッドマン）が現地社会の矛盾と戦う。アボリジニへの差別や友情や土地をめぐる葛藤，日本軍のダーウィン爆撃など，19世紀末から1945年までのオーストラリアが舞台。名作「嵐が丘」のオーストラリア版ともいわれる。
11) フェアファックスグループ傘下の3紙（*AFR, SMH, The Age*）の落ち込みが激しく，人員整理に反対するストライキがあったり，そのためウェブサイトが稼働しなかったりと，経営面で窮地に立っていた。実際には1990年以降一族の所有ではなくなってはいたが，会社名が変わっても「フェアファックス」のブランドは使われていた。ターンブル政権は2017年，連邦議会でメディア関連法を改正し，メディア企業の合併についてTV局やラジオ放送局，新聞社の3媒体のうち2媒体までし

第8章　オーストラリア国家の成立とメディアが果たした役割　277

か保有できなかった制限を撤廃していた。
12) Centre of Multiculturalism Studies Working Paper (1991) "Different agenda: economic and social aspects of the ethnic press in Australia," University of Wollongong.
13) Audit Bureau of Circulation. 2018, Jan-June.
14) R. Tiffen「オーストラリアのジャーナリズム：経済的側面からの変容」日本マス・コミュニケーション学会第32期第7回研究会（2010年5月26日，上智大学中央図書館）。

■【引用・参考文献】

Ang, I., Hawkins, G. and Dabboussy, L. (2008) *THE SBS STORY: The Challenge of Cultural Diversity*, Sydney: UNSW Press.
Centre of Multiculturalism Studies Working Paper. (1991) "Different agenda: economic and social aspects of the ethnic press in Australia," University of Wollongong.
Chenoweth, Neil. (2006) *PACKER'S LUNCH*, NSW, Allen & Unwin.
Cunningham, Stuart & Graeme Turner ed. (1997) *The Media & Communications in Australia 2nd. ed*, Sydney, Allen and Unwin.
Cunningham, Stuart & Graeme Turner ed. (2010) *The Media & Communications in Australia 3rd. ed*, Sydney, Allen and Unwin.
Cunningham, Stuart & Sue Turnbull ed. (2014) *The Media & Communications in Australia 4th. ed*, Sydney, Allen and Unwin.
Griffen-Folly,Bridget. (1999) *THE HOUSE OF PACKER The Making of a Media Empire*, NSW: Allen & Unwin.
Griffen-Folly, Bridget. (2003) *PARTY GAMES: Australian Politicians and the Media from war to dismissal Melbourne*, The Text Publishing.
Hawkins,Gay. (2010) "The Special Broadcasting Service and Australian Multiculturalism," Hawkins,G. , Tiffen, R. & Shiramizu, S.（『グローバリゼーションとメディア：オーストラリアとアジア』オーストラリア学会シンポジウム，2010年5月29日，上智大学，1-18)
松井正（2012）「豪州はニュース課金の実験場」『新聞研究』2012年10月号（No.735)
News Ltd. (1964) *The Australian: A Pictorial of a great newspaper*, News Ltd.
鈴木雄雅（1988）「オーストラリアのジャーナリズム」関根政美ほか『概説オーストラリア史』有斐閣
鈴木雄雅（1988）「オーストラリアにおける電信の発達と通信社の成長」荒瀬豊ほか編『自由・歴史・メディア』日本評論社
THE *AUSTRALIAN 40 Years:1964-2004*（Anniversary Collection DVD)。

Williams, Pamela. (2014) KILLING FAIRFAX, Harper Collins.
Wolff, Michael. (2008) *The Man Who Owns the News: Inside the Secret World of Rupert Murdoch*, NY: Broadway Books.
Womersley, Judith & Mark Richmond. (2001) *Aussie Data*, SA:Wakefield Press.
Younger, Ronald. (2003) *M. Keith Murdoch: FOUNDER OF A MEDIA EMPIRE*, Harper and Collins.
Zwar, Desmond. (1980) *In Search Of Keith Murdoch*, UK:Macmillan.
Zwar, Desmond. (2004) *The Queen, Rupert & Me*, Temple House.

第9章

まとめに代えて

小川　浩一

 キーワード

文化，文化相対主義，文化帝国主義，カルチュラル・ターン，多文化主義，国際コミュニケーション，近接性，マス・メディア

　本書は「はじめに」で編者の一人である山本が述べているように，グローバル化といわれている現在の世界状況の中で，国家と云う枠組みの内側と国家を越えた枠組みにおいて，マス・メディアを介したコミュニケーションが，それぞれの国のあるいは国の枠組みを超えた「文化」現象によってどのような影響を受けているのかを直接，間接の視点からアプローチを行って論じた成果である。

　本章の前半では筆者が読み取った各執筆者の主張をまとめて多少のコメント等を示しておく。ただし，これはあくまで筆者が読解したものであり，執筆者の意図や主張を誤解，曲解していることもあろう。その場合には原因は筆者の浅学菲才によるものであり，すべての責任は当然筆者にある。

　後半では，筆者が考える国際コミュニケーションを考察する上での文化に関する若干の意見を述べたい。

1. 各論文の概要と若干のコメント

伊藤論文（1章）

　伊藤論文は非常に包括的な論文である。その理由は自らが述べているように，この論文が「国際コミュニケーション研究の枠組み」の全体像を示すことを企

図して，研究する際に考察すべき対象，方法，およびその具体的内容について「カバー領域が広く抽象度が高いパラダイムあるいは大理論（grand theory）」を論じている点にある。端的にいえば「国際コミュニケーション研究の一般理論」を目指しているからである。ここで提示されている「理論」はT.パーソンズやE.シルズのような理論であり抽象の程度が高いものを目指している。R. K.マートンのような「中範囲の理論」を目指してしているものではないと云うことである。伊藤はこの領域において日本を代表する研究者として日本マス・コミュニケーション学会をはじめとする国内の諸学会のみならず海外の国際学会でもその業績は高く評価され，日本の第一人者として揺るぎない地位を占めている。この論文はそうした彼のこれまでの研究成果と広範な資料読解に裏打ちされた論争的な議論の提示といえる。

　伊藤が述べる国際コミュニケーション研究とは「国境を越えて情報と文化が流れ，意味が共有され，それによって受け手（個人又は社会全体）に影響を及ぼす研究である」と規定されている。このコミュニケーションの定義は伝統的な欧米流の「コミュニケーションを通じて意味世界の共有がなされる」という視点が基盤となっていると推測される。しかし，ここでは詳述しないが，コミュニケーションの頻度が意味世界の共有を招来しない場合も存在していることは指摘しておこう。

　ともあれ，本論文では，大衆社会における大衆間のコミュニケーション媒体としての「マス・メディアを通じた文化の移動に限定して議論が行われている。そして，論文は大別して3点から論じられている。それは，1；市場原理，または比較優位論，2；メディア帝国主義／文化帝国主義論，3；発展段階説である。論述の中で，特に2の帝国主義論の中でキーワードとなる「文化」について彼は「文化的生産物を，また情報とは狭義ではニュース報道だが広義では文化的生産物も含んでいる」としている。それ故，彼は常に「情報と文化」という視点に立って後段で文化相対主義，文化帝国主義と国際コミュニケーションの関わりを明確に論じている。この視点から研究対象も限定されるとしている。結局，国際コミュニケーションの研究対象は，国境を超える，①　情報・

文化のバランス，② 流れた結果（流れた国に）発生する不都合な現象，③ 当該国間での意味の共有化の円滑化可能性の3点に絞られるとし，これら3点に対応した研究上の理論枠組みの提示を基本テーマとしている。バランス，不都合，意味共有というそれ自体重要な検討課題を含んでいるが，それについては後段において頻出する「経済学的」認識方法で明晰に示している。

　枠組みのひとつ目は，「市場原理または比較優位論」である。ここで述べられているのは情報の流通がどのように行われるのかという説明であろう。伊藤は情報・文化生産物を経済財と看做す以上，市場・比較優位の原理が働いているので資本主義・自由主義社会における国際コミュニケーションは説明できるという主張を展開している。さらに，市場原理に従ったとして，どういう国に輸出されるかという点を述べている。それには「地理的・文化的近さ」が効いているとしている。基本的に情報（ニュース）は近隣諸国に，文化的生産物は文化的に近い国に輸出されるが，近隣諸国は文化的に近いから「これらの要因は多くの場合に重複している」という。ということであれば，伊藤が挙げている無国籍に見える日本製のアニメが欧州の子どもに受けていることを親たちが日本的文化としてその影響を危惧している理由はどのように説明できるのであろうか？欧州の親は日本製＝日本文化が内在的に表象されているとして危惧しているのであろうか？もう一点気になったのは市場原理であれば情報の需給による当事国間の情報の価格は情報流通としての国際コミュニケーションに影響をしないのかという点である。かつて伊藤は「国際情報流通」に関して非常に興味深い知見を示していたがここでは，紙幅の都合であろうが十分に論じられていないと感じた。

　2つ目の「メディア帝国主義／文化帝国主義」の主張の多くは欧米の資本主義経済の立場からなされる説明に対する反論や批判であったが，伊藤はこれらの主張にも反論している。文化帝国主義という視点は特定の国（多くはアメリカであった）の情報がある国（国々）のメディアの中で圧倒的な量，質とも優位を以て流通し，それが相手国の文化をアメリカ化しているという主張であるが，伊藤によれば，いわゆる開発途上国を対象とした「メディア帝国主義論」

「文化帝国主義論」は，独立した主権国家，政権が腐敗せずに正常に機能している国には妥当しないと述べている。さらにこれに加えて人口大国であればなおさら妥当しないとしている。ここで伊藤が考えているメディア帝国主義とは「ある国のメディア産業が外国政府の資本によって実質的に支配され，国民に伝えるマス・コミュニケーションの内容が外国の政府や企業の干渉を受ける状況」と定義して議論を展開し，多くの独立国ではこの状況は当該国の法規制で解決できると述べている。他方，文化帝国主義については問題がもう少し錯綜し複雑となっていると指摘し，その原因がこの言葉の内包が「きわめて曖昧でわかりにくい」点にあることをトムリンソンを引用して述べている。そのうえで，本論文の中で自らの文化帝国主義についての議論をⅰ）マルクス主義的文化帝国主義とⅱ）非マルクス主義的文化帝国主義論に分けて批判している。第2次世界大戦後の世界でもマルクス主義的な立場から「世界システム論」や「従属理論」がとりわけアメリカ帝国主義による文化帝国主義的状況を説明してきたが，今やそうした状況にはなく単純な文化帝国主義によって世界の文化的状況は説明できないと主張している。他方，伊藤は非マルクス主義的文化帝国主義論とは「ある国（通常はアメリカあるいは西欧）の文化的産物のマーケット・シェア（市場占有率）が異常に大きいという現象を強調する」ことである。そして，それが問題とされるのは「それは（非欧米）現地に伝統文化の消滅，断絶という被害をもたらしており，それが問題だと主張する」ものと規定している。代表的な例としてアメリカ文化帝国主義の語は第2次世界大戦後のアメリカ文化のマーケット・シェアが異常に大きいことを示していたにすぎないとして，その背景である冷戦も考慮しなければならないし，今日多くの国が行っている対外情報政策は，おおむね文化帝国主義ということになってしまうと指摘している。ここで提示されたより重要な指摘は実証的データに基づく量的情報文化の対外的消長による評価だけでなく，アメリカのテレビドラマのイスラエルにおける非肯定的受容の実例を用いて，質的側面からも単純な非マルクス主義的文化帝国主義を批判している。

　3つ目の「発展段階説」は第一の中で情報と文化がどこで流通し易いかを説

第9章 まとめに代えて

明するために行った「地理的・文化的近さ」という説明をより詳細に検討した結果ともいえよう。国家の発展段階と国際コミュニケーションの関係を主張したこの部分はかなりユニークな内容であり，いわば本論文のもっとも特徴的かつ伊藤が今後の研究に継続していくと推測される，もっとも主張したい議論の枠組みとなるものである。すなわち，国家間で行われる国際コミュニケーションの意味の共有化の容易さを当該国の発展段階から説明を試みているものである。伊藤はこの分野でも多くの実証研究を自ら行ってきたので「情報の流通量は地理的あるいは文化的距離が近ければ多く，遠ければ少なくなる」という主張は説得力がある。そのうえで，国際コミュニケーションにおいて，文化的近さと距離的近さとが相関している場合でも必ずしも意味の共有化が上手くいかない場合を，日独，独欧，欧米の国家発展の例を挙げながら検討している。その結果，国際コミュニケーションの場合に上手くいったりいかなかったりする理由の説明では「伝統文化」よりも「現在の文化」が重要であることが見過ごされていると主張している。「文化的近さ」意識を形成しているのは伝統のみならず「現在の生活様式，世界観，価値観でもある」から，他方ではこうした現在の文化も人々の文化的近さ意識を規定していると述べている。その際の説明として用いられているのが「近接性（proximity）」である。そして，伝統文化における近似性がある国で，なおかつ国家の発展段階が似ている国の間では国際コミュニケーションがしやすいすなわち，意味の共有が容易であるが，一方ないし両方が異なる国では困難であると主張している。ここで用いられている「近接性」(proximity)という用語は社会科学では文化人類学や社会心理学において人間関係，とりわけ対人魅力を説明するものとして使用されている概念である。さらに伊藤は岩渕巧一を引用して「近時性」も重要であると指摘している[1]。単に伝統文化の類似性による受容の容易さだけではなく，ある時代，期間に当該国がどの国と交流頻度が高いかも輸出の結果としての異文化理解に関わると主張している。3つの説明の中では現在の国際コミュニケーションにおける相互交流の難易状態を説明するものとしては，発展段階説が最も理解しやすいものとして読めた。

本多論文（2章）

　本多論文は開発援助とりわけ ODA（政府開発援助）の歴史と意義を述べたものである。具体的には ODA の意味とその実施の推移およびそれを支える理論の流れを論じたものである。

　ODA はある国から他国への援助という形式で行われる国際コミュニケーションの形式である。第 2 次世界大戦後の外国への経済支援は米ソの冷戦がきっかけのひとつであったと本多は指摘し，それはアメリカにとっては親米政権の樹立という，本書のテーマに即していえばソフト・パワーとしてのアメリカ帝国主義の展開ということにもなろう。そこで西欧による発展途上国援助は特定一次産品の生産の強制という過去の植民地支配の保障という性格を持っていたが，実態は「…新植民地といわれるような…経済構造におかれた発展途上諸国は，自立し発展する道が閉ざされている。西欧諸国の ODA は，それを埋め合わせるという意味での経済支援だといえる」と本多は指摘した。本多はこの基本認識を基盤としてその後の西欧および日本の開発支援のあり様を検討している。戦後冷戦が崩壊して以降の西欧諸国と日本の ODA が変化してきた様子および日本と西欧の姿勢の違いは興味深いが，とりわけ経済発展を優先させるという日本の方針，「日本モデル」の方がベーシック・ニーズを充足するという西欧の方針よりも説得力があるという指摘は国際コミュニケーションに関する伊藤論文の「発展段階説」を補強するようである。

　とはいえ，実際の援助に関しては ODA も含めた「日本のアフリカ投資　停滞」という 2018 年 12 月 20 日の朝日新聞朝刊国際欄の記事が興味深い情報を提示している。すなわち「300 億ドル『約束』140 億ドル未達」だというのである。その中で ODA は目標額の 96％実施済みだが民間投資は「政情不安のリスク」から「政府は中国への対抗心があるかもしれないが，民間にはまだリスクが大きい」ことが理由で投資という経済支援が達成できないという。素人の発想では ODA が高い達成率なのは投資リスクを考慮しなくても済む（国民の税金だから）からであろうか。それとも国際コミュニケーションの一環として国家として他国との外交的交流が必要だからであろうか。

他方で中国による直接或いは AIIB のような間接投資を通じた発展途上国支援が上手くいっているわけではないことも近年しばしば指摘されている。たとえば，(『朝日新聞』2018年12月24日朝刊　総合2面　広がる中国流　世界に試練) 習近平が国際会議で「一帯一路には債務の罠は無い」と強調しているにもかかわらず，債務超過を危惧した相手国から支援の減額や方針変更がニュースとして伝えられている。そして，この政策が支援という形をとっても万全ではないことが，アジアのいくつかの国では露呈している現状をどのように説明できるのであろうか。本多は少なくとも日本の ODA 支援が経済から災害支援のような社会支援，表現を変えれば，もはや産業育成支援ではなく，ある社会で国民が安心して生きていくための基本的生活支援に舵を切り直す時だと指摘している。

山本論文（3章）

　著者である山本は40余年にわたる研究者としての期間を通じて，中国ジャーナリズム・メディアの研究者として地味ではあるが着実に重要な業績を積み重ね，その成果は学会でも高く評価されこの分野の第一人者として認識されている。40年近い大学専任教員としての最後の年にあたり山本は畢生の研究の根幹部分を本章において明らかにした。本論文はその研究成果の中でもっとも中核である「中国共産党とジャーナリズムとの関係」を，習近平時代に入ってからのメディア・ジャーナリズムに関する習の発言や中国共産党の会議などの動向を分析する。それに続き党の組織原則である民主集中制に基づく党内言論規律，党性原則および党性について考察することを通じて，中国が市場経済への転換という劇的社会変動を実現したのにもかかわらず，そうした変動に影響を受けることなく連綿，確固として不変な中国共産党支配下のジャーナリズムの特徴とその理由を明らかにした大部のものである。とりわけ重要な分析は，中国共産党の言論規律，メディア・ジャーナリズム関連事象と政策実施についての自身の過去の論考に基づいた再考をしている。さらに，最新の習近平体制におけるジャーナリズムに対する党の指導方針とその具体的展開としての「ウイグル

オンライン」閉鎖問題,宣伝部の高等教育機関のジャーナリズム学院運営への直接参与などを事例として挙げるとともに,胡錦濤によって提起された「四権」（知る権利,参与する権利,表現する権利,監督する権利）が習近平時代に入り矮小化されたことを,一方で党の指導は変わらないが,他方では党の総書記の志向によって,党性原則が変わる事例として提示した。さらに昨近大きな課題となっているインターネットについて,「サイバーセキュリティー法」の公布施行を例示し,中国共産党のネット情報管理と習近平のネット観を明示している。

　山本によれば,「ジャーナリズムの中国モデルとは,中国共産党…党性原則という理念を通じて…ジャーナリズム・メディアを指導,管理するシステムである。中国共産党の一党支配が変わらない限り…ジャーナリズムの不変モデルとしてあり続ける」。山本はこの指摘を基盤として「ジャーナリズムの中国モデル」を分析・考察している。党性原則が優先するとは「中国においては『すべて』が『党』によって『指導』される…それがジャーナリズムの中国モデルの根本的特徴である」という。つまり,中国のジャーナリズムは党が指導するジャーナリズムということであろう。中国のジャーナリズムを論じる際に,我々は個人の言論の自由が保証されている欧米型の民主主義社会において原理となっている,個人の基本的人権としての「言論の自由」に基づくジャーナリズムとは全く異なる原理のジャーナリズムが存在していることを自明の前提としておかねばならないのである。

　前述したように山本論文は,近年の習近平体制下における中国共産党の言論政策とそれに対するジャーナリズムの対応を通時的かつ詳細に検討している点が特徴である。しかし,山本が本論文で示そうとしたのは習体制での具体的諸問題,諸現象を描くことで,建国以来連綿として継続する,ある意味では理念に支えられ体質となっている中国共産党支配下での言論支配の構造とそこから導出される「ジャーナリズムの中国モデル」である。その姿勢は後半の節になって,論点が習体制を越えて中国共産党における「党性」,「民主集中制」,「人民性」,「ジャーナリズム論」を論じる際に明確になる。より具体的には

第 9 章 まとめに代えて

「党性原則を検証することを通じて…ジャーナリズムの中国モデルを描き出そう」と企図している。そのために建国以来の歴史の関連要点を示しながら ① 中国共産党が如何なる言論規律をもってきたのか，② 党は党性原則を如何なるものとみなしているのか，③ ジャーナリズムと党性原則とはどのような関係にあるのか，④ ジャーナリズムにおける党性と人民性の関係はどのようになっているのか，⑤ 党のメディア管理とは何か，の 5 点に分けて，自身の中国ジャーナリズム・マスメディア研究の総括ともいうべき検討を行っている。この中でも注目すべき 3 点をみてみよう。

中国共産党の党内言論規律については「民主集中制」がキーワードであることを示し，建国後の1956年の 8 全大会以降基本的に変更のない組織原則であり，それは文化大革命，改革開放という大きな社会変動を経験しても，常に「民主を基礎とした集中と集中に指導された民主」による下級組織の上級組織決定に対する実質的盲従という，党にとって誠に都合の良い組織運営原則が貫かれてきている。いうまでもなく，党の原則に従うことが求められているのは共産党党員である。その上で，言論についての党内規律も上記の原則がそのまま適用され，しかも1982年から2017年まで35年間不変であることを山本は指摘している。山本は当然の常識として触れていないが1982年12全大会で採択された言論規律の中で「…党の各級組織の新聞雑誌やその他の宣伝手段は…党の…を宣伝しなければならない」と述べ，新聞をはじめとするマス・メディアが明確に宣伝機関（機能）と位置づけられているのも自由主義社会における言論機関とは異なる社会的機能を要請されている組織なのだという認識をもった。少なくとも我々が馴染んできた自由・民主主義社会で新聞や雑誌，ラジオ，テレビジョンといった所謂マス・メディア，ジャーナリズムが宣伝機関であることを主務としているという理解はされていない。むしろ，それらは何らかの組織の宣伝機関であること，社会からそう見られることから可能な限り離れている点（少なくともポーズとしてでも）を自らの存在理由としているはずである。我々は党の宣伝機関という位置づけのマス・メディアならば身近な例として政党機関紙が挙げられるが中国共産党の場合には事情は異なるようである。一党独裁下で

中国共産党が支配しているのは中華人民共和国という国家である。13ないし14億人の人々の日常生活を支配しているのが共産党という一党である。党は単に党員にその指導原則の遵守を求めているのみならず大多数の非党員である国民にも指導に服従することを求める必要があるから「宣伝」機関たることを要求しているのではなかろうか。人口の高々6パーセントの人間が支配を固めている状況を正統化し固定化するための規定と考えられる。

上述した「民主集中制」による支配の根拠となっている党性原則は「習近平同志を核心とする党中央」という表現によって特定個人の支配を正統化しているといえよう。この点を山本は「民主集中制という上級優位の組織原則の中ではその頂点にある総書記の言行は「全党の各組織と全党員が従うべき」党原則そのものである」と読んでいる。これは、個人崇拝を禁止している原則が他方で指導者の威信擁護を要求していることを利用して、習近平への個人崇拝を隠蔽する欺瞞として機能していることを喝破しているのではなかろうか。

次に党性原則、すなわち中国共産党の理念についてであるが、「共産党員が…党性を堅持しなければならない原則…全党員の基本的行動規範を構成している…それは異なる歴史時期によって異なる要求がある」としている。要は、中国共産党の党員の行動規範であり、それに従うことが要求されているが内容に関しては時代の変遷に応じるということであろう。規範である以上、それに従うことは当然であるが、社会学等で考えている規範よりはずっと拘束力の強いものであり、逸脱は認められずに党が認定する内容のみが正統性を有する原則であることが明示されている。この原則は非常に重要なものであるが紙幅の都合でよりジャーナリズムと関連性の高い、ジャーナリズムにおける党性と人民性の議論について触れておこう。

ジャーナリズムにおける党性と人民性に関して、山本は人民日報編集長をはじめ多くのジャーナリズム活動の現場にいた胡績偉の主張を引用し、彼が党機関紙における「党性と人民性」に関して、人民性に優位を置いた主張をした結果、1989年以降の民主化運動が安定化（弾圧された後…小川）してからは発表の場を与えられずに域外（台湾）から意見を述べてきたことを紹介している。

彼の発言を批判、否定したのはその後の権力者たちであり習近平もそれを継承している。それについては「ジャーナリズム領域の党性原則をめぐる党性と人民性の関係」の中で詳細に論じられている。但し、山本が留意すべきだと述べているのは、胡の主張は我々が馴染んでいる民主主義社会での三権分立における政治権力から独立したメディアの存在を求めていることではない点と、それがあくまで党内の議論として存在している点である。そして、山本は党性原則に人民性と党性が含まれており、中国共産党のいう党性は政治を反映し、胡のいう人民性は社会を反映すると指摘している。「地大物博人多」（土地が広く、物が豊富で、人が多い）中国を山本はいまも国家統合過程にあるとみているようである。

　最後に、「党と国家の機構改革」によって、ほぼすべての中国のメディアは中国共産党中央宣伝部の管理下に入った。それは習が「党がメディアを管理するということは各級各種のメディアをすべて党の指導の下に置くこと」であると語ったことを具現化したものであり、山本はこうした現状を「党国体制」と指摘している。孫文がロシア革命で成立したソ連から「民主集中制」を取り入れ、中国国民党による国家建設を目指したモデルを引き合いに出している。山本はここで、時代は変遷しても巨大な中国を経営するには一党支配もやむを得ないことを言外に述べているのかも知れない。

内藤論文（4章）

　内藤論文は2014年に行われたインドネシアにおける大統領選挙の際の国民、候補者、メディアの関わりを中心に分析、考察をしている。インドネシアも韓国同様に戦後植民地支配から独立を果たし同様に大統領制と直接選挙制を採用している。マス・メディア報道を見る限り、素人目には選挙時の大衆動員とメディアの関与は多くの国で興味深い類似性が見られるが本論文ではインドネシアの状況に特化してポピュリズムとメディアの関係の考察がなされている。戦前から先進植民地国と日、独、伊のような一部後発植民地国とが必然的結果としてポピュリズムとそれを基盤とした総力戦体制国家を構築していったが、戦

後独立を果たしたインドネシアが大衆民主主義に直面した結果，工業化という近代化の要因によって先進諸国の成果を追いかけた結果，同様なポピュリズムの罠に絡めとられ最終的には先進国が犯した過ちをも真似てファシズム国家になろうとしていることとその傾向に竿を指しているのがメディアであることを明らかにしていると読み取れた。

内藤論文を総括的に述べれば，インドネシアでは1998年に権威主義的スハルト独裁政権が崩壊して後に急速な民主化が進行したが，他方では20世紀末に世界的な傾向として顕在化したポピュリズムの波も進行している。この状況が2014年に行われた現大統領ジョコ・ウィドドの選挙の際に露呈，顕在化しメディアも先陣を切って混乱を拡大させた状況を候補者の背景，政策，メディアの対応等について検討を加えている。

結論を先取りしていえば，インドネシアでは伊藤が主張する国際コミュニケーションが上手く行われるためのひとつの条件として「国家における政治的腐敗が無い」点を充足しているとはいえないし，「発展段階説」に従えば民主主義や経済構造の発展段階が未成熟ということになる。とはいえ，ポピュリズムとインターネット・メディアの社会的普及・浸透は西欧諸国も日本を含むアジア諸国もほとんど差異はない。世界的傾向としての保護主義，自国自民族中心主義への支持の傾向も類似である。そうしたなかで韓国やインドネシアの大統領制がモデルとしたアメリカと類似した社会的反応の様相を呈していることは興味深い。

内藤は，こうした傾向を単純に捉える危険性を指摘し，「個別具体的文脈における権力のあり様にも目を向けなければ…権力に対峙するはずのジャーナリズムの立ち位置がずれてしまう」と指摘している。そのうえでインドネシアを見ると，多くの国で行われる選挙と同様に，あるいはより強烈にこの国での大統領選挙では「イメージ」（印象）操作が重要な要因であるという。大衆民主主義社会で候補者のイメージを創造するのはマス・メディアに加えて近年ではソーシャル・メディアであるので，インドネシアではTV放送が政治的野心をもった支配層に独占されてエリート層の意向を反映し易いが，他方でソーシャ

ル・メディアは大衆の意見を反映し易い。既存メディアと支配階層，新興メディアと大衆という構図が示されている。他方では，部族ナショナリズムの顕在化による権力構造の影響も大きい。その状況で選挙という大衆動員システムの中にメディアが如何にして候補者の廉直と庶民性のイメージを植え付けていったのかが示されている。いわば，インドネシアの政治文化が大統領選挙に如何に反映していたのかが読み取れた。この大衆動員方法とその後の政策運営が国民を納得させたのか否かを想像すると，アメリカ大統領および大統領選挙の結果とその後の運営をも合わせて考察すると興味深いがそれはこの論文の範囲を超えるものであろう。

奥野論文（5章）

　奥野論文は社会調査データに基づいた日韓両国における国民の意識とメディアの報道姿勢の意味を論じたものである。周知のように日韓では直近でも慰安婦，徴用工問題，さらには国会議長の発言といった問題があり，そのいずれもが戦前日本の韓国支配が引き起こしたものである。さらに戦後顕在化した「竹島（独島）」問題も両国関係を緊張させている。こうした背景の中で奥野はここ数年の両国国民の意識調査およびマス・メディアの姿勢について論究している。

　両国民の間での文化要素である価値のあり方の違いが相手に関するネガティブ評価と結びつくという点に，奥野は日韓両国民の「相互の不信や不満が相手に対する印象を決定し，それが印象をさらに悪化させるという負の連鎖に陥る危険性をはらんでいる」と述べている。これについては前述した伊藤論文への注記で示した社会心理学における proximity 概念でも説明できるし，同様に示した G. C. ホマンズの社会的行動の3要因関係の説明における否定的関係でも説明可能であろう。日韓の課題として常に出現する歴史認識と領土（竹島）問題は少なくとも韓国においては対日意識の決定因のようであるが，その背景には日本の朝鮮半島植民地化と皇民化があったと推測できる。であれば，奥野が調査時期や方法を超えた「両国民の相互意識がいまだ楽観視できない状態であ

る」と述べていることも宜なるかなと感じる。そうした不安定な相互評価なのは両国民とも相手に対する評価基準が「政治状況の変化で簡単に揺れ動くから」だということになる。政治状況によって容易に変化するという態度が相手国あるいは相手国民（実はこれは区別して捉えられるべきであるがここでは論じない）に対する文化となって内在化している可能性はないであろうか。

　日韓の国際コミュニケーションという点では日本人が韓国に対して「対話」と「圧力」がともに拮抗しているのに対して，韓国国民では過半数の人が「対話」を重視しているという。とはいえ，この韓国国民の数字も日韓首脳会談実現の影響であるようで，ここでも政治状況の変化が反映している。この点については政治家，政治的争点に関する評価が日本でも揺れ動くことが認められているので，それ自体は格別驚くことではない。「新聞調査会」が行った第2回「諸外国における対日メディア世論調査」の概要が「中央調査報」No.710で示されている。そこでは韓国の対日「好感度」や「信頼度」，とりわけ「信頼度」が中国と並んで他の国と比較して非常に低いことが示されているが，ここにも同じ原理が働いているのであろうか。

　日韓の歴史認識についての国際コミュニケーションの有効性に関して韓国国民はそれほど高く評価していない様子である。また，残念なことに両国国民とも「歴史問題」に関しては「解決すべきはお互いに相手側にある」とのことだが，両国国民とも相手国の教科書を確認している人はどの程度存在するのかが疑問だという奥野の指摘は重要である。他方で，韓国の政治状況は時に，とりわけ日本を対象とする際には，国家間で調印，批准された条約は政権を超えて拘束されるという国際社会での外交原則も否定する点や奥野がいうようにマス・メディアも「情」としての「言論性」が「理」としての「客観性」を超える点が両国関係のコミュニケーションをより複雑にしている。この点について，今後奥野による詳細な検討が期待される。

ウォラワン・オンクルタラクサ論文（6章）

　ウォラワン論文はタイにおいて日米のテレビ番組の放送実態について関連調

査データをもとに考察したものである。本論文の基本的姿勢は，いわゆるメディア帝国主義を日米の番組を用いて実証するものではない。タイのテレビ放送に両国のどのような番組がどれほど組み込まれているのか，その影響がどのようなものであるのかを検証している。ただし，ウォラワンが取り上げている資料はドラマを中心としたものでニュースは対象とされていないので，伊藤が想定したニュースを中心とした国際コミュニケーションの議論とは異なる側面からの把握といえよう。提示された資料の中でここでは次の2点を取り上げる。ひとつ目は「タイの児童に対するメディアの影響」である。その理由は，ウォラワンがタイのマス・メディアの中に日米で制作されたものが多数存在し，タイの文化に一定の影響を与えていると述べているからである。タイの児童に対する影響という観点からテレビ，アニメーション，音楽の3点から検討している。アニメはテレビにおけるアニメ番組といってよい。ここでは「子どもたちはメディアから多くの影響を受けるし，とりわけテレビメディアによって社会的価値観や信念や思考方法を変えられることもある。…視聴を通じてタイの社会，人々の価値観および文化が気付かないうちに変わってしまうこともある」という認識でとらえている。タイでは社会規範を反映して出演者が「無礼な態度や下品な言葉遣い」をすると視聴者から強い批判が現れると述べている。彼女の視線は社会規範の順守と逸脱に対する負の制裁を加すべき対象として若者を考慮している。後段でも外国製（主に日本制作もの）のアニメおよび音楽に対する幼児や若者世代の日本文化への傾斜の強さを他の研究者の論文等を引用して語っている。日本の音楽は若者世代にとってはファッションなのであろう。

　この論文において注意喚起されているのは日本の（とりわけアニメ制作者たち）が「…日本文化という商品…そこで表現されているものが日本文化の一部分であるにもかかわらず，あたかも日本文化全体のように表現されているので実際の日本文化が受け手に，誤解されてしまう…」と述べている。この意味は，日本の制作者の自文化理解の不十分さと表現の不注意さが他文化に流入する際に，異なる価値を持った他文化（タイ文化）視聴者による読み取りが行われる状況での二重の危うさの指摘である。

小林論文（7章）

　小林論文は一言でいえば，文化の錯綜性，複雑性（別な表現をすれば文化における純粋な本質を語るという視点の危うさ）について述べている。この議論を展開する中で具体的事例として「ポップ・カルチャア」としての「オタク」，「コスプレ」等を用いて，文化理解の際に求められる認識的相対性と総体性という視点から論じている。小林論文では，現代文化が論じられる際の基本的認識として「文化（the cultural）は…経済的な問題として位置づけられ…グローバルな経済の流れの中…当然」とされる。彼は「オタク」像の変容が日本製の「ポップ・コンテンツ」の流通に見られるように，ある文化表現の世界的普及（グローバル化？）によって原産国が曖昧になって現地との融合で新たな自文化化が行われ，それが自文化内で普及していく過程であることと，その過程の中で経済性が止揚されて存在していく過程を明らかにした。つまり，サブタイトルのように，ある文化要素があって，それが異文化に接触，採用されると，場合によって既存の異文化の中で消化され融合，革新のような状況が生じる「雑種化」とそれがいつの間にか異文化の中で正統（？）なものとして「土着化」するということであろう。

　もうひとつの興味深い議論は「ポップ・コンテンツの無臭化」である。無臭化とは文化要素の国籍，民族籍の希薄化ということを指しているのであろう。典型的誤解の事例としてコスプレがそうであるが，それは実は日本発ではないにもかかわらず日本発と認知され日本の中でカスタマイズされたという。実はこうした認知形成は結果として無臭化されているものなのだということである。小林は「コスプレは日本発」という一般的認識が誤解である点を強く指摘している。民俗学，歴史学，人類学等の蓄積の中で異装化，異形化等は世界中の多くの地域，民族で古くから多種多様な様式で伝承されてきている。さらに異と同というのは自他の視点に依拠した認識によるものである。「コスプレ」とカタカナ表記しても現象の根源は変らないとみるか，それともカタカナ表記することが伝統的異装，異形とは異なることの表明であろうか？

　小林はグローバル化という点でも問題提起をしている。日本製アニメ『巨人

の星』のインド化（スポーツがクリケットに変わる）だけでなく内容のインド化を事例として，異文化接触の中で各文化が「純粋形態」を保ちうるのかを問うている。特定文化の純粋形態とは何か？総ての文化は人類の歴史の中で何処かで必然的に混交しているものではないか？小林はそれを「雑種化」と「土着化」と表現しているが，その主張は至極真っ当であるがゆえにむしろ「文化における"正統"と"異端"とは何か」という問いかけにもなっていないであろうか？　この問いかけは，いうまでもなく，多数であるマジョリティが正統で少数であるマイノリティが異端というような単純な話しではない。

鈴木論文（8章）

　鈴木論文はかつての「白豪主義国家」オーストラリアが今日の「多文化主義国家」へと変貌を遂げたといわれる状況の中で，オーストラリアの建国前から辿ったジャーナリズムの変貌とそれを規定してきた社会変動を述べている。

　周知の如くオーストラリアは植民地帝国イギリスの犯罪者の流刑地であった。19世紀のイギリスでは識字率は相対的に低いので新聞の受容と普及は知識人，政治家，商人が先駆けであったといわれている。流刑地オーストラリアでも官報もどきが印刷されていたことは鈴木が示しているが，いわゆる新聞として刊行されたのは19世紀初頭とのことである。本論文では触れられていないが，新聞を欲したのは囚人監視の役人だけでなく刑期を終えた元囚人でオーストラリアに残留した人々，とりわけリテラシーをもっていたと推測される元政治犯ではなかったのか。鈴木が述べているように「プレスの自由」といった概念をイギリス政府に突き付けるには当時のイギリス下層貧困層の刑事犯では想像し難いと思うが，どうかであろうか。その後に自由移民が増加しイギリスによる統治下の植民地経営の中で植民地ジャーナリズの変貌と新たな社会的コミュニケーションのインフラ整備が植民地からの独立を求めるジャーナリズム活動を生み，さらには植民地の地域的特徴による利害の対立，相克が現在の州による独立と連邦化の言論を招来したとのことである。その後の展開とボーア戦争以来のこの国の対応とジャーナリズムの関りは鈴木論文を読んで頂きたいが，注

目すべき点が2点ある。ひとつはマードックに代表されるオーストラリアにおけるメディア産業資本家の動静ともうひとつは「多文化主義」を標榜する国の理念と現実のギャップについてのジャーナリズムの立ち位置である。

鈴木論文は1番目の問題についてはメディア全体にみられるグローバリズムとのかかわりの中で詳細に論じているが，2番目の問題については第5節で「多文化主義とメディイア」として論じられているとはいえ，国家として「多文化主義」を標榜した国でメディアが如何なる機能を果たしたのかについては十分な展開がなされていないと感じた。

文化の多様性（diversity）と多文化主義（multiculturalism）は悪名高き「白豪主義」放擲後の開かれた社会オーストラリアを象徴するキーワードである。この問題について鈴木は「放送時間量が多い言語を母国語とする集団が，例外はあるにしもて，実はオーストラリア社会ではマジョリティであり，決してマイノリティではないのである。多メディア，多チャンネル化はメディアの多様化（diversity）を生んでいるとはいえても，多元性（pluralism）社会のメディア装置になっているといえないだろう。間違いなく国家政策上の装置として発展したSBSをどのようにとらえるのか」と述べている。ここで彼が使っている「マジョリティ」と「マイノリティ」は人口数ではなく社会構造上の有利な位置（政治，経済ひいてはレレヴァントな文化要素）を占有している集団とみてよいであろう。多チャンネル化が意図した目的とは異なって多元的社会の平等性を実現するメディアとはなっていないことが示されている。問題はそうした事態の出現とそれが普及する過程の中でジャーナリズムは如何なる立ち位置を採っているのか，何故そうなのかが解明されていれば，「多文化主義」の社会的実現の困難さとそれ故にジャーナリズムが実現に向けて有効な機能を果たせた可能性が分析できるのではないかと考えた。新聞に限ってみると鈴木の指摘に従えば，エスニック新聞が力を失っていくのと同じように他のメディアも多文化主義の普及支援に働き難くなっている模様である。とりわけ近年の特定の国からの移民，留学生の増加と彼らの社会活動の展開が他の国と同様に白人と，また他の移民集団との間でconflictを生んでいる様子は，たとえばNorthern

Territoryのダーウインでの港湾の99年にわたる中国企業への貸与，タスマニアでの市議会議員選挙等が報道されている。他方で，これらの現象は特定の国の「過剰なプレゼンス」として捉えられることで，「オーストラリア・ファースト」という対抗的主張が露骨に現れている。こうした状況の中で，多文化主義は象徴的意味さえも危うくなっているのではなかろうか？　そうであれば，メディアの多くが資本の一元化状況にあるオーストラリアでの多文化主義を標榜するジャーナリズムの苦戦は続くと思える。

2. 国際コミュニケーションを考える際の文化の困難性

はじめに

　マス・メディアが一方では，とりわけ新聞が，共通文字の使用によって国民意識の社会化，すなわち国民形成による国家統合に貢献したといわれてきた。たとえば，B.アンダーソンの『想像の共同体』に代表される共通言語の使用によって創造された共同体意識がナショナリズムという同一の国家に帰属していると人々が認識する（させる）創られた感情としての国民意識が構築させるといえるが，それは権力者による国民国家統合の政略といえる[2]。

　視点を変えると，電波メディアによって，とりわけテレビジョン放送によって送信主体の意図の有無を問わず，マス・メディアのメッセージが政治的な国境を越えることで，結果として他国の文化に影響を与えている状況も存在する。この傾向を捉えて文化帝国主義，メディア帝国主義という主張がなされてきた。この傾向は他方でアジア大陸のような場合には，国境という政治的境界と国境地帯の居住者の国家への政治的自己同一化感情や生活上の利便性とが必ずしも一致しない状況をもたらしているし，むろん，ヨーロッパ大陸においても電波とインターネットが国境を破壊し文化浸透を可能にし，国家という制度的枠組みを破壊した事例は記憶に新しい。こうした事例の積み重ねを以てマス・メディアとインターネットが国境という制約を超えて文化の相互浸透と変容をもたらしている点はつとに指摘されてきた。

昨近の世界情勢をみるとグローバル化という言説は，一方では不可避な歴史的流れのようにみえながら他方では全く正反対の，トランプの「アメリカ・ファースト」のように自国を最優先させる保護主義的主張の出現が頻繁となって，世界的に共通の基準を用いる傾向という言葉への疑念を抱かせる。

海外においては移民問題の錯綜的困難に直面した欧米や豪州において，かつての「多文化主義」の主張が実体性を失っているかのような事態が出現しているし，他方で，日本国内の状況では「多文化共生」という言葉に胡散臭さ，虚構性を感じざるを得ないような事態が数年にわたって続けざまに出現している。この点を語る論文や書籍も数多ある[3]。グローバル化というのは資本主義経済の力のあり様であり，共生というのは象徴としてのスローガンにすぎないのであろうか。我々が現在直面している実態は地球規模での市場競争の中で，却って国家の枠組みを用いた自国中心主義にも転化し易い厳しい国家間競争，軋轢が生じている。こうした状況の下でマス・メディアは経済力の僕で国家のスローガンの提灯もちにすぎないのであろうか。共生というのは実態的排除を隠蔽する言葉遊びにすぎないのであろうか。そうであれば世界は近代以降の変遷の中で変化無き時間を過ごしたことになる。グローバル（global）というのは包括的や球体という意味であるから，そこから転化して全地球という意味で使用されるようになったのであろう。それに対して，国際（international）は nation の間，すなわち異なる一国ないしは複数国の間での相互関係を示すものとして用いることが一般的である。本書において「国際コミュニケーション（international communication）」の語を用いているのは，現時点において全地球的（global）コミュニケーション，全世界的コミュニケーションが実態としては発現していず，国家間（国民間）でのコミュニケーションが行われているにすぎないことに着目しているからである。さらに，コミュニケーションの道具としての言語がエスペラントのような一言語のみになれば全地球的コミュニケーションが可能になる可能性は高いが，それは本書で問題とする文化（言語それ自体が文化項目である），とりわけ個別の国や民族の文化を崩壊ないしは否定することにもつながりかねない。さらに，現在はその国家間でのコミュニ

ケーションが伝達媒体としてのマス・メディアおよびコミュニケーションの母体，基盤となっている国際社会の中に存在し中核となっている文化と如何に関わっているのかを問うことを課題としているからである。

　そこで，以下では文化概念についてのいくつかの疑問を提示することで国際コミュニケーションにおける文化の問題の複雑性について社会学の立場を基本として示すことにする。

文化を考えるということ

　文化は個体レベルでは元来「これが文化である」といった自覚的意識によってではなく，無自覚，無意識に内面化されるし，多くの場合に表出もまた無意識になされるものであろう。しかし，個人的表出の場合にはそうであっても集合的には一定の類同な傾向として表出，表象される。それを対象として文化人類学や社会学，社会心理学が研究，考察を行ってきた。その際に起きた，起きる，ある種の混乱，困惑は一言でいえば文化概念の内包の豊饒さである。豊饒であるが故に研究領域，研究対象，研究者個人の関心，こうした違いが「文化」を共通の概念で明確化することを妨げてきた。このことが何か説明し難い事象が存在したり発現したりするとそれを「文化」という言葉で安直に包含するという対応をさせて，結果として複雑，混迷を深化させる結果となっていないであろうか。

　本節では，文化に関して本書にかかわる特定の概念について整理し考慮すべきポイントを提示することにする。最後にこれらの概念が国際コミュニケーション研究の中でどのような意義をもっているのかを略述する。

　人類学的には単数の（culture）と複数の（cultures）は同じように文化と翻訳されてもその意味するものは異なるが本節では一括して日本語表記で文化として表現しておく。本書で小林は「the culture」と表記している。

　社会科学の領域で文化の定義に関してもっとも初期に発言し，事後の研究に影響を与えた19世紀イギリスの人類学者である E. B. タイラーは『原始文化』の中で文化について非常に包括的な定義をしているが，この定義では文化とい

うものは人間たちが後天的に学習を通じて獲得した事柄の総体であることを語って総枠を示したことに終わってしまっている。この定義に従えば人間が社会生活を営む上で修得したものは総て文化であるということになる。この考え方だと人間が作り出したもの，たとえば知識，芸術，法律，慣習等々はすべて文化の要素で有るので，具体的に文化を概念として考察するにはそれぞれの時点で考えられるすべての要素を列挙しなければならなくなる。

　タイラーの後継者たちは一方ではG. P. マードックやマリノフスキー，ラドクリフ＝ブラウンといった機能主義的伝統の中で文化を研究する活動を生んだが他方では文化相対主義という重要な文化認識方法を生むこととなった。最初にその可能性を示したのがF. ボアズであるが，彼は当時の主流であった進化論への批判を通じて文化が優劣を論じられないことを主張した。A. L. クローバー，M. ミード，R. ベネディクト等がこの思想，主張をより積極的に展開した。彼らは現在まで続く文化人類学研究の文化相対主義の伝統を構築したといえる[4]。

　他方で「文化」という言葉は必ずしも人類学者や社会学者のような社会，人文科学の研究者を魅了していただけではない。我々の歴史の中では自己以外の他者との出会いの際に，自己と異なる他者の行動や思考の，さらには所有物の違いに驚きを感じた人々が多数いたことは容易に想像できる。そうした違いの評価に際して，自己の相対化によることもあれば自己の絶対化による場合もあったであろう。いずれにせよ，つとに指摘されてきたように極端にいえば，他者と出会った誰でもが「文化とは何か」については発言できるので人類学者ではない人々も発言している。ここでは一例として，T. S. エリオットのみを挙げておくが，彼の視野に入っているのは基本的にはエリートの文化である。こうした当時の一部の知識人，知的エリートによる文化観はその後に生まれてくるカルチュラル・スタディーズに代表される批判的主張と関連づけると非常に興味深いものである

　ここでタイラーたちを挙げたのは単なる例示であって，文化相対主義との関連でいえば，M. ミードに大きな影響を与えたボアズでも構わない。明らかな

第9章 まとめに代えて

ことは文化を定義するという作業が，あたかも不透明なものを鮮明であるかのように看做して皆を納得させる説明を試みた結果となったということである。その後の A. L. クローバー C. クラックホーンの著作に見られる文化の定義についての苦闘でさえも，こと一般化できる定義という点では答えを見出していないといえよう。あたかも自明のこととして感覚的には分かったように思えてもいざ内容を規定しようとするとできない現象を示すある意味では便利であり，使い方によっては不便であり危険でもある言葉のようである[5]。

このような文化の定義的豊饒性（曖昧性）を認めたうえで本書のテーマである国際コミュニケーションの考察に限定して述べれば，国及び民族，人種，宗教等に共通に所属していると認識しているという共有的アイデンティティをもっている人々の人口集団における文化を考えることになるであろう。人間は他者との相互作用を通じた社会集団の成員となってのみ個体の維持，存続が可能な存在である。すなわち，たとえ個体を考察する上でも，一定のまとまりをもつ社会集団の存在を前提としなければならない。社会学的には対象となる社会集団は一定の境界をもっているし，社会集団は構造と機能をもっている。文化を論じる際に暗黙の裡に，或いは明示的に，ある場合には国家を，またある場合には，たとえば異なる国家に帰属させられているクルドのような民族を，さらにある場合には東アジアといった地域社会をというように，対象とする社会集団を限定していると考えねばなるまい。

文化が定義上社会集団を前提としているならば，社会集団が本来動的（dynamic）な状態にあり，ミクロにみればそれを常態としている以上，文化要素も統合体（configuration）としての文化も同様に変動している。通常は動的均衡（moving equilibrium）をもって統合体として存在している。ただし，研究の際には時間と場所を切り取って分析，考察する手法が一般的である。

ここで考えておくべきことは，文化の根源とは何か，構成しているものは何かという文化の本質を論じることは研究として非常に重要な作業であるが，具体的現象や個別の文化項目といわれている対象に対して適用するには課題がある。この課題に関して，佐藤健二・吉見俊哉が文化を研究対象とした際の社会

学的方法の2つの失敗として重要な指摘をしている。それを要約すると以下のようにいえよう。すなわち，① 文化概念を定義することに拘って「具体的な現象の構造分析にむすびついていかない」といういわば「知識社会学の縮小再生産」となって，文化を「一般化する抽象の志向が，思考や観察やの実践以前に自縛する危険性」があるということ。もうひとつはその反対に ② 「個別の具体的な文化現象の記述への埋没」という失敗である。こちらは文化研究の考察範囲を限定するかのようにみえるが，このことが「文化である」という現象の共通性を疑わなくなる結果を招き，個別文化現象に拘ることが「実感的に実態をなぞるだけの「エスノグラフィー」や「質的研究」に終わり，そこから考察されるべき「文化カテゴリーの内実と交差しない考察にとどまる[6)]」という事態を生んでいる。この事態は文化現象という社会的現実を研究対象とするにあたって相対主義とは別な認識方法的な問題を提起している。

　さらに，前述したように，文化を本質から考察する認識方法は20世紀になっても社会科学および文学の世界でみられた。他方で，たとえば，文化人類学のE. T. ホールの異文化比較における類型化，精神分析学におけるエリクソンのライフサイクル概念やユングの発展段階説等が想定している，いわば個別対象の固有性を捨象して類型化する手法の根底にある人間，社会集団に関する本質的共通性の認識（仮定）には多くの批判が，とりわけ構築主義（社会構築主義）からの批判も重要な課題である。

文化相対主義

　現代では文化を捉える視点，認識方法としての「文化相対主義」は一方で厳しい批判，否定に曝されてきたにもかかわらず，他方では多くの研究者に支持されている。そこで問題とされている文化相対主義に対する批判は聴くべき内容をもっているので後程検討するが，先ずは文化相対主義について検討しておこう。

　1934年に文化相対主義の主張をR. ベネディクトが『文化の型（Patterns of Culture）』の中で述べている。彼女の文化の型（pattern）とは，類型（type）

ではない。特定集団の成員間で無意識的に社会化されて共有された価値体系といってよいであろう[7]。彼女はボアズの主張をより具体的に展開した研究を行った。それは，北米のネイティブ・アメリカンの2部族とメラネシアの島民の比較研究を通じて，各集団は固有の文化の型を有しており，それらの文化の間には優劣はないことを示した。彼女が師匠から引き継いだ認識方法の強調点とは，従前の文化人類学研究への強い反省を込めたものであり，文化を研究対象とするにあたっての研究態度，より強い言い方をすれば研究者の倫理観への要請といえる。ある特定の文化を基準，指標として他の文化を測定，評価すべきではないということである。現代の我々にとって，少なくとも社会科学者にとっては，実際に実行されているか否かは別として至極当然の研究倫理の主張である。しかし，実際には文化は相対的であるという言説が，後述するように現実の複数文化を捉える際に個別文化の独自性，個別性の主張として理解されると個別文化の自文化中心主義的主張に正当性を与える根拠として利用されてしまうきらいがある。その場合には，研究倫理の要請というよりも文化の「相対性」の認識の方に重点が置かれた結果といえよう。

すでに20世紀初頭にM. ウェーバーは「神々の闘争」という表現で「フランスの文化の価値とドイツの文化の価値の優劣を『学問によって』決めるにはどうしたらよいか，ぼくにはわかりません」という表現で文化相対主義的認識を述べている[8]。

江淵一公は『文化人類学事典』（弘文堂）の文化相対主義の説明の中で，文化人類学は文化を「…風習…」を研究する学問としたうえで，「…いかなる風習についても，その文脈ないし背景から切り離して優劣・善悪の評価を下すべきではないとするこの思想は"人類学研究方法論"であるとともに"人類学者の倫理"…」と述べている。文化相対主義の主流的立場は上述のように示されるが，いくつかの問題点を抱えている。

文化相対主義の問題点

前述したように，文化相対主義は文化を科学研究として実行する際に研究者

に対して求められる，研究対象に関してその優劣や正邪の判断をしないという価値中立的態度，価値判断排除の要請といえるが，他方，文化帝国主義は研究方法（認識論）というよりは，特定文化を評価する言説を意図しているともみえる。文化を相対的に認識せずに特定文化の特徴を評価的に審級して扱うとすれば，その視点からはある国や民族，マス・メディアのあり様を，たとえば文化帝国主義という評価，判断をするということになる。それはイデオロギーに依拠した主張，あるいは場合によっては政治的主張ということになる。とはいえ，この言説が出現した状況，背景を考えると，そして現在の国家間関係をみると，特定文化の特徴を審級的に評価しようとする主張は危機意識の表明として一概に否定や無視をしえない内容をもっている。とりわけ，本書の主題である東アジアにおける国家間のコミュニケーションを考えると，たとえば中国の「一帯一路」政策の内容にみられるような重要な問題提起をしている主張といえる。さらに，文化相対主義も一定の主張という点では観点によってはイデオロギー的な言葉であるともいえる。

　こうした文化相対主義が対象としての文化を認識する際に私たちに求められる態度，倫理であるという主張から導き出される疑問，批判として以下の2つの点が挙げられよう。

　ひとつは自己にとって自明となっている自文化を私たちはどこまで相対化，対象化できるのかという点である。文化人類学研究において代表的手法である，特定の文化を記述するという際に，とりわけ他の文化の情報提供者からの言説を記録するということとそれを研究者の言語で表象するという作業において，すでに異なる二重の価値が投影されてしまう点は不可避である。それでもなお異文化を研究することは自文化を見つめ直すという一点だけでも研究の価値がある。であればこそ文化相対主義に立脚する文化研究（自文化も含めての）は意義をもっているのである。それ故，留意すべきは相対主義が矛盾や限界をもっていることを以て，少なくとも研究の上で研究者に求められている姿勢を否定するのは誤っているということである。他文化をそしてより積極的にいえば自文化も究極的には理解しえないのではないかという懐疑，自省的な姿勢を

第9章 まとめに代えて

もつことを前提として，それ故にこそ自文化も他文化も理解しようという動機が意義をもつのである。究極的には価値中立的認識は社会的存在としての人間には不可能であり，だからこそウエーバーが求めた「価値判断排除」は現代社会の文化研究でも意味をもっていると考える。

いまひとつは，相対的に認識，対象化された各個別文化が実態としては何らかの基準によって（多くは権力関係）序列化されている現実をどのように意味づけるのかという問題である。科学はその事態とは関わらないという説明は成り立たないであろう。なぜならば個別文化が何らかの形で序列化されているという事実もまた対象として存在している以上，その事実も相対的に認識されなければならないからである。前述したように，文化人類学が過去においてその学問成果が政策担当者に利用されて，結果として植民地政策に加担した，あるいは積極的に植民地支配を推進する側に回ってしまったという評価もあろう。こうした人類学の負の遺産に関する反省の意識も相対主義に依拠するという主張の中にあるといえないであろうか。さらに別な表現として「文化人類学は，いわば自民族中心主義を克服する科学的方法論として発展を遂げてきた学問である」という『文化人類学事典』（弘文堂）の中での江渕一公の説明は文化人類学における文化相対主義の出現について分かり易いものであるし，科学としての姿勢，態度として肯けるが，それでも素人目には文化相対主義についての文化人類学の立ち位置についての原理的矛盾は依然残っていると思える。すなわち，文化現象の総てを相対化することによって，最終的には文化については何も語り得ないというニヒリズムに陥る危険性が一方にある。他方では，それに対する反動として，結局は自文化が判断基準となるのだという自文化中心主義へのデモーニッシュな逃避の道も採り得る。この両方の道を否定し止揚した，新たな認識方法を我々は如何にして開拓することができるのであろうか。

文化を相対的なものとして認識すべきであるならば，国という社会集団を単位として考えた際に，社会学の立場で考えるとある国の文化が他の国の文化を一方的に大きく変容させている事態，所謂文化帝国主義的現象が存在しているとしても，研究者はその状況についての正邪，善悪は評価しないという倫理的

態度が求められることになる。すなわち，なぜそうした事態になったのかは分析するがその状況についての評価は行わないということである。この点がいわば急進的，批判的といわれる文化人類学者の文化相対主義に対する懐疑として出現したのだといわれている。

文化帝国主義

とはいえ，文化相対主義という主張から文化帝国主義という主張は直接的には結び付き難いのではなかろうか。文化相対主義の立場を採用すれば文化帝国主義という言葉を用いて特定文化のあり様を表象することは，それ自体が一定の価値判断に基づいた文化の評価であるから，いうまでもなく文化相対主義に立つ文化帝国主義という言説は成立しえない。しかし，帝国主義が政治や経済だけではなく，自社会集団のもっている文化を他社会集団に強制した事例としては，言語だけに限っても，国家社会を考えると過去にイギリスやフランスが世界中で行ってきた植民地統治も被植民地国の言語を奪って自国の言語を強制したという事実や戦前の日本が台湾や朝鮮，南洋諸島植民地化の中で行われた「皇民化」教育や日本語による教育，とりわけ朝鮮半島で行われた創氏改名と日本語の強制も単に帝国主義的侵略というよりは文化帝国主義的侵略ともいい得る。または言語帝国主義ともいい得よう。他方ではマス・コミュニケーション研究，イノベーション研究で明らかにされているように，個人レベルではイノベーターといわれる新しいことや出来事を積極的に採用する人々（この人々についてはアクティブ・オーディエンスとも考えられるが），自ら積極的に異文化に接触して，受容している人の場合もあり，そうした人々の異文化受容が単純に異国による文化帝国主義の帰結とは言い難い場合もある。とはいえ，社会集団レベルで考えるとある国の構成員の大多数が他国の言語を自国の言語と入れ替え新たな国語とすることに単純に同意することは考え難いからその限りでは文化（言語）帝国主義の主張に妥当するともいえる。

文化帝国主義に関する議論を読んでもっとも理解しにくい点は，何をもって文化の帝国主義と判断するのかについての基準が曖昧ことである。帝国主義に

第9章 まとめに代えて

ついてのレーニンの「帝国主義論」を援用し，先進国の独占資本メディア産業の海外への資本進出を指し，それは一定の歴史的段階に顕れた状況とするのか，それとも非顕示的軍事力を背景に行われる外国国家の文化についての実質的な実効支配地域獲得の動きを指すための修辞的言説表現にすぎないのか，それとも何か特異な国のあり様を指しているのかが不分明である。仮に前の2つのことを指しているのであれば，現状では未だ現代社会において「文化」帝国主義は歴史性をもたないし修辞的表現にすぎないことになる。むしろ，今日のメディアの伝播状況を考えると非歴史性に特徴があると捉えられる[9]。

　マルクス主義的立場の社会科学が下部構造を重視し，上部としての文化をそれにより規定される状態としているように思えるが，この点について，カルチュラル・スタディーズによってカルチュラル・ターン（文化的転回）という認識のパラダイム転換が提起された。すなわち，政治や経済がもっている実用性，功利性への依拠とは異なり，むしろ文化が政治や経済を規定するという実利性や功利性とは異なる社会規定力があることを主張している[10]。この主張は一方では，いわゆる文化の帝国主義的展開の可能性も示唆していると考えられる。文化相対主義においても指摘したように，我々の多くは究極的には自己が帰属した文化の中で習得した言語，記号によってしか自文化を表象できないし，さらに同時に他文化を表象するのも自文化の象徴でしか表現できない。すなわち，自文化による教育というまさにブルデューのいう象徴的暴力装置[11]によって社会化された意味に依拠して理解をするという限界がある。換言すれば，文化相対主義で要請された認識の相対性とは関係なく，少なくとも社会科学における研究論文ではその表象が原理として純粋に価値中立的にはなり得ない。自己のエクリチュールは願望とは別に言語として零度にはなり得ないといえる。このように考えると，文化を前面に出すというカルチュラル・ターンの主張による秩序付けであっても，それが文化的表象装置を使用せざるを得ないという点で限界をもっているといわざるを得ない[12]。

　いうまでもなく，文化帝国主義についての議論は国を単位とする社会集団の文化を考える際の重要なポイントである。一定の文化統合体が存在している場

合に，それを保有する国がどのような手段（メディア）を利用しようとも，他国との広義の交流をする際には異文化と接触する結果として発現する社会現象を随伴する。それゆえ，国家間のコミュニケーションである国際コミュニケーションを考察する際には，そこに文化帝国主義状況が存在するという主張をするならば，当該対象国にみられる文化帝国主義という主張がどのような具体的事態として存在しているのかを先ず検証する必要がある[13]。

　本節ではそれらとは異なる問題点を指摘しておこう。多くの文化帝国主義の議論では一国の文化内容が他国の文化内容の一部ないしは全部を変化させることを問題としている。これが非常に簡略化した文化帝国主義の暫定的定義としておこう。20世紀後半から21世紀にかけての経済，政治で世界に強い影響力を有しているアメリカという国家がもつ文化要素の他国への侵略性，浸透性の可視性の高さという点から問題とされてきた[14]。しかし，視点を変えれば，現在の中国政府が推進している「一帯一路」政策の中にアメリカに対して抱かれた危惧と同じ傾向が垣間見られないであろうか。伝統的な帝国主義概念（本多参照）を援用すると中国が現在行っている「一帯一路」政策の中で途上国支援（投資）は経済的に困窮している他国を開発援助という名目で資金投入し最終的に債務超過とさせてしまうならば，他国を経済的に支配し，結果として中国の様式（文化）を採用せざるを得なくさせるのである。その政策は実質的な文化帝国主義を実行しているといえる。また，CGTNに代表される情報の世界におけるマス・メディア（インターネット・ニュースを含む）の中国によるグローバル化の政策は文化帝国主義を明確に志向しているといえないのか疑問である[15]。現代社会において，文化帝国主義はアメリカの専売特許ではないと思える。

国際コミュニケーションを考える

　国家間のコミュニケーションといえどもコミュニケーション現象である以上は何らかのシンボルを用いて行われる。その基本は，世界の見方が各々異なる社会集団単位としての国家間での異なるシンボルを用いたコミュニケーション

である。個人間の異文化コミュニケーションの場合には当事者間でのシンボルの相違を修正し易いが，国家間のコミュニケーションの際にはシンボルに関わる要因がずっと多くなると考えられるので，個人間の異文化コミュニケーションと比較すると相互了解可能性は低くなるといえよう[16]。また，G. C. ホマンズで示したように当事者の基本的な価値が正反対の場合には話せば話すほど相手に対する非好意的評価が拡大することもある。シンボルの相互了解領域が拡大するよりは乖離が増大する可能性もある。個人間でさえそうした状況が想定できるが，国家社会の場合にはより錯綜した要因によって事態は一層複雑になるのではなかろうか。もっとも，外交的事情から表面的には相互了解した振りをすることもあろうからことはなおさら複雑で混迷した事態として出現することもあろう。個人間であれ社会集団，国家社会間であれ，そうした状況であれば，前述したカルチュラル・ターンはより重層的になり錯綜性を増すと考えられる。実際にコミュニケーションが行われる「場」（空間と時間）においては各々の当事者国家がシンボルの異なる意味づけの正統性をめぐって対立，抗争，紛争が生起し，意味の新たな変更，秩序付けが行われその結果として新しい文化統合体が形成される場合もあろう。

　国際コミュニケーション研究が対象とする範囲については伊藤論文でも示されているが，具体的に分析，考察するには当事国でのマス・メディアの中で他国のマス・メディアから制作，発信されたメッセージを対象として扱うことが検証には妥当であろう。異なる国に帰属する個人間の異文化間コミュニケーションは対象者が膨大すぎて把握し難い。とすれば，国際コミュニケーションを実証的に捉える場合には，マス・メディアが当事国間でどれほど（時間，量，質）流通しているのかを分析するというこれまで多くの研究で採用されていた最新の方法がその異同を最も容易に発見できると考えられる。

　ただし，この方法で確定できるのは当事国で流通している他国のマス・メディアの量と質さらに時間の調査結果である。それだけで，マス・メディアによる情報が各々の当事国の文化，個別文化要素と文化統合体にどれほど影響しているのか，効果をもっているのかを語ることは一面的説明になってしまう。

具体的効果のあり様を明らかにするには各個別文化要素の何が，どのように変化しているのかを実証的に調査する必要がある。しかし，実際にはある国の文化的変化が他国のマス・メディアに接触した結果として生起したことをどのように実証し得るのかが課題となる。加えて，個別の文化要素の変化が証明されたとしても総体としての文化統合体に如何なる効果をもったのか，あるいはもたなかったのかという点の証明とその原因の発見も必要である。

現代の大衆民主主義社会において，国家という社会集団によって行われている国際コミュニケーションが個別文化要素と文化統合体見如何なる影響を与えたのかを統計的に実証しようとするならば，大衆伝達手段としてのマス・メディアの効果を測る方法がもっとも明確にその目的を達成しうる。一言でいえば，マス・メディアの効果研究といってよい。すなわち，ある国のあるマス・メディアが発信した，いかなるメッセージが受け手としての相手国の大衆にどのように受容され，それが結果としてその大衆の如何なる文化要素にどのような結果をもたらし，彼らが当該メッセージに接触，受容，する以前の同じ文化要素にどのような変容をもたらしたのかを計量的に把握することが最初に行われなければならない。ただし，これとてもいわゆるbefore-afterの提示でしかない。次いで，その個別文化要素の変容が全体としての文化（文化統合体）にどのような変容をもたらしたのかの検討と考察が必要である。これがマス・メディアの大衆の文化要素の変容とひいては文化統合体の変容に関する議論の基礎となる資料の確定という意味で必要である。次いで，それらの基礎資料に基づいてその後に仮説（作業仮説）あるいは理論（中範囲理論）を展開すれば，国際コミュニケーションが文化の何をどのように変容させるのか否か，その理由，原因は如何なるものなのかを少しは鮮明にすることが可能となるので，曖昧模糊とした主張の繰り返し，やり取りをより展望の開けたものとしうると考える。

■注■

1）少なくとも社会心理学ではproximityの意味には空間的近さだけではなく時間的頻度としての近さ（近時点での交流の多さ）も包含していると考えられるので，説明として妥当といえる。また，G. C. ホマンズは伊藤が引用した鴨武彦のものより

もう少し細かい要因間での関係を説明している。ただし彼の説明の中心は対人的場面である。すなわち，対人的な社会的行動において，他の条件が等しければ複数の行為者の間で①（相手との）相互作用，②（相手との）活動，③（相手に対する好意の）感情，の3要因は正の相関関係にある。すなわち，相手との相互作用（コミュニケーション）の頻度が多くなるにつれて相手に対する活動は増加し，相手に対する行為の感情も増加する，ということである。この3要因はどれから始まっても同じ関係となる。G.C.ホマンズ『社会行動――その基本形態』橋本茂　誠信書房　1978

　異なる文脈であるが，伊藤英一はフランスのジャーナリスト教育を論じる中で，Y.アニエスがジャーナリストの考慮すべきポイントのひとつとして，ある記事が読者との「近接性の法則」に心配りをすべき点であることを強調していると紹介している。アニエスが主張する「近接性の法則」の中核は，本論文との関連でいえば，広義の文化にあるといえる。伊藤英一「ジャーナリズムと『近接性の法則』日本大学法学部新聞学研究所『ジャーナリズム＆メディア』2019年，第12号：63-79

2）ただし，彼の主たる関心は，ナショナリズムという言葉が，なぜ，多くの国民の間である種の自己同一化感情（親和感情，愛着感情）を生むのかということにあったのであろう。他方では，言語という点でも外国の言語と接触することによる自言語の相対化による比較の可能性が発現する。つまり，ナショナリズムもナショナリティもアンダーソンによれば文化的創造（構築）物なのであろう。

3）一例だけ挙げておけば，2018年11月29日の『朝日新聞』朝刊　論壇時評における小熊英二の「外国人との共生」。

4）この点に関しては江村裕文の次の論文に詳しい。「文化の定義のための覚書――文化その1」2003年　Hosei University Repository，112-123

5）P.ホドキンソンは『メディア文化研究への招待』の中でレイモンド・ウイリアムスに依拠して文化の定義を纏めている。それによると文化の2つの意味として，①「芸術的な活動の作品や慣習」（ウイリアムス，1988　90）元々はハイ・カルチャー（高尚な芸術作品，活動）だったが現在ではポピュラー・カルチャー（大衆芸術・芸能）も包含する　②　価値観・意味・アイデンティティ・伝統・行動規範・会認識の方法といった，ある社会や集団の生活様式全体を指す，2-3。

　認識対象を包括的に捉えること（自他を区別しないで認識すること）は，かつてレヴィー・ブリュルが『未開人の思惟』で loi de participation (融即律　山田吉彦の訳語) として，近代人とは異なる規則（ある対象に関して自他を同一のものと考える心）をもっているという，いわば未開人は心性の特異性を保有しているという捉え方をしたが，後にはレヴィ＝ストロースらからの批判（未開人と近代人の間には心性に違いが無いという）を認め，未開人と近代人の心性に差異がないことを認めたといわれている。

6）佐藤健二・吉見俊哉『文化の社会学』有斐閣，2007，8-9，さらに詳細に論じて

いるのは，吉見俊哉『文化社会学の条件』日本図書センター，2014である。
7）彼女は日本では戦時のアメリカにとっての敵国研究となった『菊と刀』とその中で展開された「罪の文化」を中核価値とする西欧キリスト教国と「恥の文化」を中核価値とする日本を対比して文化の「型」の違い，あくまで違いであって優劣ではない，を説明した。これは戦後の日本社会で一躍有名になりこちらの本の方がポピュラーであるが，他方で文献二次資料に依拠したという点でその研究方法も含めて批判を生んだ。しかし，文献を読み解いていくという方法を「テクスト分析」としてみれば優れた研究といえよう。ただし，本来の文化相対主義の姿勢を明確にしたのは『文化の型』の方が先行している。R. ベネディクト　米山俊直訳（2008）『文化の型』講談社学術文庫　301参照
8）M. ウェーバーの価値判断排除に関する論究は数多あるので詳細はそれらを参照されたい。非常に簡略に示せば，社会科学研究における「事実」と「評価」或いは哲学における「存在」と「当為」とを峻別する要請とされてきたものである。
9）この点に拘るならば文化帝国主義を考察するにはJ.ナイが主張しているソフト・パワー論に注目すべきであろう。J. ナイ　山岡洋一訳（2004）『ソフト・パワー』日本経済新聞社
10）まとまったものとしては，吉見俊哉（2003）『カルチュラル・ターン　文化の政治学へ』人文書院
11）P. ブルデュー & J. C. パスロン　宮島喬訳（1991）『再生産』　藤原書店やブルデュー & パスロン（1997）　『遺産相続者たち』藤原書店　等で示されているが，支配的階層の価値（使用言語の質的内面化も含めて）を学校教育の各段階で望ましいものとして受容させられ正統化させられた結果，階層による言語使用能力の差異が階層的に相続され固定化されるので，同一共通語が階層間でもコミュニケーション障害をきたすことになる。
12）以上の点については，カルチュラル・ターンという転回論の提起以前から言語哲学論ではソシュール，ヴィトゲンシュタイン，フーコー，ラカン，デリダ等々は，言語が単なる意識の忠実な表現道具ではなく，言語が意識を構成する点を問題構制（ploblematik）の転換として，すなわち「言語論的展開」として位置づけ，この主張の実践が他の学問領域にも大きな影響を与えてきた。さらに，文化研究とより密接にかかわる方法として口承を対象とする「解釈学的展開」も視野に入れねばならないようである。野家啓一（1990）『言語論的展開の意味するもの』「神奈川大学の言語研究」12：161－164；渡辺和行（2007）「歴史学の危機と『アナール』；21世紀社会史に向けて」奈良女子大学『教育研究年報』第３号：49-62
13）国際コミュニケーションと政治の関係については多様多岐にわたる先行研究があるし，本書の著者の一人である本多周爾も文化帝国主義について広範な議論を展開しているのでそちらを参照されたい。本多周爾（2017）『国際コミュニケーションの政治学』春風社

第9章 まとめに代えて

14) 文化帝国主義であると批判の対象となるもので最も多い具体的な例としてはドナルド・ダック，マクドナルド，コカ・コーラ，ディズニーランド等のアメリカを発祥とする文化要素がある。『ドナルド・ダックを読む』で読み取られた，典型的とされるアメリカ文化，正確にはディズニーに代表されるアメリカ資本主義文化，アングロ・サクソン的文化への批判であろう。ドルフマン・マトゥラール　山崎カヲル訳（1984）『ドナルド・ダックを読む』晶文社

15) 2018年12月24日『朝日新聞』朝刊総合2面　特集チャイナスタンダード「広がる中国流　世界に試練」は，まさに中国「一帯一路」政策の強引な展開とが一方で利用国の経済的危うさを招く結果となり離反する国々がアジア，アフリカ，中南米から出てきただけでなく，幼児への中国語の浸透といった長期的文化的危惧を詳細に語っている。さらに改革開放40周年を祝った式典の記事で，朝日新聞によれば，習近平国家主席が演説の中で「改革開放を徹底し，新たな時代に中華民族（漢族および55の少数民族を含む総称）によるさらに大きな，世界が目をむく奇跡を起こそう」と語ったと伝えている。こうした発言は中国において大きな諸格差に直面している多数の貧困層に対する欺瞞と瞞着を隠蔽する意図が潜んでいるといえないか。さらには，2019年の年頭に台湾の中国帰属の歴史的，法律的正統性を強調しこれを阻む動きには武力行使をも辞さないという言明を出しているが，この言明も読み方によっては文化帝国主義の主張とも取れよう。

16) かつて筆者は，対人的コミュニケーションの場面にける異文化間コミュニケーションの問題点を論じたが，基本的な事情は変わらないと考えられる。小川浩一（1974）「コミュニケーションと文化の関係に関する一試論」慶應義塾大学新聞研究所『新聞研究所年報』(3)：61-77。

■【引用・参考文献】

Anderson, Benedict Richard O'Gorman (1983=1997) *Imagined Communities: Reflections on the Origin and Spread of Nationalism*, Verso.（白石隆，白石さや訳『想像の共同体―ナショナリズムの起源と流行』NTT 出版。）

Barthes, Roland (1953=2008) *Le Degre zero de lecriture,* Seill, Paris.（石川美子訳『零度のエクリチュール』みすず書房）

Benedict, Ruth (1934=2008) *Patterns of Culture*. N.Y. Hughton Mifflin.（米山俊直訳　『文化の型』講談社学術文庫）

The Chrysanthemum and the Sword : Patterns of Japanese Culture, (1946=2005) N.Y.：Hughton Mifflin.（長谷川松治訳　『菊と刀』講談社学術文庫，福井七子訳『日本人の行動パターン』NHK ブックス 1977年）本書は，ベネディクトが『菊と刀』を執筆するに至った戦時研究の途中報告書として1945年にまとめた『Japanese Behavior Patterns』と他1編を翻訳したものである。この報告がまとめられるに至った経緯や彼女の研究を取り巻く環境の変化についても簡明に語られており，さ

らには訳者の説明もあって，女性人類学者が時代の風潮と如何に切り結んでいったのかも分かりやすく説明されている。

Boas, Franz (1940=2013) *Race, language and culture*, The Mucmillan Co.（前野佳彦監訳『北米インディアンの神話文化』中央公論新社）
──── *Primitive Art Vol.1-8.* (1927=2011). H.Aschhoung & Co. Oslo.（大村敬一訳『プリミティヴアート』言叢社）

Dorfman, Ariel and Armand Mattelrt (1992=1984) *eer al Pato Donald, Siglo XXI Editores*, Buenos Aires/Mexico.（山崎カヲル訳『ドナルド・ダックを読む』晶文社）

Eliot, Thomas Stearns (1948=1960) *Notes, Towards the Definition of Culture.*（深瀬基寛訳「文化のための覚書」『T.S.エリオット全集』中央公論社　5：223-238）

Hall, E.T. jr. (1959=1966) *The Silent Language*, Garden City N.Y. Doubleday.（國広正雄・長井善見・斎藤美津子共訳『沈黙のことば』南雲堂）
──── *The Hidden Dimension* (1966=1970)（日高敏隆・佐藤信行共訳『かくれた次元』みすず書房）
──── *Beyond culture* (1976=1993) Garden City N.Y. Anchor Press.（岩田慶治・谷泰共訳『文化を超えて』阪急コミュニケーションズ）

加藤秀俊 (1977)『文化とコミュニケーション』思索社

Kluckhorn Clyde (1949=1971) *Mirror for Man,* Whittlesy House N.Y.（光延明洋訳『人間のための鏡』サイマル出版社）

Levi-Straus (1958=1972) *Claude Anthropoloie structural Paris, Plon.*（荒川幾男・生松敬三・川田順三訳『構造人類学』みすず書房。）
──── (1962=1976) *La pansee sauvage* Paris, Plon.（大橋保夫訳『野生の思考』みすず書房）
──── (2011=2014) *L'autre face de la lune, Ecritis sur le Japon.*（川田順三訳『月の裏側（日本文化への視角）』中央公論新社）

Levi-Bruhl, Lucien (1910=1953) *Les fonctions mentales dans les societies inferieurs* F.Alcan, Paris.（山田吉彦訳『未開社会の思惟』岩波文庫）

Malinowski, Bronislaw Kasper (1922=2010) *Argnauts of the Western Pacific.*（増田義郎訳『西太平洋の遠洋航海者』講談社学術文庫）

Mead, Margaret (1949=1961) *Male and Female,* N.Y. William Morrow & Co.（田中寿美子訳『男性と女性』上，下　東京創元社）
──── (1928=1976) *Coming of age in Samoa,* William Morrow & Co. N.Y.（畑中幸子・山本真鳥訳『サモアの青春』蒼樹書房）

南田勝也・辻泉 (2008)『文化社会学の視座──のめり込むメディア文化とそこにある日常の文化』ミネルヴァ書房

Radcliffe=Brown A.R. (1952=1975) *Structure and Function in Primitive Society,*

Cohen&West London.（青柳まちこ訳 『未開社会における構造と機能』新泉社）
佐藤健二・吉見俊哉（2007）『文化の社会学』有斐閣
Tylor, E.B. John Murray（1871=1962）*Purimitive Culture 1, 2*,（比屋根安定訳『原始文化』」誠信書房）
Weber, Max（1917,1919=2018）*Wissenschaft als Beruf,* Politik als Beruf.（野口雅弘訳『仕事としての学問　仕事としての政治』講談社学術文庫）
Williams, Raymond（1958=2008）*Culture And Society,* Chatto and Windus.（若松繁信・長谷川光昭訳『文化と社会——1780-1950（ミネルヴァ・アーカイブズ）』）
吉見俊哉（2014）『文化社会学の条件』日本図書センター

〈編者・執筆者紹介〉（執筆順，＊は編者）

伊藤　陽一（いとう　よういち）（第1章）
　1942年生まれ
　慶應義塾大学大学院博士課程法学研究科政治学専攻修了
　現職：国際教養大学・慶應義塾大学名誉教授
　主な著作：『日本からの情報発信：現状と課題』（共著，新聞通信調査会 2013年），『ニュース報道と市民の対外国意識』（編著，慶應義塾出版会 2008年），『文化の国際流通と市民意識』慶應義塾大学出版会（編著，慶應義塾大学出版会 2007年），『ニュースの国際流通と市民意識』（編著，慶應義塾大学出版会 2006年）など

本多　周爾（ほんだ　しゅうじ）（第2章）
　1949年生まれ
　慶應義塾大学法学部政治学科卒業，早稲田大学大学院政治学研究科博士後期課程満期退学，博士（法学）（慶應義塾大学）
　現職：武蔵野学院大学大学院国際コミュニケーション研究科教授，日本大学大学院新聞学研究科講師
　主な著作：『国際コミュニケーションの政治学』（春風社，2017年），『台湾 メディア・政治・アイデンティティ』（春秋社，2010年），『発展と開発のコミュニケーション政策』（武蔵野大学出版会，2007年）ほか

山本　賢二（やまもと　けんじ）（第3章）
　1948年生まれ
　筑波大学大学院修士課程 地域研究研究科東アジア専攻修了（国際学修士）
　現職：日本大学法学部・大学院新聞学研究科教授
　主な著作：「『四権』（知る権利，参与する権利，表現する権利，監督する権利）の消長」『ジャーナリズム＆メディア』（第11号，2018年3月），「習近平執政4年と中国の言論空間」『ジャーナリズム＆メディア』（第10号2017年3月）

内藤　耕（ないとう　たがやす）（第4章）
　1962年生まれ
　慶應義塾大学大学院法学研究科政治学専攻博士後期課程満期退学
　現職：東海大学文化社会学部 アジア学科教授
　主な著作：「インドネシアにおける地方テレビ放送の隆盛」『ジャーナリズム＆メディア』（第9号，日本大学法学部新聞学研究所，2016年），'Modernization of Traditional Markets in Early 21st Century Jakarta', Edited by Kurasawa Aiko & William Bradley Horton, "Consuming Indonesia : Consumption in Indonesia in the Early 21st Century", Gramedia Pustaka Utama, Jakarta, 2015, 「ジャワの村の兄妹たちの海外出稼ぎと起業家精神」『文明研究』（第32号，東海大学文学部 2014年3月）

奥野　昌宏（おくの　まさひろ）（第5章）
　1946年生まれ
　立教大学大学院社会学研究科応用社会学専攻博士後期課程満期退学
　現職：成蹊大学名誉教授
　主な著作：『メディアと文化の日韓関係』（共編著，新曜社 2016年），『ニュース報道と市民の対外国意識』（共著，慶應義塾大学出版会 2008年），『マス・メディアと冷戦後の東アジア』（編著，学文社 2005年）ほか

ウォラワン・オンクルタラクサ（第6章）
　Doctor of Arts 2007，東海大学
　現職：チュラロンコン大学コミュニケーション・アート学部准教授
　主な著作：Text Book in Thai-Managing Desirable Product and Corporate Image & Identity 2018 Chulalongkorn University Press.
　　　　　　New Marketing Communications for Building Reliability in Product

小林　義寛（こばやし　よしひろ）（第7章）
　1961年生まれ
　日本大学大学院文学研究科社会学専攻博士後期課程単位取得満期退学
　現職：日本大学法学部新聞学科教授
　主な著作：「「もの」をめぐるメディア研究へむけて——特集「メディアの物質性」解題」『マス・コミュニケーション研究』（第87号，日本マス・コミュニケーション学会，2015年，pp.3-15），「ネットを通したファンの交流」『第19回日韓国際シンポジウム「日韓大衆文化交流の変化と展望」』（韓国言論学会，日本マス・コミュニケーション学会，2013年，pp.122-128

鈴木　雄雅（すずき　ゆうが）（第8章）
　1953年生まれ
　上智大学大学院文学研究科博士後期課程満期退学　博士（新聞学）
　現職：上智大学文学部教授
　主な著作：「メディア」竹田いさみ・森健・永野隆之編著『オーストラリア入門第2版』（東京大学出版会，2007年），「オーストラリアの放送——多様化の進展——SBSの今日的状況」『ジャーナリズム＆メディア』（第4号，2011年），「オーストラリア——多文化社会とメディア」小寺敦之編『世界のメディア』（春風社，2018年）

小川　浩一（おがわ　こういち）（第9章）
　1944年生まれ
　慶應義塾大学大学院社会学研究科社会学専攻博士課程修了
　現職：東海大学名誉教授　元日本大学法学部新聞学科教授
　主な著作：小川浩一編著『マス・コミュニケーションへの接近』（八千代出版，2005年），「日本の階層固定化とジャーナリズム　ジャーナリズム＆メディア（第2号，2003年），「コミュニケーションと社会変動」鶴木眞編著『コミュニケーションの政治学』（慶應義塾大学出版会，2003年）

国際コミュニケーションとメディア―東アジアの諸相―

2019年3月30日　第一版第一刷発行

編著者	山　本　賢　二
	小　川　浩　一

発行所　株式会社　学　文　社

発行者　田　中　千　津　子

〒153-0064　東京都目黒区下目黒3－6－1
電話(03)3715-1501（代表）　振替 00130-9-98842
http://www.gakubunsha.com

落丁，乱丁本は，本社にてお取り替え致します。
定価は，売上カード，カバーに表示してあります。

印刷／東光整版印刷㈱
＜検印省略＞

ISBN 978-4-7620-2907-3
© 2019 Yamamoto Kenji & Ogawa Koichi　　Printed in Japan